Lernkrimi Französisch

INSPECTEUR CLIQUOT ERMITTELT

Der Wein des Verderbens

Der Schatz des Sonnenkönigs

Schatten über Montparnasse

Compact Verlag

Chefredaktion: Dr. Angela Sendlinger
Redaktion: Patrizia Ginocchio
Fachredaktion: Mireille Schauwecker
Produktion: Wolfram Friedrich
Typographischer Entwurf: Maria Seidel
Umschlaggestaltung: Carsten Abelbeck

ISBN 978-3-8174-7944-3
7279441

Besuchen Sie uns im Internet: www.compactverlag.de, www.lernkrimi.de

Vorwort

Mit dem neuen, spannenden Compact Lernkrimi-Sammelband können Sie Ihre Französischkenntnisse auf schnelle und einfache Weise vertiefen, auffrischen und überprüfen.
Inspektor Cliquot ermittelt in drei fesselnden Fällen und erleichtert das Sprachtraining mit Action und Humor.
Jeder Krimi wird durch abwechslungsreiche und kurzweilige Übungen ergänzt, die das Lernen unterhaltsam und spannend machen.
Prüfen Sie Ihr Französisch in Lückentexten, Zuordnungs- und Übersetzungsaufgaben, in Buchstabenspielen und Kreuzworträtseln!
Dieses umfassende Sprachtraining zum französischen Grund- und Aufbauwortschatz sowie zur französischen Grammatik bietet die ideale Trainingsmöglichkeit für zwischendurch.
Schreiben Sie die Lösungen einfach ins Buch!
Die richtigen Antworten sind in einem eigenen Lösungsteil am Ende des Buches zu finden.
Das ausführliche Glossar im Anhang erleichtert das Verständnis der Krimis. Es umfasst die schwierigsten Wörter, die im Text kursiv markiert sind.

Und nun kann die Spannung beginnen ...

Viel Spaß und Erfolg!

Die Ereignisse und die handelnden Personen in diesem Buch sind frei erfunden. Etwaige Ähnlichkeiten mit tatsächlichen Ereignissen oder lebenden Personen wären rein zufällig und unbeabsichtigt.

Inhalt

Lernkrimi Französisch

Grammatik

Le vin du Crime

Story: Gabriele Valerius
Übersetzung: Cécile Frère
Übungen: Rosemary Luksch

Inhalt

Story

Inspektor Cliquot ist der beste Mann der Pariser Polizei. Wenn die Fälle mysteriös werden, die Polizei im Dunkeln tappt, ist Cliquot derjenige, der sich in die Untiefen der Pariser Verbrecherszene wagt.
Dieses Mal führen ihn die Spuren bis in die französische Provinz. Ein im Weinland Frankreich schier unglaublicher Mordfall erschüttert die Beteiligten: Ein bekannter Weinkritiker wird just bei einer Weinprobe mit einem guten Tropfen umgebracht. Brisant, brisant: Der tödliche Wein stammt von dem international renommierten Weingut Beauchamp im Burgund und der Ruf Frankreichs als Weinexporteur steht auf dem Spiel. Sollte der Weinkritiker wegen seiner Kritik eines Beauchamp-Weins mundtot gemacht werden? Oder wollte jemand den Winzer schädigen? Es könnte sich aber auch um eine Eifersuchtstat handeln ... Eine Schlägerei bringt Cliquot und seine Assistentin Nathalie schließlich auf die richtige Spur ...

Chapitre 1 : Une dégustation mortelle

L'inspecteur Cliquot était de très mauvaise *humeur* ce vendredi soir de septembre. Il pleuvait depuis plusieurs jours sur Paris. Le temps était grisâtre et venteux, beaucoup trop humide et froid pour ce mois-là. Du commissariat jusqu'au bar tabac du coin, le *béret basque* tant aimé de Cliquot était *trempé*. Par inadvertance, il avait marché *à plusieurs reprises* dans de grandes flaques et ses chaussures pleines d'eau faisaient un bruit désagréable.

Agacé, il entra dans le petit bistro du coin et *déposa* son *béret* sur le radiateur. Ici au moins, il faisait chaud et il était au sec.

« Que se passe-t-il, Inspecteur ? » demanda Jean, le patron. Il était en train d'essuyer quelques verres pour les faire briller.

« Vous n'avez pas attrapé de *voyous* aujourd'hui ? »

L'inspecteur Cliquot trouvait important qu'on ne *devine* pas qu'il était de la police. Son *béret basque* constituait d'ailleurs une sorte de *camouflage*.

Übung 1: Geben Sie die Präsensform der folgenden Verben an!

! ÜBUNG 1

1. il était : il ______________________
2. vous trempâtes : vous ______________________
3. vous constituerez : vous ______________________
4. il pleuvra : il ______________________
5. nous agacions : nous ______________________
6. nous avons fait : nous ______________________

Mais ce soir le bar était vide. Pas une seule personne n'était là, c'était inhabituel. Personne n'était appuyé au *comptoir* en train de boire un café ou un cognac, pas de joueurs de cartes assis aux tables, personne ne jouait au billard. Par ce mauvais temps, même les habitués préféraient rester chez eux.

Jean savait quelle profession il exerçait, tout comme d'ailleurs la majorité des clients du bistro. Mais Cliquot aimait prendre des *allures* mystérieuses.

« Je n'ai pas le droit d'en parler, répondit Cliquot d'un *air* important. Nous travaillons sur un *dossier* difficile.

– Vous pouvez bien en parler un petit peu, dit Jean avec un *clin d'œil*.

– Non, dit Cliquot sur un ton décidé. Vous n'imaginez pas à quelle vitesse les *rumeurs* se répandent. »

Jean *approuva* en *hochant la tête* et lui servit un verre de pastis.

« Buvez, c'est aux *frais* du patron. »

ÜBUNG 2 !

Übung 2: Welches Wort passt nicht? Unterstreichen Sie das „schwarze Schaf"!

1. le, les, des, la
2. son, ma, ces, mes, ses
3. comment, parce que, pourquoi, où, quand
4. me, se, nous, ma, tu
5. pas, rien, personne, chacun, nul
6. évènement, lentement, prudemment, évidemment

Cliquot le *considéra* d'un *air* sceptique. Serait-ce de la pure tactique ? Le patron cherchait-il à obtenir des renseignements ?

« D'accord, dit Cliquot, si vous en buvez un avec moi. À mes *frais*. »

Jean, conciliant, se mit à rire et s'offrit aussi un verre.

« Santé » dit-il. Les deux hommes burent leur pastis.

« C'est bon contre la grippe », dit Jean et reversa à chacun un second verre.
« Je n'ai pas la grippe », dit Cliquot. Mais il était peut-être de mauvaise *humeur* parce qu'un rhume était en train de se déclarer.
« Pour que vous ne l'attrapiez pas », dit Jean et il leva son verre. Les deux hommes burent à leur santé.
« Enfin, commença Cliquot, je peux en tout cas passer un week-end tranquille. Nos *enquêtes* sont calmes en ce moment. »

Übung 3: Setzen Sie das passende Demonstrativ- oder Possessivpronomen ein!

(ça, ce, ce, ces, ses, ses, ses, ses, son, sa)

Tout de même, il ne pouvait pas raconter à Jean que l'*enquête* dans (1.) ________ cas n'avait *abouti* à rien du tout. Comme souvent, il n'avait aucune *piste utilisable* dans la série de vols, sur lesquels il *enquêtait* en (2.) ________ moment. Cliquot n'aimait pas (3.) ________ du tout quand (4.) ________ travail ne donnait aucun résultat. (5.) ________ bonne *réputation* était en jeu. On le *considérait* en effet comme le plus fin limier de Paris. Certains de (6.) ________ *supérieurs* n'*appréciaient* pas (7.) ________ méthodes, comme par exemple le préfet de police mais tous (8.) ________ messieurs aimaient profiter de (9.) ________ succès. Et ils le laissaient seul avec (10.) ________ échecs.

Quelques individus à l'*allure* douteuse venaient aussi dans le bar de Jean. Car le bar était un lieu de rencontre des *voyous* du quartier.

Tout le monde savait que Cliquot était policier parce que Jean, naturellement, avait *prévenu* ses clients pour qu'ils ne tombent pas par ignorance dans les bras du commissaire, représentant de la loi. Tout le monde cependant faisait semblant de ne rien savoir. Quelquefois il y avait même collaboration avec la police, si l'informateur y voyait un avantage.

« Jean, dit Cliquot. Entre nous, vous pourriez me rendre un service. » Jean était *flatté*.
« Mais *volontiers*, Inspecteur.
– Je recherche quelques *voyous*. Ils ne reculent pas devant la brutalité. Si vous ou vos clients pouviez un peu tendre l'oreille …
– J'ai compris. » Jean *hocha la tête* avec *empressement*.
« J'en parlerai à Pierre. Vous savez bien, notre ‹ ami › de Bourgogne, il connaît presque tout le monde dans le quartier.
– Mais qu'il reste *prudent* et ne dise rien. Qu'il n'effarouche surtout pas mon *suspect* comme la dernière fois. »

ÜBUNG 4 !

*Übung 4: Stellen Sie folgende Sätze mit **il faut que** um!*

1. Qu'il reste prudent !

____

2. Ne dis rien !

____

3. Ne vous trompez pas !

____

4. Qu'ils ne l'effarouchent pas !

____

5. Il nous faut les connaître !

____

6. Ils ont besoin de votre aide !

____

Jean et Cliquot rirent tous les deux en se souvenant de Pierre qui *certes* savait obtenir des renseignements mais qui lui-même *bavardait* comme une *concierge*.
Cliquot vida son verre, paya et rajouta un pourboire généreux.
« Profitez bien de votre week-end libre, lui souhaita Jean.
Un week-end entier. Vous pouvez vraiment être content.
– Oui » dit Cliquot et pensa : Je ne sais même pas quoi faire. À quand *remonte* mon dernier week-end libre ? Ça doit *remonter* à des années. Je ne m'en souviens même pas. Je vais sûrement mourir d'ennui. En tout cas je vais me coucher de bonne heure et faire la grasse matinée pour bien me reposer, décida-t-il.

Übung 5: Tragen Sie das vom vorgegebenen Verb abgeleitete Partizip Präsens ein und enträtseln Sie das Lösungswort!

ÜBUNG 5 !

1. crier _ _ _ ☐ _ _
2. permettre _ _ _ ☐ _ _ _ _ _ _
3. ennuyer _ _ _ ☐ _ _ _ _
4. faire _ _ _ ☐ _ _ _
5. essayer _ _ _ ☐ _ _ _ _
6. donner _ _ _ ☐ _ _ _
7. prêter _ _ _ ☐ _ _ _

Lösung: _ _ _ _ _ _ _

Comme Jean *apparemment* n'avait rien d'autre à lui raconter, Cliquot se leva de son tabouret de bar, salua le patron et sortit.
« Votre *béret*, lui rappela le patron.
– Merci » répondit Cliquot.
Il venait d'oublier son *béret*. Ça ne lui était jamais arrivé.
Il mit son *béret* encore humide et quitta le bar.

! ÜBUNG 6

Übung 6: Adjektiv oder Adverb? Setzen Sie das in Klammern stehende Wort in die richtige Form!

Dehors, il pleuvait *de plus belle*. Cliquot sentit son nez le *chatouiller* et *éternua*. Il *remonta* le *col* de son manteau et rentra (1. rapide) ______________ chez lui à (2. grand) ______________ pas. (3. Heureux) ____________________, ce n'était pas loin, (4. seul) ______________ quelques pas jusqu'au bout de la rue. Il *éternua* une (5. second) ______________ fois.

Ah non, pensa-t-il, surtout pas de rhume maintenant.

Cliquot dormait (6. profond) ________________ lorsque le téléphone le réveilla et le tira de son rêve. Il *s'agissait d'*un rêve très (7. agréable) ______________ dans lequel il *arrêtait* enfin Luc, le roi de la pègre (8. parisien) __________________ après une (9. fou) ____________________ *poursuite* à travers Paris. C'était ce même Luc qu'il *suspectait* d'être, avec sa bande, à l'origine de ces *cambriolages* (10. *audacieux*) __________________. Juste au moment où, dans son rêve, il voulait lui passer les *menottes* et dire « Je vous *arrête* », un (11. vrai) ____________ téléphone sonna, mais cette fois-ci dans le monde (12. réel) ____________. Mais d'où *provenait* donc cette *sonnerie* ? Quel téléphone sonnait ?

Il *reconnut* l'hymne national français qui *annonçait* les appels sur son portable. À moitié endormi, Cliquot chercha son portable. « Cliquot. Nous avons besoin de vous. » Cliquot *reconnut* la voix forte de son chef, le préfet de police. Tout de suite, il était réveillé. Un *coup d'œil* sur son réveil lui *révéla* qu'il n'était que trois heures du matin. Y aurait-il du nouveau dans cette affaire de *cambriolages* ? On ne le réveillait sûrement pas sans une bonne raison. D'ailleurs quelqu'un avait dû également réveiller le préfet de police. « *De* quoi *s'agit-il* ? » demanda-t-il tout *curieux*.

Übung 7: Bilden Sie die Inversionsfrage!

ÜBUNG 7 !

1. Est-ce qu'on a besoin de vous ?

____

2. Est-ce qu'il y aurait du nouveau ?

____

3. De quoi est-ce qu'il s'agit ?

____

4. Pourquoi est-ce qu'on le réveillait ?

____

5. Qu'est-ce que tu leur as demandé ?

____

– Rue Chardon, Hôtel Bourgogne. Quelqu'un a été *empoisonné* pendant une *dégustation* de vins.
– Ah, fit Cliquot. Pas étonnant quand on pense à la mauvaise qualité de tant de vins. Pourquoi la police est-elle *concernée* ?
– Parce qu'une personne a été *empoisonnée* intentionnellement – on *soupçonne* un *meurtre*. La raison pour laquelle je *m'adresse à* vous, Cliquot : la victime est le *dégustateur* de vin *réputé* Laurent Clément.
– Hum », fit Cliquot. Le nom ne lui disait rien. Il posa son portable et *enfila* sa chemise.
« L'*enquête* doit s'effectuer d'une manière rapide et discrète, *résonna* la forte voix de son chef, nous devons maintenir la presse à l'écart aussi longtemps que possible.
– Je comprends, répondit Cliquot qui avait repris son portable et attrapait son pantalon.
– De nombreux *dégustateurs* de vin *réputés* étaient présents lors de la *dégustation*. Et Clément, peut-être l'ignorez-vous – le chef baissa la voix si bien que Cliquot le comprenait *à peine* – Clément était un ami du ministre, vous me suivez ?
– Je comprends, répéta Cliquot qui entre-temps avait mis son pantalon.
– Certains pensent que vous devez mener cette *enquête.* » Cliquot entendit l'*étonnement* dans la voix de son *supérieur*.
Ce qui cependant n'étonna pas Cliquot. Il savait que son chef n'avait pas une bonne opinion de lui. Par contre mon travail est *reconnu* aux étages *supérieurs*, pensa Cliquot et *ricana*.

ÜBUNG 8 !

Übung 8: Setzen Sie den Satz ins Passiv!

1. On a empoisonné quelqu'un.

____

2. Cette affaire concerne la police.

---

3. Le téléphone avait réveillé l'inspecteur.

---

4. Quelqu'un aura également prévenu le préfet de police.

---

5. L'inspecteur interrogera les témoins.

---

6. Les deux policiers mèneraient l'enquête.

« Une voiture vient vous chercher, *retentit* la voix du téléphone. *Récupérez* votre assistante, cette demoiselle, comment s'appelle-t-elle déjà ?
– Nathalie Claudel », l'aida Cliquot, *contrarié* par cette ignorance feinte par le préfet de police.

*Übung 9: Setzen Sie **tout** oder **tous** in die Lücken ein!*

« (1.) _______ à fait, dit le préfet de police, Mademoiselle Claudel. Allez avec elle à l'Hôtel Bourgogne. (2.) _______ les participants de la *dégustation* sont encore là. (3.) _______ de grandes personnalités. Vous devriez commencer rapidement les *interrogatoires*, Cliquot et *traitez* le (4.) _______ au plus vite, dans la plus grande discrétion et surtout, avec tact.

– Ça *va de soi* » dit Cliquot qui se demandait où il avait mis ses chaussures. Ah oui, sur le radiateur. Elles étaient presque aussi *trempées* que son *béret basque*.

« Les collègues qui *surveillent* les *lieux du crime* vous communiqueront le reste des informations, dit le chef.

– Qu'*advient*-il des *cambriolages* ? » demanda Cliquot.

Ça ne lui convenait pas d'abandonner son *enquête* pour en prendre une autre. Il *s'agissait* (5.) ______ de même d'une bande extrêmement violente qui *frappait* brutalement ses victimes quand elles se mettaient sur leur chemin pendant leurs pillages.

Quoique – un *empoisonnement*, c'était une affaire *captivante*. Il ne se l'*avouait* pas *volontiers* mais il se sentait *flatté* qu'on fasse appel à ses services dans une *enquête* aussi compliquée.
« Ne *vous inquiétez* pas à ce sujet. Dupont peut reprendre le *dossier*, dit le chef. Le *dossier* Clément a la priorité absolue.
– Si vous le dites, répondit Cliquot sur un ton obéissant.
– Que pouvez vous me dire d'autre sur Clément ? *À part* le fait qu'il ait bu un verre de vin avec le ministre, demanda Cliquot. Avait-il des ennemis ?
– Ça, c'est à vous de trouver les réponses, mon ami ! dit le chef. J'attends pour demain un premier rapport. Au travail. Au revoir.
– Attendez, *s'écria* Cliquot. Dites-moi au moins quels vins ont été dégustés. »
Il entendit un léger bruit de papier. Le chef cherchait la réponse dans les pages du *dossier*.
« Différents vins du *domaine* Beauchamp » dit-il.

Übung 10: Bilden Sie den verneinten Imperativ!

1. Vous vous inquiétez ! ______________________________

2. Vous me le dites ! ______________________________

3. Vous m'attendez ! ______________________________

4. Tu en as bu ! ______________________________

5. Tu lui en parles. ______________________________

6. Nous les dégustons. ______________________________

« Beauchamp ? répéta Cliquot, vous ne voulez pas dire le Robert Beauchamp de Bourgogne … ?
– Si, un *domaine* renommé, un très bon *viticulteur*. Un des meilleurs. Vous le connaissez ? demanda le chef d'un ton sceptique, doutant du fait que Cliquot puisse boire autre chose qu'un beaujolais bon marché.
– Oui, répondit Cliquot pensif, je connais Beauchamp. »
Il *raccrocha*.
Oui, il connaissait Beauchamp et ses excellents vins. Il y avait des vins très chers, trop chers, que Cliquot ne pouvait pas se permettre d'acheter. Mais il y avait aussi de bons vins dans une classe de prix moyenne qu'il s'autorisait de temps en temps. Il buvait avec grand plaisir un bon vin rouge. Pour les *occasions* particulières et quand il voulait se faire plaisir, il choisissait un vin de Beauchamp.
Qui pouvait bien vouloir *empoisonner* ce vin pour tuer quelqu'un et pour quelle raison ? Cliquot se frottait les mains, c'était un *défi* très intéressant, où son intelligence et sa capacité de combiner les éléments d'une *enquête* étaient mises à l'épreuve. Il était prêt. Et cette fois aussi, il se *jura* de triompher.

Chapitre 2 : Rendez-vous à l'Hôtel Bourgogne !

Il avait fini de s'habiller. Il se brossa les dents et se peigna les cheveux qui commençaient à être clairsemés sans pour autant être grisonnant. Il se contempla un instant dans le miroir et se trouva encore *séduisant*. Le rhume tant redouté ne s'était pas déclaré. Et malgré une nuit écourtée, il se sentait frais et dispos.

C'est de bonne *humeur* qu'il appela Nathalie Claudel. Il dut laisser sonner longtemps le téléphone avant que quelqu'un ne *décroche*. Il était tout de même trois heures et demie en ce samedi matin.

« Allô ? répondit une voix endormie et renfrognée.

– C'est moi, Nathalie …, commença Cliquot lorsqu'elle l'*interrompit*.

– Quel ‹ moi › *a le toupet* de me réveiller à trois heures et demie du matin ? »

Sans attendre de réponse elle *raccrocha*. Cliquot *soupira* et *recomposa* le numéro de Nathalie.

« Cliquot », *s'annonça*-t-il rapidement sans lui laisser le temps de *se plaindre*.

! ÜBUNG 11

Übung 11: Setzen Sie die Konjunktionen und Relativpronomen richtig ein!

(ce dont, ce qui, ce que, qu', qu', qui, que, que, que)

« Oh, chef, dit Nathalie, un peu *gênée*. Excusez-moi, je n'avais pas *reconnu* votre voix. » Tout de suite, elle était plus *attentive*.

« Je suppose (1.) ________ il *s'agit d'*une *intervention*.

– Exactement, ma chère, un *empoisonnement*. J'ai demandé à

(2.) ______ vous soyez mon assistante, *exagéra* Cliquot. Habillez-vous vite, je suis chez vous dans dix minutes. Je vous expliquerai le reste en nous rendant sur les *lieux du crime*. »

Cliquot prit son imperméable, mit (3.) ______ il avait besoin dans les poches de son manteau et attrapa son *béret* qui était de nouveau sec. *Satisfait*, il se le mit légèrement en biais sur la tête. *Apparemment*, il avait *échappé* à la grippe. Était-ce grâce à la recette secrète de Jean ?

Il attendait la voiture dehors en sifflotant. Il ne pleuvait plus, l'air était doux et purifié – (4.) ______ était rare à Paris.

Une vieille Renault 4 en assez mauvais état *finit par* s'arrêter devant lui. Mais ça ne pouvait pas être une voiture du commissariat.

« Inspecteur Cliquot ? demanda un jeune homme au volant de la voiture.

– Oui. Qui voulez-vous (5.) ______ ce soit d'autre ? *grommela* Cliquot.

– Je viens du commissariat. On m'a *chargé de* vous conduire avec Mademoiselle Claudel à l'hôtel Bourgogne. »

Le conducteur ouvrit la porte de l'intérieur. Cliquot *monta* en *se cognant* la tête et il ne *rentra* (6.) ______ *à grand-peine* ses longues jambes dans la petite voiture.

« Qu’est-ce (7.) ______________ ça veut dire ? rabroua-t-il le jeune homme. Nous n’avons plus de voitures correctes, il ne reste (8.) ______________ des tas de ferrailles pour nains ?

– Je suis *désolé*, Inspecteur, répondit le jeune conducteur. Tous les autres véhicules étaient au garage ou déjà pris pour des *interventions*. »

Embarrassé, il observait du coin de l’œil l’inspecteur (9.) __________ se frottait la *tempe*.

« J’ai dû prendre ma propre voiture.

– Ce n’est pas étonnant que la police ne *s’améliore* pas dans le combat contre le milieu criminel », dit Cliquot.

Elles doivent bien rire, ces *crapules*, pensa-t-il, quand la police part à leur *poursuite* dans de vieilles Renault.

Cliquot *indiquait* au jeune conducteur le chemin à travers un Paris endormi jusqu’à l’appartement de Nathalie. Il y avait peu de voitures, les grands boulevards étaient calmes, on aurait même pu faire du patin à roulettes sur la place de la Concorde. Ils traversèrent rapidement la ville. Nathalie les attendait déjà sur le trottoir et elle *monta* aussitôt à l’arrière de la voiture.

ÜBUNG 12 !

Übung 12: Setzen Sie die unterstrichenen Satzteile in die indirekte Rede !

« 1. Je suis tout excitée, Chef, dit Nathalie. 2. Ce n’est que notre seconde *enquête* et 3. il *s’agit d’*un *meurtre* ! »

1. Nathalie dit à son chef …

____.

2. Elle ajoute …

____

3. et …

____.

Elle *déposa* une grosse *sacoche* en *cuir* à côté d'elle.
« Du calme, dit Cliquot d'un ton paternel. 4. Je *mènerai à bien* et rapidement cette *enquête*. 5. Nous *mènerons à bien* et rapidement cette *enquête*, se corrigea-t-il.

4. Cliquot répond …

____.

5. Il se corrige et dit …

____.

– 6. J'ai apporté mon ordinateur portable au cas où nous en aurions besoin, dit Nathalie. 7. Je peux peut-être trouver des informations utiles sur Internet. »

6. Nathalie déclare …

____.

7. Elle explique …

____.

Cliquot croyait *certes* plus en son intuition et en sa *perspicacité*, mais il se garda bien de le dire à voix haute. Il ne voulait pas se disputer avec Nathalie quant à l'utilité d'Internet. Et ce, surtout parce qu'il savait qu'il n'*aurait* pas *le dessus*. En effet, il ne maîtrisait pas les nouvelles technologies.

Il préféra donc lui expliquer tout ce qu'il avait appris jusqu'à présent. C'est à dire pas grand-chose.

« Pourquoi quelqu'un tuerait-il un *dégustateur* de vin ? demanda Nathalie, toute pensive.

– C'est ce que nous devons découvrir, dit Cliquot. Qui a eu l'*occasion* de le faire sans être vu et quel est son *mobile* ?

– Et si c'était vraiment un *meurtre* ? Nathalie nettoyait ses lunettes.

– Vous voulez dire qu'il peut tout simplement *s'agir d'*une *crise cardiaque* ?

– Si c'était le cas, nous pourrions au moins prendre le reste du week-end, dit Nathalie en *remettant* ses lunettes.

– Nous ne pouvons pas *exclure* complètement cette possibilité », dit Cliquot. Mais *au fond de lui-même*, il n'y croyait pas.

ÜBUNG 13 !

Übung 13: Gleichen Sie, wenn nötig, das Adjektiv an!

Depuis que Cliquot et Nathalie avaient *résolu* le mystère du *trésor* du roi soleil, il pouvait se faire seconder par elle. *Auparavant* elle travaillait dans les archives de la *préfecture de police*. Elle aimait son travail, la recherche dans les (1. ancien) __________ *dossiers* et la tranquillité des (2. vieux) __________ salles (3. souterrain) __________. Mais avec son allergie à la poussière, ce poste n'était pas (4. *approprié*) __________ pour elle : *éternuait* sans fin

chaque fois que la poussière des *dossiers* (5. bougé) ______________
tourbillonnait autour d'elle.

Nathalie *approchait de* la trentaine et nouait ses (6. beau) ______________ cheveux (7. blond) ________________ dans une *natte* (8. serré) ______________ lui donnant un *air* (9. sévère) ____________. Elle cachait si bien son charme derrière ses (10. gros) __________ *lunettes en écaille* que peu de personnes *devinaient* combien elle était (11. *séduisant*) ______________________.

Cliquot, lui, l'avait immédiatement remarqué et son assistante lui plaisait énormément. Il était *flatté* quand de temps en temps, on les prenait pour un couple. Il ne savait pas ce que Nathalie en pensait, mais il pouvait encore se vanter d'*avoir de l'allure*. Une chose était sûre : Nathalie *appréciait* fort leur collaboration et échangeait *volontiers* son travail d'archiviste routinier contre des *enquêtes captivantes*.

Après avoir traversé un dédale de rues à sens unique, ils s'arrêtèrent devant l'élégant Hôtel Bourgogne dans la rue Chardon. Le petit hôtel *distingué* était situé dans un palais du 18ème siècle, *au fond d'*une impasse.
Cliquot sortit tant bien que mal de la petite voiture et *frappa* sur son toit pour saluer le jeune conducteur. Celui-ci s'effraya et *accéléra* si *brusquement* qu'il *écrasa* presque la pauvre Nathalie, qui eut *tout juste* le temps de se réfugier d'un *bond* sur le trottoir.
Devant la porte d'entrée de l'hôtel, un policier en civil leur bloquait le *passage*. Il était petit, très jeune et avait une *allure* carrée, il atteignait *tout juste* les épaules de Cliquot.

« Cliquot », dit l'inspecteur. Il partait du principe que toute la police de Paris le connaissait au moins de nom.
« Et alors ? répondit sévèrement le policier. L'hôtel est fermé.
– Inspecteur Cliquot, insista Cliquot. On avait tout de même *annoncé* sa venue ?
– N'importe qui pourrait l'affirmer » *rétorqua* le policier, pas impressionné du tout.
Où avait-il bien pu mettre sa carte de policier ? Cliquot chercha dans les poches de son manteau. Quelle idiotie que de devoir *mendier* le droit d'entrer auprès d'un petit policier si jeune.

ÜBUNG 14 !

Übung 14: Ersetzen Sie die unterstrichenen Satzteile durch die passenden Pronomen und gleichen Sie sie, wenn nötig, an!

1. Cliquot avait appelé <u>son assistante</u>.

____

2. Elle avait raccroché le téléphone au nez <u>de son chef.</u>

____

3. Elle avait trié des centaines <u>de dossiers.</u>

____

4. Elle travaillait <u>dans les souterrains.</u>

____

5. L'agent avait pris <u>sa voiture personnelle.</u>

____

6. Il était fier <u>de son allure.</u>

____

Pendant ce temps, Nathalie avait sorti sa carte de son immense *sacoche* et la montrait au policier. Entre-temps Cliquot lui aussi, avait *fini par* retrouver sa carte. Il l'avait mise dans la poche de sa veste.
« Mademoiselle Claudel, lut le policier en se mettant au garde-à-vous, on vous attend » et lui libéra le *passage* d'un *geste* galant.
Il ne jeta qu'un regard *furtif* sur la carte de Cliquot et lui fit signe de passer. Cliquot, *consterné*, *trébucha* derrière Nathalie dans la porte tournante de l'hôtel.
Dans le hall d'entrée un autre policier attendait. Cliquot lui *signala* tout de suite qu'il était le chef en lui tenant sa carte sous les yeux.
« La direction de l'hôtel vous *prie* de vous comporter aussi discrètement que possible et d'utiliser les escaliers de service, Monsieur l'Inspecteur. »
Cliquot *hocha* impatiemment *la tête*.

Le jeune collègue dirigea Nathalie et Cliquot vers une porte dérobée derrière laquelle se trouvait un escalier étroit.
Ils *montèrent* les escaliers et se retrouvèrent dans une *antichambre* à l'étage *supérieur*.
« Tous les *témoins* sont réunis dans le salon à côté de la salle à manger », dit le policier. Il *désigna* du doigt une porte à double *battant* qui était fermée.
« Nous voudrions d'abord nous rendre sur les *lieux du crime*, dit Cliquot. Nous enregistrerons ensuite les *dépositions*. »
Le policier ouvrit une autre porte à double *battant donnant sur* la grande salle à manger.
« Cette pièce est louée pour des réceptions privées. Les *dégustations* de vins du *domaine* de Beauchamp ont lieu régulièrement ici », expliqua le policier en prenant le ton d'un guide touristique.

Übung 15: Markieren Sie die korrekte Form als richtig ✔!

1. Combien de dépositions avez-vous déjà … ?
   - ☐ a) pris
   - ☐ b) prises
   - ☐ c) prendre

2. Cliquot était impatient … commencer l'enquête.
   - ☐ a) à
   - ☐ b) pour
   - ☐ c) de

3. Il … rendu sur place.
   - ☐ a) s'a
   - ☐ b) se
   - ☐ c) s'est

4. Il faut … l'escalier de service
   - ☐ a) utiliser
   - ☐ b) d'utiliser
   - ☐ c) utilisait

5. La pièce a été … pour des réceptions.
   - ☐ a) louer
   - ☐ b) loué
   - ☐ c) louée

6. Le policier parlait en … un ton de guide touristique.
   - ☐ a) prenait
   - ☐ b) prenant
   - ☐ c) prendre

Cliquot *pénétra* avec Nathalie dans la salle spacieuse.
On avait débarrassé la grande table ronde de l'élégante salle à manger et *retiré* les *nappes* blanches. Le bois foncé de la table luisait sous la lumière du lustre.
Les contours de la victime, Clément, effondré sur cette table et mort, avaient été *tracés* à la craie. Cliquot essayait de s'imaginer comment les invités étaient assis autour de la table, comment ils avaient bu tout en mangeant quelques en-cas. Tout tournait autour du vin.
Cliquot fit lentement le tour de la table. Il constata avec soulagement que le corps avait déjà été transporté. Dans sa carrière de policier, Cliquot n'avait pas souvent été confronté à des cadavres. Il espérait qu'il en serait toujours ainsi. Il salua le *médecin légiste* Pierre Delvaux qui l'attendait pour l'informer directement.

Übung 16: Unterstreichen Sie im folgenden Textabschnitt die Verben im Passé Simple!

« Clément a été *empoisonné*. Il y a des *indices* incontestables. L'autopsie le confirmera, dit Delvaux.
– Pas de *crise cardiaque* alors ? *s'assura* Cliquot.
– Si, mais une crise *provoquée* intentionnellement, si tu préfères. »
Delvaux prit une cigarette et la porta à la bouche sans l'allumer. Il ne fumait jamais sur les *lieux du crime*.
« Tu auras le rapport demain midi sur ton bureau, promit-il.
– Merci », dit Cliquot.
Delvaux prit sa *sacoche*, son manteau et serra la main de Cliquot.
« Salut, mon vieux, bonne chance !
– Salut Delvaux, répondit Cliquot et il se tourna ensuite vers Racine, le collègue dirigeant le département de la *police scientifique*.
– Clément était à cette place-là », expliqua Racine.

Avec les fenêtres dans le dos, *dissimulées* derrière des *rideaux* de *velours* vert foncé, on sentait un léger *courant d'air*. Quelqu'un avait probablement ouvert une fenêtre pour *aérer*.

ÜBUNG 17 !

Übung 17: Tragen Sie die folgenden Verbformen in die richtige Spalte ein!
(serra, tournerai, aérai, préfèreras, confirmera, effondra, ouvrai, luira)

1. Futur	2. Passé Simple

« Étaient assis à la table ronde *dans le sens des aiguilles d'une montre* : Madame Sylvie Clément à côté de son *époux* Laurent, puis Monsieur Brasseur, Madame et Monsieur Beauchamp. Ce dernier était donc assis à la droite de Monsieur Clément. » continua Racine.
Au cas où cela aurait de l'importance, pensa Cliquot. Peut-être que l'*attribution* des places avait été faite *par hasard*.
Pendant ce temps-là, Nathalie s'était installée à une petite table et avait *branché* son ordinateur portable à la prise du téléphone. Lors de son travail dans les archives de la *préfecture de police*, elle avait appris à rechercher des informations sur les gens. Elle savait aussi comment *pénétrer dans* les archives virtuelles à l'aide d'Internet. Elle *tapa* les noms des invités de la *dégustation*, afin de lancer quelques demandes de recherches. Il faudra voir si les informations proposées sont intéressantes.

« Il est clair que quelque chose a été versé dans le verre de Clément, dit Racine. Probablement un *calmant* très puissant qui, en plus du mélange avec de l'alcool et la *faiblesse* cardiaque de Clément, avait pu *provoquer* sa mort. »

Übung 18: Übersetzen Sie die in Klammern stehenden Negativformen!

ÜBUNG 18

On en saurait plus le lendemain. Dans tous les cas, on avait toutes les raisons de croire que Clément (1. war nicht) ________________ mort naturellement.

« Nous avons pris toutes les *empreintes digitales* et enregistré tout ce qu'il y avait à manger et à boire. Nous avons trouvé des *traces* de *poison* uniquement dans le verre de Clément, (2. nirgendwo) ______________________________ ailleurs. Nous (3. haben nichts) __________________________ trouvé chez les personnes présentes : (4. weder) ________________ ampoules, (noch) ________________ flacons, (5. kein) ____________ *cachets* ou quelque chose d'autre de douteux. Nous avons *prié* ces personnes de nous montrer le *contenu* de leur poche. Volontairement, dit Racine.

– (6. Keiner) ______________ s'y est refusé ? voulait savoir Cliquot.

– Non, (7. niemand) ____________________. »

Donc (8. keiner) __________________________ avait quoi que ce soit à cacher, pensa Cliquot.

« Dans la pièce voisine se trouve une petite cuisine avec un vide-ordures, explique Racine. Je suppose qu'on peut y faire *disparaître* quelque chose. Dans la panique, autour de l'effondrement de Clément, personne ne l'aurait remarqué. »
Cliquot *approuva* d'un hochement de tête.
« Oui, c'est bien la chose la plus *rusée* que le ou la *coupable* ait pu faire.
– Les ordures tombent directement dans une machine à broyer. Avec ça, il est quasiment impossible de retrouver quoi que ce soit. »

! ÜBUNG 19

Übung 19: Setzen Sie die Verben in die Lücken ein!
(touché, ont participé, commença, choqués, demanda, attendent, secoua)

Racine (1.) ______________ à ranger différents petits sacs de plastique transparents dans de grandes *caisses*.

« Ils étaient tous très compréhensifs.

– Et sinon ? Vous avez d'autres informations ? » (2.) ______________ Cliquot.

Racine (3.) ______________ la tête.

« Bien sûr, ils sont (4.) ______________ qu'il soit mort de cette manière, mais aucun ne semble particulièrement (5.) ______________. Même pas la *veuve*.

– A combien de personnes *avons-nous affaire* ? demanda Cliquot.

– Cinq personnes (6.) ______________ à la *dégustation* y compris feu Monsieur Clément. Il reste donc Madame Clément, Madame Rolland, Monsieur Brasseur et Monsieur Beauchamp comme *hôtes*. Et une jeune femme pour le service, Christine Colombe. Ils (7.) ________________ tous dans le salon à côté. »

« Une personne parmi elles vous semble-t-elle *suspecte* ? » demanda Cliquot.
Racine *secoua* de nouveau la tête et se remit à ranger ses sacs de plastiques transparents *contenant* preuves et pièces à *conviction* dans les grandes *caisses*.
« Non. La *veuve* peut-être. Elle *hérite*. Elle fait bonne *contenance*. Nous voulions la ramener chez elle, mais elle nous a fait remarquer qu'elle pouvait très bien en finir maintenant. Je veux dire, en finir avec sa *déposition*. »

Übung 20: Tragen Sie den richtigen Artikel ein!

ÜBUNG 20 !

« Bon, dit Cliquot. Alors commençons avec Madame Clément.

– Eh bien, bonne chance, souhaita Racine.

– Au travail, dit Cliquot. Mais *auparavant*, j'aimerais bien (1.) ____ café noir pour moi et pour mon assistante …

– un café (2.) ____ lait, s'il vous plaît, précisa Nathalie, toujours penchée sur son ordinateur en train de faire des recherches.

– Et (3.) ____ sandwich, laissez-moi réfléchir, avec (4.) ____ jambon peut-être …

– Pour moi, un (5.) ____ fromage, *compléta* Nathalie.

– Tu peux t'en occuper ? » demanda Cliquot.

Racine accepta d'un mouvement de tête.

« Exceptionnellement. Mais je ne suis pas ton assistante !

– Ah, *s'écria* Nathalie, moi, il ne m'envoie plus chercher (6.) _____ café. C'est le résultat de toute une éducation. »

Elle est bien impertinente, mon assistante, pensa Cliquot.

Après avoir repris des forces, Cliquot et Nathalie *pénétrèrent dans* le salon où les *témoins* attendaient.

Chacun s'était mis à l'aise à sa manière. Il y avait (7.) _______ café, (8.) _____ thé et (9.) _____ eau et quelques *plateaux* avec quelques sandwiches et (10.) _____ biscuits qui attendaient d'être consommés *en vain* et commençaient à se dessécher.

Chapitre 3 : Place aux interrogatoires !

Monsieur Beauchamp, *viticulteur* et *hôte* de la réception, *vint* tout de suite *à leur rencontre* pour se présenter lui-même et présenter les autres invités : Madame Clément, la *veuve*, Madame Rolland et Monsieur Brasseur, tous deux *dégustateurs* de vins et une jeune femme, Christine Colombe, qui avait aidé à faire le service.

« Vous êtes sûrement tous très épuisés et à bout, mais nous commençons immédiatement à écouter les *témoignages*. Vous savez que des *témoignages* rapides augmentent nos chances de trouver la personne *coupable* de la mort de Monsieur Clément, dit Cliquot.

– Nos *condoléances* », rajouta Nathalie.

Ensuite, Cliquot prit *prudemment* Madame Clément par le bras et la conduisit à la table ronde dans la salle à manger.
Sylvie Clément était une femme brune avec des rondeurs. Elle portait une robe du soir rouge avec un décolleté profond et un foulard à carreaux autour du cou pour *recouvrir* ses épaules nues.
Les *larmes* avaient enflé son visage rond et sympathique. Elle donnait, sinon, l'*impression* d'être très calme et contenue, comme Racine l'avait remarqué.

Übung 21: Setzen Sie das in Klammern stehende Reflexivverb in die richtige Zeitform!

« Madame, dit Cliquot en (1. *s'incliner*) ________ légèrement, je vous présente de nouveau mes *condoléances* les plus *sincères*. »
Madame Clément (2. s'efforcer) ________ de répondre par un sourire.
« Puis-je vous demander de (3. s'asseoir) ________ à la même place que vous occupiez lors de cet évènement tragique ? »
Madame Clément (4. *s'exécuter*) ________ docilement et (5. s'asseoir) ________ une chaise plus loin. Maintenant, elle (6. se retrouver) ________ à la gauche de Cliquot – lequel occupait la place de l'*assassiné*, Clément. Elle resserra son foulard.

« Il fait froid, (7. s'excuser) ________________-t-elle. Monsieur Brasseur a ouvert la fenêtre tout à l'heure, c'est un vrai fanatique de l'air frais. »

Nathalie (8. se lever) ____________________ pour fermer la fenêtre *entrouverte*.

« Merci, dit Madame Clément, que voulez-vous savoir ?

– Décrivez-nous simplement ce qui (9. se passer) _____________. »

Madame Clément (10. s'appuyer) __________________ sur le *dossier* de sa chaise et ferma un instant les yeux.

« Tout (11. se passer) ______________________ comme d'habitude, raconta Madame Clément, nous avions goûté deux ou trois vins et nous en étions au quatrième. C'est ça, Beauchamp venait de nous servir le quatrième vin. »

« À votre mari en premier ? »
Madame Clément confirma d'un mouvement de tête.
« Oui, il servait toujours dans le même sens, toujours *dans le sens des aiguilles d'une montre*. Ensuite Laurent leva son verre et dit « hum, un excellent *bouquet*, mais il *manque* quelque chose », il reprit une *gorgée* et *s'écroula* sur la table.
Madame Clément s'efforçait maintenant de retenir ses *larmes*.
Cliquot attendait qu'elle *se reprenne* et retrouve son calme.
« Et vous, Madame ? Qu'avez-vous fait ?
– J'étais complètement *paralysée*, c'était un vrai choc. Je crois que je n'ai rien pensé du tout. J'ai entendu que Monsieur Brasseur s'occupait de lui pour finalement dire qu'il était mort. »

Madame Clément se moucha.
« Je suis simplement restée assise sur ma chaise jusqu'à ce qu'une personne m'emmène dans le salon. »
Compatissant, Cliquot *hocha la tête*.
« Ça m'a toujours fait peur, continua-t-elle après un silence. Il ne s'est jamais épargné. »
Elle *poussa* un profond *soupir*.
« Laurent *collectionnait* les vins, les meilleurs de chaque année depuis sa naissance. Tous les vins de Bourgogne et de quelques autres régions. Il connaissait chaque grand vin de France. Il s'est toujours donné pour le vin en quelque sorte », dit-elle en regardant Cliquot comme si elle attendait son *approbation*.
Cliquot *hocha la tête*.
« Il voulait *compléter* sa *collection* pour son soixantième anniversaire avec ses vins préférés de Beauchamp, continua Madame Clément. Vraiment, sa *collection* de vin était sa plus grande passion. »

Übung 22: Streichen Sie die Komparativ- oder Superlativformen durch, die nicht korrekt sind oder formal nicht passen!

ÜBUNG 22

1. gentil : plus gentil, plus gentils, moins gentil, le moins gentil
2. bon : plus bon, moins bon, meilleur, le moins bon
3. grande : plus grande, moins grande, les moins grands
4. mal : plus mal, pire, plus pire, le plus mal
5. choqués : les plus choqués, les moins choqués, plus choquée
6. complète : la plus complètes, la moins complète, plus complète

« Et *vraisemblablement* d'une certaine valeur, dit Cliquot en passant.
– Que voulez-vous insinuer ? demanda-t-elle sur le qui-vive.

– Eh bien, dit Cliquot, je suis obligé de mentionner le fait que vous êtes l'*héritière*. »

Madame Clément se mit à rire.

« Oui, dit-elle, en effet j'*hérite en tout et pour tout* de la cave à vins. Le reste m'appartient de toute façon. Tout ce que nous possédons, c'est moi qui l'ai apporté dans le mariage. *Commettre* un *meurtre* pour cette cave à vins, ça n'en *vaut* pas *la peine*. Et que vous me croyiez ou non, j'aimais Laurent. Nous avions une belle vie de couple. Et il me *manquera*. »

Elle se leva *brusquement*.

« Excusez-moi ! »

Nathalie se leva prestement et raccompagna Madame Clément jusqu'à la porte.

« Ce n'est pas vraiment ce qu'il pensait, dit Nathalie pour excuser Cliquot.

– Mais si, il a tout à fait raison. Toute personne tirant avantage de la mort de mon mari est *suspecte*, donc moi aussi. »

ÜBUNG 23 !

Übung 23: Formulieren Sie die Fragen in der indirekten Rede!

1. Que voulez-vous insinuer, Inspecteur ? Elle lui demande

______________________________.

2. Qu'est-ce que vous croyez ? Elle veut savoir

______________________________.

3. Qui peut bien l'avoir assassiné ? Elle essaie d'imaginer

______________________________.

4. Qu'est-ce qui vous a surprise ? Il lui demande

______________________________.

5. Est-ce que ça en vaut la peine ? Il aimerait savoir

....

6. Pourquoi suis-je suspecte, moi aussi ? Elle ne comprend pas

....

7. Qu'avez-vous fait ? Cliquot veut savoir

....

Ensuite Cliquot *pria* Madame Marie Rolland, la *dégustatrice* de vin, de venir dans la salle à manger.
Madame Rolland s'assit directement à la place qu'elle occupait pendant la réception comme si c'était sa place habituelle et prit ses cigarettes.
« Ça ne vous dérange pas ? » demanda-t-elle sans attendre la réponse de Cliquot. Elle ignora Nathalie. Elle s'alluma une cigarette et inhala avec plaisir la fumée.
« Il paraît que ça détruit les organes gustatifs, dit-elle en riant ! Moi, je remarque tout quand je goûte quelque chose. »
On craignait tout aussi bien ses critiques que ses dons incomparables de *dégustatrice*. Elle voyageait dans le monde entier et visitait des régions *viticoles* en Californie, au Chili, en Afrique du Sud et en Australie. On comptait Madame Rolland parmi les rares personnes dans le monde des *dégustateurs* et *collectionneurs* de vin dont on écoutait l'opinion et le jugement.

Übung 24: Setzen Sie die richtigen Präpositionen ein!

Elle est allée (1.) ______ Brésil et (2.) ______ Pérou, (3.) ______ États-Unis et (4.) ______ Grande Bretagne, (5.) ______ Portugal et dans toutes les grandes villes (6.) ________ France, (7.) ________

Paris et (8.) ____________ Havre ainsi que dans les grandes régions

du vin, (9.) ______ Bourgogne et (10). _____ Alsace entre autres.

Son petit visage avait la forme d'un visage d'oiseau avec des petits yeux ronds. Il était difficile de *deviner* son âge. Entre quarante et soixante-dix, pensa Nathalie avec la cruauté de la jeunesse. Sur le *site Internet* de Marie Rolland, l'âge de chaque vin avait été correctement enregistré sauf celui de la *dégustatrice*.

« Alors, Madame Rolland, dit Cliquot, je pense que votre regard, tout comme votre sens du goût, sont incomparables. Que pouvez-vous me dire ?

– Nous en étions au quatrième vin, oui c'est ça au quatrième vin, assura Madame Rolland, confirmant ainsi les dires de Madame Clément. Clément porta le verre à son nez pour sentir le vin et dit : ‹ hum, pas mauvais ›, ensuite il but une *gorgée* et dit : ‹ un excellent *bouquet* mais il *manque* quelque chose › et il vida son verre – il vidait à chaque fois son verre. – Ensuite il porta la main à son cœur et *s'écroula* sur la table. Au début, nous croyions que c'était une petite *faiblesse* mais Monsieur Brasseur nous *signala* qu'il ne respirait plus. Nous avons tout de suite appelé les urgences. »

ÜBUNG 25 !

*Übung 25: Setzen Sie die richtige Form von **celui** ein!*

1. Votre sens du goût est incomparable, comment était ____________ de la victime ?

2. Ses petits yeux ronds faisaient penser à ____________ d'un oiseau.

3. Il posa la bouteille sur la table, ______________ dont nous avions tous bu.
4. Le bouquet de ce vin n'est pas mauvais, mais à ______________-ci, il manque quelque chose.
5. Toutes les nappes ont été enlevées, mais pas ______________ de la table de la victime.
6. Tous les âges des vins étaient corrects, mais pas ______________ de la dégustatrice.
7. De toutes ______________ que vous avez connues, quelle était la dégustatrice la plus compétente ?

Cliquot *hocha la tête*.
« Monsieur Brasseur a été le seul à *approcher* Clément ?
– Oui, dit-elle. Je suppose que lui seul avait des notions en secourisme. »
Elle se tut un instant et fuma sa cigarette.
« Je me souviens de quelque chose. Brasseur a senti le verre de Clément et a dit que ça sentait bizarre, que quelque chose dans ce vin n'était pas normal. »
Elle *ricana*.
« Beauchamp s'est mis en colère et a dit que, dans ces *circonstances*, cette remarque était déplacée. Il a dû croire que Brasseur voulait critiquer son vin.
– Et Madame Clément ?
– Elle était sous le choc. Elle était assise comme si elle était *paralysée*, dit Madame Rolland. Finalement, Monsieur Beauchamp l'a prise par le bras et il l'a emmenée dans le petit salon et la fait

asseoir dans un fauteuil. Elle répétait sans cesse : « Je ne peux pas y croire, je ne peux pas y croire … »

ÜBUNG 26 !

*Übung 26: Setzen Sie **faire** oder **laisser** ein!*

Un témoin parle :

1. Excusez-moi si je vous ai ________________ attendre !
2. On a ________________ asseoir sa femme.
3. On lui a ________________ le temps de se remettre du choc.
4. Quelqu'un a donné les premiers secours à Monsieur Clément, je l'ai ________________ faire.
5. J'ai appelé la serveuse pour lui ________________ enlever les nappes.
6. Je lui ai tout ________________ nettoyer.
7. Les gendarmes ne m'ont pas ________________ approcher la victime.

Madame Rolland but une *gorgée* d'eau.
« Pourquoi sa femme était-elle présente ? C'était une *dégustation* professionnelle.
– Elle était aussi sa secrétaire, dit Madame Rolland, méprisante. Elle notait vraiment tout ce qu'il disait. *Sincèrement*, je crois même qu'elle écrivait les articles pour lui. Oui, enfin, au moins une partie. Il avait vraiment perdu de son élan ces dernières années, notre bon vieux Clément ! »

Ses petits yeux méchants fixaient Cliquot comme s'il était lui aussi en train de perdre de sa vitalité.

Übung 27: Übersetzen Sie die indefiniten Pronomen und Begleiter!

« Vous pouvez vous imaginer que (1. jemand) __________ ait voulu le tuer, (2. jemand) __________ qui se trouvait dans la pièce ?

– Non, dit-elle. Si vous voulez savoir ce que …

– Oui, je le veux, dit Cliquot, je vous le demande.

– Clément est mort à cause de son *avidité*, dit Madame Rolland. Il acceptait (3. alle) __________ les invitations, participait à (4. alle) __________ les *dégustations* et en profitait pour s'enivrer. »

Elle reprit une petite *gorgée* d'eau et fit une grimace de désapprobation.

« Il avait perdu le sens du goût parce qu'il ne connaissait (5. gar keine) __________ limite.

C'est aussi la raison pour laquelle il n'a pas remarqué que le vin était mauvais.
– Mauvais ou *empoisonné*, rappela Cliquot. Il avait des ennemis ?
– Pas d'ennemis, non, répondit Madame Rolland. Les mauvaises manières ne suffisent pas pour se faire des ennemis.
– Il n'y a pas de *rumeurs* ou de commérages à son sujet ?
– Si, *ricana* Madame Rolland de nouveau. Il y a une *rumeur* qui persiste.

– Oui ? Nathalie et Cliquot *se penchèrent*, *curieux*, vers elle.
– Oh, dit-elle en faisant des manières, c'est trop ridicule.
– C'est moi qui en décide, dit Cliquot.
– Eh bien, Madame Rolland les regarda d'un *air* triomphant, cette *rumeur* qui persiste dit que Clément et Madame Beauchamp …
– Qu'en pensez-vous, Madame Rolland. Y a-t-il du vrai dans cette *rumeur* ? »
Cliquot la regarda sévèrement dans les yeux.
« On ne peut jamais savoir, dit-elle. Mais quand même, Clément et Madame Beauchamp se connaissaient bien avant qu'elle n'*épouse* Beauchamp. »

ÜBUNG 28 !

Übung 28: Fügen Sie das fehlende Partizip Perfekt ein!
(trouvé, montrées, quitté, commis, déroulée, remplis, fait)

« Ça pourrait bien faire un *mobile*, dit Nathalie, après que Madame Rolland eut (1.) ________ la pièce.

– Je ne sais pas, dit Cliquot. D'après les photos que vous m'avez (2.) ________ sur votre ordinateur, Clément n'*a* pas vraiment *l'air* d'un Casanova. Et Beauchamp aurait (3.) ________ le *meurtre* par *jalousie* ? »

Il *secoua* la tête. Jusqu'à présent, il n'avait pas (4.) ________ de *mobile* réel, si on en croyait Madame Clément quand elle disait que son *héritage* ne *valait* pas *la peine* de tuer.

Nathalie alla chercher Christine Colombe et l'amena dans la salle à manger.

Christine Colombe qui avait (5.) ______________ le service ce soir-là, avait 25 ans et n'en faisait pas plus. Elle était une jolie jeune femme brune.

« Asseyez-vous », la *pria* Cliquot. Elle s'assit sur le siège de Madame Rolland où, nerveuse, elle changeait de position *constamment*.

« Racontez-nous comment s'est (6.) ______________ la soirée », lui demanda Cliquot.

Christine Colombe ne rajouta pas grand-chose de nouveau. Elle était très nerveuse et tremblait lorsqu'elle montra à Cliquot comment elle servait les invités et débarrassait la table. Son travail consistait à donner les verres que Beauchamp avait (7.) ______________ *auparavant*.

« Je portais un *plateau* et je donnais à chacun un verre. Elle parlait lentement par peur ou par habitude.

– Toujours dans le même ordre ? demanda Nathalie.

– Oui, toujours *dans le sens des aiguilles d'une montre*, confirma-t-elle.

– Ça signifie que Clément recevait son verre en premier et Beauchamp en dernier. »

Christine Colombe *approuva* de la tête.

Elle devait également *faire attention* à ce que les paniers à pain *contiennent* toujours du pain frais, car il n'y avait rien d'autre à manger pendant la *dégustation*.

« Le dîner devait avoir lieu après, dit-elle dans un *sanglot*.

– Vous souvenez-vous de quelque chose de particulier ?

– Non », répondit-elle.

Non, elle n'avait fait connaissance des invités que lors de visites *occasionnelles au cours de* réceptions à l'hôtel dans lequel elle travaillait depuis deux ans.
Non, elle ne pouvait pas s'imaginer que quelqu'un veuille du mal à Monsieur Clément.
« Où étiez-vous lorsque Monsieur Clément est tombé ? » demanda Cliquot avec une sévérité soudaine.
Il était visible que Christine prit peur.
« À la, à la desserte, bégaya-t-elle.
– Et les autres ? Nathalie lui souriait d'un *air* encourageant. Le chef avait-il besoin de faire une telle *frayeur* à cette pauvre jeune femme ?
– Ils se sont tous levés précipitamment et étaient debout autour de Monsieur Clément. »

ÜBUNG 29 !

Übung 29: Trennen Sie die Verben in der Wortreihe und schreiben Sie sie unter dem passenden Personalpronomen auf!

confirmaisapprouvaisaitbegayasouriaisdonnaisrecevait

1. il	2. je

Elle parlait encore plus lentement qu'*auparavant*. Christine essayait de *contenir* ses *larmes*. « Seule Madame Clément est restée assise – elle semblait changée en pierre. »

Christine pleurait sans retenue et Cliquot, pris de pitié, la congédia.
« Allez, vous pouvez y aller, Mademoiselle. »
Il se tourna vers Nathalie.
« Qu'en pensez-vous ? Elle nous cache quelque chose ?
– Non, dit Nathalie. Mais elle est la seule, actuellement, à pleurer Clément. »
Cliquot *hocha la tête*. Oui, il avait eu la même pensée.
« Mais j'ai lancé une recherche sur sa personne, dit Nathalie. Peut-être que le résultat en *vaut la peine*. »
Elle donna à Cliquot une feuille qu'elle avait imprimée sur sa petite imprimante transportable.
« Sur Beauchamp, commenta-t-elle, je pense que c'est utile à savoir. »
Beauchamp était un homme sympathique, grand et fort avec un visage ouvert et aimable. Il serra la main d'abord à Nathalie puis à Cliquot et prit place seulement après que les deux policiers se soient eux-mêmes assis. Il confirma le *déroulement* des évènements.
« J'ouvre les bouteilles et je remplis les verres. Christine les donne aux invités. Nous utilisons de nouveaux verres à chaque vin. »

Übung 30: Entscheiden Sie sich für ***nouveau*** *oder* ***vieux*** *und gleichen Sie das Adjektiv an!*

ÜBUNG 30 !

1. Ce vin n'est pas un Beaujolais ______________.
2. C'est une ______________ bouteille que j'ai prise dans ma cave, elle est de 1950.
3. Mon maître de chai a 75 ans, c'est un ______________ homme mais très compétent.

4. Nous essayons parfois des techniques ______________
mais ça ne marche pas toujours.

5. Il faut aussi créer une ______________ étiquette.

6. Il nous faudra un ______________ ouvre-bouteille.

« Avez-vous remarqué quelque chose d'inhabituel ? Au bouchon, à l'odeur d'une bouteille quand vous l'avez *débouchée* ?

– Non, dit Beauchamp. J'avais laissé venir les bouteilles quelques jours *auparavant* pour que le vin puisse reposer après le transport. Les bouteilles ont été rangées à la cave comme il se doit.

– Qui les a livré ?

– Mon *maître de chai*, Pascal Legrand, répondit Beauchamp. Pascal devait assister à la *dégustation* mais les *vendanges* ont déjà commencé et il doit en *surveiller* le bon *déroulement* au *domaine*.

– Clément a rédigé une critique destructrice sur votre meilleur vin de l'année il y a trois ans », dit Cliquot.

Nathalie avait imprimé cette information sur papier, un ordinateur pouvait donc être utile à quelque chose.

« Vous n'étiez pas *contrarié* ?

– Si, naturellement, répondit Beauchamp *sincèrement*. Mais Clément avait raison. Ce fut vraiment une mauvaise année et nous n'avons pas réussi à *améliorer* le vin.

– Néanmoins, vous avez dû en *ressentir* les conséquences économiques ?

– Vous voulez dire que la critique de Clément nous a fait une mauvaise publicité ? » Cliquot *hocha la tête*. Beauchamp aussi *hocha la tête*.

« Ce fut une année catastrophique pour nous. Mais nous avons appris notre leçon, dit Beauchamp. Pascal et moi sommes repartis sur une nouvelle voie. »

Übung 31: Vervollständigen Sie das Perfekt!

1. Ils ________________ repartis sur une nouvelle voie.
2. Nous ________________ appris notre leçon.
3. On ________________ dû repartir à zéro.
4. Les vins ________________ restés dans les caves.
5. Nous ________________ couru de grands risques.
6. Vous ________________ retournés à l'étranger.

« Comment ? voulut savoir Nathalie.
– Eh bien, expliqua Beauchamp, nous concentrons notre production sur un nombre réduit de vins de très haute qualité, que nous vendons très chers et sur deux ou trois vins dans une classe de prix moyenne, où nous avons *certes* énormément de concurrence – d'autres régions *viticoles* de France et de l'étranger produisent des vins tout aussi bons que les nôtres – mais nous espérons pouvoir *convaincre suffisamment* de clientèle qui sache *apprécier* le côté particulier de nos vins. Il est important de se faire connaître, en particulier pour les petits *vignerons*.
– Finalement vous pouvez être *reconnaissant* de la critique de Clément ?
– Avec le recul, oui, dit Beauchamp.
– Et votre *maître de chai* n'est pas rancunier non plus ? »
Beauchamp hésita un instant avant de répondre. Il semblait être ailleurs, perdu dans ses pensées.
« Pascal ? Pascal a pris l'affaire d'une manière très tranquille. C'est étrange d'ailleurs, dit Beauchamp, c'était la première fois qu'il *tentait* un nouveau procédé de fermentation mais il n'a pas pu sauver le vin.

– Clément avait donc parfaitement raison avec sa critique ?
– Oui, renforça Beauchamp. Quel malheur ! Je voulais le lui dire pendant la soirée. »

! ÜBUNG 32

Übung 32: Setzen Sie das zum Adverb passende Adjektiv ein!

Il a fait cela d'une manière …

(1. parfaitement) ______________________.

(2. sincèrement) ______________________.

(3. vraiment) ______________________.

(4. gentiment) ______________________.

(5. suffisamment) ______________________.

(6. finalement) ______________________.

Monsieur Brasseur était le quatrième et le dernier invité faisant partie de ce cercle choisi de *dégustateurs*.
Nathalie, assise à côté de Cliquot, dévora des yeux le bel homme qu'était Monsieur Brasseur.
Cliquot s'efforça de *dissimuler* son *agacement*. Mais cet homme était vraiment admirable.
Grand et large d'épaules, un teint bronzé et les cheveux blonds, il *pénétra dans* la pièce avec les mouvements dynamiques d'un sportif. Il salua galamment Nathalie en lui baisant la main et il serra celle de Cliquot comme il le ferait lors d'une soirée mondaine.
Décontracté, il prit place sur son siège.
Brasseur était le propriétaire de plusieurs hôtels de *bien-être* luxueux avec une cuisine de grande renommée et des vins sélec-

tionnés avec grand soin. Ils étaient connus au-delà des frontières françaises comme des lieux de *retraite* pour les stars de cinéma, les personnes politiques, les princesses ou encore les mannequins.
« C'est donc réservé à la haute, comme l'on dit si gentiment, commenta Cliquot.
– *Évidemment*, dit Brasseur, le séjour d'une semaine doit coûter autant que votre salaire mensuel.
– Rien que pour faire jeûner les gens chez vous ?
– Dans mes hôtels, on ne jeûne pas aussi simplement, contra Brasseur, nous appelons ceci le ‹ jeûne *jovial* ›. »
Cliquot eut un regard interrogateur.

Übung 33: Mit dem Partizip Präsens oder dem Gerundium verkürzt man Sätze. Markieren Sie jeweils den ersetzten Satzteil mit ✔!

1. Brasseur était un invité faisant partie du cercle choisi.
   - ☐ a) comme il faisait partie
   - ☐ b) parce qu'il faisait partie
   - ☐ c) qui faisait partie

2. Nathalie parlait en dévorant l'homme des yeux.
   - ☐ a) et dévorait l'homme des yeux.
   - ☐ b) pendant qu'elle dévorait l'homme des yeux.
   - ☐ c) si elle dévorait l'homme des yeux.

3. Cliquot répondit en dissimulant son agacement.
   - ☐ a) comme il dissimulait son agacement.
   - ☐ b) de cette manière : il dissimulait son agacement.
   - ☐ c) et pourtant, il dissimulait son agacement.

4. Brasseur sortit en baisant galamment la main de Nathalie.
   - ☐ a) pendant qu'il baisait galamment la main de Nathalie.
   - ☐ b) de cette façon : il baisa galamment la main de Nathalie.
   - ☐ c) comme s'il baisait galamment la main de Nathalie.

5. Jeûnant pendant une semaine, les clients vivaient sainement.
   - ☐ a) bien qu'ils jeûnent pendant une semaine
   - ☐ b) s'ils jeûnaient
   - ☐ c) comme ils jeûnaient pendant une semaine

6. En venant dans cet hôtel, il pourrait goûter des vins très réputés.
   - ☐ a) s'il venait dans cet hôtel
   - ☐ b) comme il venait dans cet hôtel
   - ☐ c) qui venait dans cet hôtel

Brasseur *croisa* les jambes de manière *distinguée* et sourit à la ronde comme s'il faisait un spot publicitaire.
« Après un jeûne d'une semaine au moins, nous offrons à nos invités une semaine de *délices contenant* mille calories par jour. Le dîner est accompagné par un verre de vin. Naturellement, que des grands vins, entre autres aussi ceux de Beauchamp. »
Brasseur réajusta ses manchettes blanches et *impeccables* qui *dépassaient* des manches de son costume en cachemire.
« Un verre seulement ? demanda Cliquot incrédule.
– Un verre seulement ! confirma Brasseur, mais vous pouvez me croire, ce verre est une des jouissances les plus nobles.
– Un verre de 0,2 cl seulement, dit Cliquot, c'est une torture !
– Non, dit Monsieur Brasseur, souriant, c'est du savoir-vivre. »
Nathalie *poussa* un *soupir* et *approuva* de la tête.
« Vous avez donc participé à la réception pour choisir des vins pour vos hôtels ? continua Cliquot.

– Oui, mais j'écris aussi des articles sur les vins dans mon journal ‹ joie de vivre ›. »

Übung 34: Finden Sie zu den im Text stehenden Possessivbegleitern mit Nomen die passenden Possessivpronomen ***(le mien …)****!*

1. ______________________________

2. ______________________________

3. ______________________________

4. ______________________________

5. ______________________________

6. ______________________________

Brasseur *considérait* (1. ses ongles) parfaitement manucurés.
« Nous avons fixé la date de la *dégustation* aussi tôt, de manière à ce que je puisse rédiger les résultats dans l'édition du mois d'octobre. Je voulais conseiller un vin de Beauchamp comme ‹ vin de l'année ›. En prévision du *commerce* de Noël.
– N'est-ce pas trop tôt ?
– Non, c'est presque trop tard, répondit Brasseur. Mais (2. mon journal) ne paraît que deux fois par an, au printemps et à l'automne. Réservé aux abonnés.
– Et il coûte probablement une semaine de salaire, *grommela* Cliquot dans (3. sa barbe).
– Une semaine (4. de votre salaire), dit Monsieur Brasseur tout en souriant à Nathalie qui *rougit* légèrement. Vous ne devriez pas attacher (5. vos cheveux), dit-il en la *considérant* attentivement, et

porter d'autres lunettes. Celles-ci sont trop sévères pour un visage aussi charmant que le vôtre.
– Oui », *murmura* Nathalie qui devint rouge comme une pivoine. Cliquot s'énerva.
« Ne détournez pas la conversation, Monsieur Brasseur, cria-t-il. Il *s'agit d'*un *meurtre* et non pas de la coiffure ou des lunettes de (6. mon assistante). »

ÜBUNG 35 !

Übung 35: Setzen Sie die fehlenden Pronomen ein!
(nous, vous, vous, m', m', se, se, on, lui)

« Oh, vous savez, dit Brasseur, vivant ou mort, Clément (1.) ______ est assez indifférent. C'était un vieil homme. Il avait bon goût *en ce qui concerne* le vin. Mais il avait perdu énormément de sa vitalité l'année dernière. Et avec la vie qu'il menait, il n'aurait pas fait long feu. Au moins, il a eu une belle mort. Il (2.) ______ a quittés après une *gorgée* d'un bon vin. Que veut-(3.) ______ de plus ! »
De nouveau il offrit un sourire charmant à Nathalie.
« Les jolies femmes, par contre, (4.) ______ intéressent toujours.
– Ça suffit maintenant », *abrégea* Cliquot d'un ton impoli. Il (5.) ______ leva et *poussa* Brasseur vers la porte. « Merci de vos renseignements. »
Adroitement, Brasseur (6.) ______ retourna et salua Nathalie encore une fois en (7.) ______ baisant la main.

« Mais je ne (8.) __________ ai encore rien dit quant au *meurtre* ! *s'exclama* Brasseur de bonne foi. Je suis peut-être en mesure de (9.) __________ livrer des *pistes* ou des *indices* ? »

« À ce moment-là, ne quittez pas Paris et restez à la disposition de la police jusqu'à ce que l'*enquête* soit *close*.
– Combien de temps cela va-t-il prendre ? » demanda Brasseur.
Cliquot *haussa les épaules*.
« Je dois prendre l'avion pour New York après-demain. Je tiens une conférence sur le vin réservée depuis un an déjà …
– Je suis vraiment *désolé*, dit Cliquot intraitable. Vous devez l'annuler.
– Avez-vous une idée de ce que cela me coûte si je suis obligé de l'annuler, cette conférence ? s'offusqua Brasseur.
– Probablement mon salaire annuel », dit Cliquot, sur un ton arrogant.
Il referma la porte derrière un Brasseur en colère et se laissa tomber dans un fauteuil. Nathalie *secouait* la tête.
« Ça tient de la chicane, dit-elle, ou croyez-vous sérieusement qu'il a quelque chose d'important à nous *révéler* ? »

Übung 36: Fügen Sie ***y*** *oder* ***en*** *ein!*

ÜBUNG 36 !

« Tout le monde est *traité* de la même manière, dit Cliquot. Aussi longtemps que l'*enquête* n'est pas *close*, il fait partie des *suspects*.
– Oh, Chef. Vous n'(1.) ______ croyez pas vous-même ! »
Nathalie le foudroya du regard.

Cliquot resta sur sa position.

« (2.) ______ ce qui me *concerne*, toutes les personnes assises autour de cette table sont *suspectes*.

– A mes yeux, toutes les personnes qui n'étaient pas assises à cette table, sont aussi *suspectes* », dit Nathalie.

Cliquot *approuva*. C'était vrai. Il fallait aussi (3.) ______ penser. Il regarda l'heure sur sa montre.

« Huit heures, dit-il, l'heure du petit-déjeuner.

– Quoi, il est déjà si tard ? », *s'écria* Nathalie.

Elle *s'approcha de* la fenêtre et ouvrit les lourds *rideaux* en *velours*. Un soleil éclatant *plongea* dans la pièce.

« Que diriez-vous d'un café frais et des meilleurs croissants de la ville ?

– Croissants au chocolat (4.) ______ compris ? demanda Nathalie.

– Chocolat (5.) ______ compris, Mademoiselle la *gourmande* !

– D'accord, je vous suis ! » dit Nathalie (6.) ______ *emballant* son ordinateur dans sa *sacoche*.

Cliquot commanda un taxi. Il (7.) ______ avait enregistré le numéro dans son portable et était très fier de lui de savoir utiliser son portable aussi *aisément*.

« On ne sait jamais quel *genre* de véhicule le commissariat nous envoie. Ils seraient bien capables de nous envoyer une trottinette, dit-il à Nathalie. Et surtout, un taxi est moins voyant. »

Chapitre 4 : L'enquête piétine

Lorsque le taxi s'arrêta devant l'hôtel, il *indiqua* l'adresse au chauffeur : Place des Vosges.

Satisfaits, Nathalie et Cliquot se laissèrent tomber dans les sièges de la voiture. Ils *appréciaient* l'ambiance matinale d'un Paris particulièrement beau en automne. Le ciel était bleu tendre et le soleil faisait *rayonner* le feuillage des platanes. Bien qu'il fût encore tôt, beaucoup de personnes se promenaient ce samedi matin. Le taxi de Cliquot et Nathalie progressait rapidement et il s'arrêta peu de temps après devant un petit café dans une rue *adjacente* à la place des Vosges.

Le café ‹ Julie › possédait des volets peints en vert et une terrasse agréable *entourée* de lauriers. Regroupés sous la marquise à rayures vertes, on voyait une douzaine de tables métalliques auxquelles des touristes et des Parisiens lève-tôt étaient assis en train de *bavarder* gaiement et de prendre leur petit-déjeuner. Deux tables n'étaient pas encore occupées, l'une étant à l'*ombre*, l'autre au soleil.

Un couple de touristes d'âge moyen *s'apprêtait à* s'asseoir à la table ensoleillée. Après avoir *déposé* leur appareil photo et leurs sacs sur la table, ils attrapèrent une carte des menus pour choisir un petit-déjeuner.

« Dommage, dit Nathalie sur un ton de regret. La dernière place au soleil est occupée. »

Mais Cliquot se dirigea rapidement vers la table.

« Bonjour, salua-t-il très poliment le couple surpris.

– Bonjour », répondit l'homme en observant Cliquot d'un *air* sceptique.

Voulait-il lui vendre quelque chose, des souvenirs quelconques ou même des montres volées ? Ça leur était déjà arrivé *à plusieurs reprises* et c'était toujours très *contrariant*. Les quelques mots de français appris ne suffisaient pas pour *se débarrasser* rapidement *de* ces importuns. La femme protégeait de la main l'appareil photo et les sacs.

! ÜBUNG 37

Übung 37: Bilden Sie jeweils aus dem Passé Simple das Perfekt!

Cliquot (1. *se pencha*) ____________ vers eux.

« Je suis *désolé*, dit-il à voix basse, mais vous devez quitter cette table.

– Pardon ? (2. dit) ____________ l'homme avec difficulté. Moi je pas comprendre à vous.

– Vous devez quitter la table ! » dit Cliquot un peu plus fort.

Il leur (3. montra) ____________ sa carte de police *à la dérobée*. Le couple (4. ouvrit) ____________ de grands yeux.

« Nous avons besoin de la table dans le cadre d'une mesure policière secrète. » Les deux touristes (5. se regardèrent) ____________ ____________. Avaient-ils bien compris ? Une mesure policière ?

« Police ? » (6. *s'assura*) ____________ la femme.

Cliquot (7. prit) ____________ son *air conspirateur* et (8. fit) ____________ oui de la tête.

Ils (9. se levèrent) ____________ rapidement, (10. présentèrent) ____________ leurs excuses à Cliquot et (11. quittèrent) ____________ le café.

Qui sait tout ce qui pouvait se passer dans ce café maintenant. Ils préféraient chercher un autre café où ils pourraient prendre leur petit-déjeuner tranquillement.
« C'est vrai, se justifia Cliquot devant Nathalie, c'est *bel et bien* une mesure policière que de prendre le petit-déjeuner avec vous au soleil. »
Qu'est-ce que Nathalie aurait pu dire ou ajouter ?
Après avoir *conquis* leur place au soleil, ils commandèrent un café et un café au lait, des croissants au beurre et au chocolat, du jus d'orange, du beurre et de la confiture.
La nuit avait été fatigante et ils *apaisèrent* leur grande faim en mangeant en silence.
Le café était exquis et tellement fort qu'il aurait presque *chassé* la fatigue.
« Venons-en à nos mesures policières, » dit Cliquot, rieur.

Übung 38: Setzen Sie folgende Sätze in die Befehlsform um!

1. Vous en prenez. ______________________________

2. Tu en manges. ______________________________

3. Nous les payons. ______________________________

4. Vous la lui donnez. ______________________________

5. Nous la chassons. ______________________________

6. Tu me la prêtes. ______________________________

Ils relurent ensemble les *témoignages* des invités de la *dégustation*.
« Je résume, dit Cliquot. Les questions à se poser sont donc :

Premièrement ‹ Qui a eu l'*occasion* de verser du *poison* dans le verre de Clément ? ›
– Et deuxièmement, *compléta* Nathalie, ‹ Qui a un *mobile concluant* ? ›
– Exactement ! »
Ils se turent un instant.
« Prenons la première question, commença Nathalie. Qui a eu une bonne *occasion* ? »

ÜBUNG 39 !

Übung 39: Steht im Text der Indikativ Präsens oder der Subjonctif Präsens? Unterstreichen Sie die richtige Alternative!

Elle compta sur les doigts de sa main droite.
Le pouce : « C'est toujours Monsieur Beauchamp, lui et lui seul, qui remplissait les verres. »
L'index : « Christine, elle, posait les verres sur un *plateau* et les donnait aux invités. Elle *retirait* les verres vides et les redonnait de temps en temps à Beauchamp pour qu'il les (1. Indikativ, Subjonctif) remplisse de nouveau. Il servait toujours un petit demi-verre et Clément aimait ‹ déguster › une seconde fois. »
Le majeur : « Madame Clément pouvait, elle aussi, *se pencher* rapidement au-dessus du verre de son *époux* sans que quelqu'un le (2. Indikativ, Subjonctif) remarque.
– *Apparemment*, elle lui donnait toujours ses médicaments pour le cœur pour qu'il (3. Indikativ, Subjonctif) n'oublie pas de les prendre, rajouta Cliquot. Par contre, cela (4. Indikativ, Subjonctif) semble plus difficile pour Brasseur et Madame Rolland.
– Tout de même, Nathalie s'appuya contre le *dossier* de sa chaise et tourna son visage vers le soleil. Nous (5. Indikativ, Subjonctif) savons que Brasseur s'est levé pour ouvrir une fenêtre.

– Pendant la *dégustation* du quatrième vin ?
– Oui », répondit Nathalie après avoir jeté un *coup d'œil* sur les rapports rédigés par ses soins, sans que Cliquot ne *s'en* (6. Indikativ, Subjonctif) *aperçoive* vraiment. Elle préférait conserver les informations importantes aussi bien par écrit qu'enregistrées sur son ordinateur.
« Pour aller à la fenêtre, il devait faire le tour de la table et passer à côté de Clément. Il aurait eu l'*occasion* de lui verser quelque chose dans le verre … »
Cliquot *secoua* la tête.
« Mais ça (7. Indikativ, Subjonctif) implique un timing plus que parfait, dit-il. Mais qui aurait bien pu le réussir si ce n'est le parfait Brasseur ? »

Nathalie ne réagit pas à la provocation.
« Donc, nous ne pouvons *exclure* que Madame Rolland. Parce qu'elle était assise en face de Clément hors de portée de son verre et qu'elle n'a pas bougé de sa place.
– Oui, et si nous *considérons* les *mobiles*, elle n'a aucune raison d'éliminer Clément, même si elle n'aimait pas ses mauvaises manières.
– Brasseur ne semble pas avoir de raison non plus.
– Peut-être en trouverons-nous une, dit Cliquot, sur un ton méchant. Il ne faut pas abandonner si vite que ça !
– Monsieur Brasseur n'avait pas une haute opinion de Clément, il pose plutôt son regard sur les belles choses de la vie. »
Cliquot ne put s'empêcher, lui non plus, de poser son regard un court instant sur ces belles choses. Nathalie resta impassible.
« Et Beauchamp n'est pas rancunier *en ce qui concerne* la mauvaise critique de son vin publiée par Clément il y a quelques années, continua-t-elle. »

ÜBUNG 40 !

Übung 40: Setzen Sie die richtige Form des Demonstrativbegleiters ***ce*** *ein!*

1. ______________ assistance
2. ______________ manières
3. ______________ mobiles
4. ______________ anniversaire
5. ______________ année
6. ______________ homme

« Madame Clément, par contre, a un *mobile convaincant* si elle *hérite* de tout. L'ensemble de l'*héritage* peut vite s'élever à quelques millions. Il avait sûrement une assurance-vie.

– Non, je l'ai fait vérifié, dit Nathalie. Elle possède vraiment la *majeure* partie des *biens*. Clément n'avait rien *à part* la cave à vins.

– Non ! Personne n'a de *mobile concluant*, répéta Cliquot en résumant le résultat de leur réflexion.

– Et Christine n'en a aucun », *compléta* Nathalie.

Pensifs, ils continuaient à manger leurs croissants.

« Sauf … si la *rumeur concernant* Madame Beauchamp et Clément *se révèle* …

– Je n'y crois pas, dit Cliquot en *secouant* la tête.

– Si Beauchamp avait vraiment commis le *meurtre* par *jalousie*, il ne l'aurait pas commis d'une manière qui lui porte préjudice.

– C'est parce que vous ne croyez pas au pouvoir des sentiments, dit Nathalie passionnée. Sous l'emprise des sentiments, on ne pense pas de manière logique, ça n'a pas d'importance si on se fait le *moindre tort*.

– Et si c'était ça ? réfléchit Cliquot.
– Et si c'était quoi ? demanda-t-elle irritée. Que voulez-vous dire ?
– Eh bien, si quelqu'un voulait porter préjudice à Beauchamp ? »

Übung 41: Entscheiden Sie sich für ***si*** *(Bedingung) oder* ***quand*** *(Zeit) und setzen Sie entsprechend ein!*

1. __________ tu en auras envie, nous irons manger un croissant et boire un chocolat.
2. __________ tu réagis à la provocation, ils n'arrêteront pas de t'embêter.
3. __________ tu continues de manger des croissants, je t'appellerai gourmande !
4. __________ nous aurons assez de preuves contre lui, nous pourrons l'arrêter.
5. __________ il avait voulu lui porter préjudice, c'est comme ça qu'il aurait fait.
6. __________ tu ne crois pas aux sentiments, moi, j'y crois !

« Comment vous sentez-vous ? demanda Cliquot après avoir réfléchi un bon moment à ce nouvel aspect.
– Bien, dit Nathalie.
– Un peu fatiguée ?
– Non, Nathalie *secoua* la tête, l'effet de ce café *approche* le miracle.

– Tant mieux, dit Cliquot. Retournons au commissariat pour voir ce que les collègues de la *police scientifique* ont découvert. » *Poli*, il porta l'ordinateur de Nathalie qu'elle emmenait partout avec elle. « Votre machine magique répondra peut-être à nos questions. »

Un commissionnaire apporta le rapport de l'autopsie dans le bureau de Cliquot ainsi que le rapport des premiers résultats du laboratoire. L'autopsie confirmait que le médicament avait *provoqué* une *crise cardiaque* et était bien la cause du décès de Clément. Il *s'agissait d'*un produit, existant sous forme de *poudre* ou d'ampoule. Et relativement facile à se procurer pour une personne disposant de quelques connaissances médicales.
Toutes les *empreintes digitales* avaient été *relevées* et comparées mais cela n'avait pas apporté d'*indices* supplémentaires – aussi peu que le reste des *pistes*.

! ÜBUNG 42

Übung 42: Setzen Sie diesen Satz in den Plural!
(1. Le policier 2. a relevé 3. une empreinte digitale 4. qu'il a trouvée 5. sur la table 6. et qui a été comparée 7. avec celle 8. déjà enregistrée.)

La liste *indiquant* le *contenu* des poches ne livrait aucune information particulière. En-dehors de ce que les hommes et les femmes ont dans leurs poches habituellement, on trouva des *cachets* d'aspirine dans celles de Monsieur Beauchamp, des gouttes pour les yeux

dans celles de Madame Rolland et dans les poches de Monsieur Brasseur, des chewing-gums sans sucre.
La femme de Clément avait les médicaments de son mari, pour le cœur, dans son sac à main. Cela n'avait rien d'étrange car elle avait toujours *fait attention* à ce qu'il les prenne à intervalles réguliers. Comme il les avait oubliés souvent, elle emportait les *cachets* pour lui.
Les *cachets* furent analysés : ils *contenaient* exactement ce qui était *indiqué* sur l'*emballage* et rien de plus.
Aucune *trace* de ce produit qui avait *provoqué* la mort de Clément. Le *coupable*, cependant, avait bien été obligé de *se débarrasser d'*un flacon, d'une ampoule ou d'une petite enveloppe quelque part ? Bien sûr, le *vide-ordures* était la solution la plus évidente. Malgré tout, était-il possible que le *coupable* ait caché cet objet dans l'hôtel ? Ou bien il ou elle l'aurait caché sur lui-même ou sur elle-même jusqu'au moment de quitter l'hôtel ? Cela aurait été très *audacieux*. Non, il ou elle avait vraiment dû faire *disparaître* ce flacon, cette ampoule ou cette petite enveloppe dans le *vide-ordures*.

Übung 43: Übersetzen Sie, wenn nötig, und bilden Sie mit den in Klammern stehenden Adjektiven korrekte Superlativsätze!

1. Le vide-ordures est (l'endroit, gut)

   ____

   pour se débarrasser des preuves.

2. Nous voulons produire (les vins, geschätzt)

   ____

   de France.

3. Je vais sortir (ma bouteille, alt)

....

de la cave.

4. Dans la presse spécialisée, on a tout de suite pu lire (les critiques, aggressiv)

....

contre ce producteur.

5. Nous sommes souvent confrontés (aux clients, schwierig)

....

6. Nous avons affaire (aux criminels, kühn)

....

Nathalie avait *rebranché* son ordinateur et lisait les e-mails qui *s'*étaient *accumulés*.
Cliquot réfléchissait à toutes ses questions restées sans réponses lorsque le téléphone sur son bureau sonna. Il *décrocha* et entendit sans même avoir le temps de dire ‹ allô › :
« J'ignore pourquoi nos *supérieurs* ont une aussi bonne opinion de vous, *grogna* le préfet dans le téléphone.
– Ils savent simplement que je suis bon, dit Cliquot en toute modestie.
– Je ne suis pas content, je ne suis pas du tout content à cause de vous, Cliquot ! *hurla* le préfet. Qu'avez-vous découvert ?
– Il est sûr et certain que Clément n'est pas mort naturellement. Il a été *assassiné* avec un produit mortel en combinaison avec de l'alcool, surtout avec beaucoup d'alcool. Surtout si, en plus, la victime était malade du cœur comme Clément.

– Tout ça, ce n'est rien de nouveau ! s'impatienta le préfet.
– Oui, mais c'est officiel maintenant, répondit Cliquot.
– D'accord ! Alors, nous savons aussi que le vin en soi n'était pas mauvais, dit le préfet *soulagé*. Eh bien, ça ne doit pas être compliqué de *clore* l'*enquête* maintenant. Vous avez assez de *suspects* », dit le préfet de police.

Übung 44: Suchen Sie die Verbformen, die den gleichen Infinitiv haben! Tragen Sie den Infinitiv ein!

1. vécut	....	☐	a) veuille
2. puisses	....	☐	b) avions
3. furent	....	☐	c) voies
4. verra	....	☐	d) vivra
5. voudrai	....	☐	e) serai
6. auras	....	☐	f) pouvait

C'est justement là la difficulté, pensa Cliquot, il avait *trop* de *suspects* et pas assez de *mobiles*.
« À ce niveau de l'*enquête*, vous devriez savoir qui est l'*assassin*.
– Naturellement, mentit Cliquot. Il ne *manque* plus qu'une preuve irréfutable. »
Ce qui était vrai, pensa Cliquot. S'il avait déjà une preuve irréfutable, il aurait par conséquence aussi le *meurtrier*.
« Alors trouvez-la au plus vite, Cliquot ! *aboya* le préfet, et *arrêtez* enfin quelqu'un ! Il faut que nous puissions présenter une *enquête close* à la presse.

– Excusez-moi, Monsieur le Préfet, je ne comprends toujours pas pourquoi cette affaire est aussi *épineuse*. Ça prend l'*allure* d'un *empoisonnement* sympathique pour des raisons personnelles. »

Le préfet baissa la voix et *chuchota* comme s'il craignait que quelqu'un n'écoute leur *entretien*.

« Le ministre – vous savez de qui je parle – a fait une série de cadeaux – vous connaissez ce type d'action publicitaire – avec les meilleurs fromages et vins de France destinés à tous les pays de l'union européenne et aux Etats-Unis, c'est-à-dire aux pays les plus importants pour nos exportations. Et ce maudit vin de Beauchamp fait partie du lot. On ne doit en aucun cas *établir* une liaison. »

! ÜBUNG 45

Übung 45: Setzen Sie das Verb in Klammern ins Futur, wenn es möglich ist!

Si j'(1. avoir) ______________ la preuve qu'il (2. être) ______________ coupable, je le (3. faire) ______________ arrêter personnellement.

Si vous (4. craindre) ______________ leur renommée, vous ne (5. réussir) ______________ jamais à les interroger correctement.

Si vous (6. prendre) ______________ votre temps, on ne (7. conclure) ______________ pas l'enquête rapidement.

Cliquot comprenait mieux maintenant pourquoi ces messieurs étaient aussi nerveux et en lui même il se mit à rire méchamment.

« Ah oui, vous craignez que les autres bouteilles soient aussi *empoisonnées* ?

– Rien que des *rumeurs*, Cliquot. Vous savez bien ce que les *rumeurs* peuvent engendrer. *À l'échelle mondiale*, nous serions … Non, les conséquences pour l'exportation du vin sont inimaginables. Le vin français – notre vin, le vin du crime ! »

Cliquot *percevait* de l'épouvante dans la voix tremblante du préfet de police.

« Je vois, *marmonna* Cliquot. C'est donc la raison pour laquelle nous devons présenter au plus vite un *coupable*. »

Le préfet respira lourdement.

« Dépêchez vous Cliquot, dit-il, avant qu'on en soit à la catastrophe nationale. »

Le préfet tonitruait tellement que Cliquot maintint le *combiné* loin de son oreille.

« Je veux le *coupable* dans 48 heures. Faites honneur à votre *réputation*. Vous aimez tant vos méthodes anticonformistes. »

Übung 46: Markieren Sie die Ausdrücke, die einen Subjonctif auslösen, mit ✔!

☐ 1. parce que
☐ 2. pour que
☐ 3. je ne crois pas que
☐ 4. aussi longtemps que
☐ 5. il vaut mieux que
☐ 6. je pense que

Cliquot comprit tout à coup pourquoi on l'avait *désigné* pour mener cette *enquête*. En cas de déraillement dans une *enquête* aussi *délicate*, on a besoin d'un *bouc émissaire à portée de main*.

« Ah, pensa Cliquot. J'*arrêterai* l'*assassin* de Clément. Jusqu'à présent j'ai toujours trouvé les *coupables* que je cherchais. Enfin, *admit*-il, presque tous. »

« Il nous a donné 48 heures, c'est-à-dire jusqu'à lundi, 10 heures 45, précisa-t-il à Nathalie qui *retirait* une feuille de l'imprimante.

– Il n'est plus question de dormir ! »

Nathalie *soupira* d'un *air* résigné et tendit la feuille à Cliquot.

« Regardez, chef, de nouvelles informations de la machine magique *concernant* les connaissances médicales de nos *suspects*. »

Cliquot commença la lecture et s'arrêta surpris.

« Brasseur a une formation de médecin mais n'a jamais pratiqué, lut Cliquot à voix haute. Savons-nous pourquoi il n'a jamais pratiqué ?

– Il a dû *reconnaître* qu'il gagnerait plus d'argent et ce, plus rapidement avec ses hôtels de *bien-être* », dit Nathalie.

ÜBUNG 47 !

Übung 47: Setzen Sie diesen Satz in die weibliche Form!

L'inspecteur rapporte :

« 1. Le présumé coupable 2. que j'ai observé 3. me semble être très sportif 4. car il s'est enfui 5. et m'a laissé 6. loin derrière lui, 7. il s'est échappé 8. tel un criminel. »

Son assistante rapporte :

« ______________________________

____

____

____

______________________________ »

Cliquot la regarda.
« Vous pensez qu'il n'*a* rien *à voir avec* cette histoire ? »
Nathalie *hocha la tête.*
« Mais je vais *relancer* une demande de recherche supplémentaire. »
Elle *tapa* quelques lignes puis se tourna de nouveau vers Cliquot.
« Je trouve plus intéressant le fait que Madame Beauchamp soit la fille d'un pharmacien.
– Vous croyez à cette *rumeur* dont Madame Rolland a parlé ?
– Nous devrions au moins examiner la chose de plus près.
– Ça ne nous facilite pas la tâche. » Cliquot réfléchit un instant.
« Vous savez conduire une voiture ? demanda-t-il à Nathalie.
– *Evidemment* !
– Alors, procurons-nous maintenant une voiture rapide et confortable. Nous partons en Bourgogne, au *domaine* de Beauchamp à Rossigny.
– À une *dégustation* de vin ? demanda Nathalie.
– Non, nous allons élargir le cercle des *suspects* et avoir un *entretien* avec Madame Beauchamp et Pascal Legrand. »

Übung 48: Setzen Sie das passende Relativpronomen ein!

ÜBUNG 48 !

1. C'est un homme ________ n'a rien à voir dans cette histoire.

2. C'est une possibilité ________ vous m'avez déjà parlé.

3. Une idée ________ m'a longtemps fait réfléchir.

4. Au moment ________ il partait, je ne savais pas ________ il allait.

5. Nathalie fit une grimace ________ montrait ________ elle pensait de cette idée.

Chapitre 5 : En route pour la Bourgogne !

Au bout d'une bonne heure, ils avaient enfin quitté Paris. Sur l'autoroute de Dijon par contre, la circulation était fluide.
Cliquot *appréciait* la façon de conduire de Nathalie.
« Vous aimez le vin ? demanda Cliquot.
– Pas particulièrement, dit Nathalie, je préfère une bière ou un coca.
– C'est typique, *soupira* Cliquot. La nouvelle génération ne sait pas *apprécier* les *trésors* de notre pays *à leur juste valeur*. Dommage ! »
Un peu plus tard, il ferma les yeux et s'endormit.
Heureusement, Nathalie avait imprimé l'itinéraire à suivre et ne dépendait pas des *indications* de Cliquot.
Un peu avant d'arriver à Rossigny, elle alluma la radio. Une chanson de Patricia Kaas *résonnait* dans la voiture.

! ÜBUNG 49

Übung 49: Bilden Sie das Plusquamperfekt!

1. (Nathalie, rester)

_______________ dans la voiture.

2. (elle, ne pas se tromper)

_______________ de chemin.

3. (elle et moi, utiliser)

_______________ une carte.

4. (l'inspecteur, s'endormir)

_______________ pendant le trajet.

5. (ils, arriver)

_______________ en Bourgogne.

6. (ils se téléphoner)

____ le matin.

« Nous arrivons bientôt ! » dit Nathalie.
Cliquot regarda l'heure. Il était presque midi lorsqu'ils traversèrent le village de Rossigny ; un village caractéristique de la Bourgogne avec ses maisons en pierre au toit en *ardoise*, sa grosse église et *entouré* de *vignes*. Le village était en pleine action : les *vendanges* avaient commencé. Les *vendangeurs* profitaient des journées ensoleillées et sans pluie pour récolter le raisin et le mettre en cave.
Nathalie put *éviter de justesse* un tracteur tirant une remorque remplie de raisin qui *s'engageait* sur la route principale.
Un autre camion *chargé de* raisin *déboucha* en face d'elle et l'obligea à *freiner*. Des troupes entières de saisonniers, jeunes hommes et jeunes femmes, marchaient sur la route en *bavardant* et en riant. Les machines à *vendanger* cahotaient dans les *vignes*.
Cliquot ouvrit la fenêtre et respira l'odeur *dégagée* par le raisin.
Un panneau sur la droite à quelques centaines de mètres portait l'*indication Domaine* Beauchamp. Ils prirent des petites routes à travers les *vignes* et découvrirent la maison. Au milieu d'un jardin qui ressemblait plus à un parc, la maison était baignée d'un soleil automnal. Un petit château avec des tuiles luisantes, de hautes fenêtres et des petites tours à droite et à gauche.

Übung 50: Hier fehlen Relativpronomen mit Präposition! Fügen Sie das passende Relativpronomen ein!

ÜBUNG 50 !

1. Le village dans ____________________ ils arrivent, est typique pour le pays.

2. Les maisons en pierre sur ______________ sont posés des toits d'*ardoises*, invitent à la fraîcheur.

3. L'église autour de ______________ pousse la vigne, est remarquable.

4. Les remorques près ______________ se trouvent un tas de jeunes saisonniers, sont chargées de raisin.

5. Les caves dans ______________ on mettra le vin, sont bien fraîches.

6. Le jardin au milieu ______________ se trouve la maison, est baigné de soleil.

« Qu'avez-vous trouvé sur Madame Beauchamp ? » voulut savoir Cliquot.
Nathalie fit un rapport sur ce qu'elle avait trouvé dans les différentes archives au sujet de Madame Beauchamp.
Isabelle Beauchamp était grande, blonde et aussi belle que Catherine Deneuve.
À l'âge de vingt ans, elle fut élue Reine des *vignerons* de la région. Robert Beauchamp tomba fou amoureux d'elle. Il dut *s'imposer* au milieu de bon nombre de concurrents avant de *conquérir* son cœur. Un vrai prince de la noblesse européenne avait même demandé la splendide Isabelle en mariage. Finalement, elle s'était décidée en faveur du jeune Beauchamp et l'avait *épousé*.
« Je ne l'ai jamais regretté, Monsieur l'Inspecteur, pas un seul jour. J'aime mon mari », dit Madame Beauchamp tout simplement.
Cliquot n'avait jamais vu une aussi belle femme.
Il était assis en face d'elle et se sentait *maladroit* comme un jeune

écolier. En *rentrant* dans le petit salon, il avait presque *trébuché* sur un tapis.
Assis sur une petite chaise Louis XVI, il avait l'*impression* que ses jambes s'entremêlaient *de plus belle*.

Übung 51: Unterstreichen Sie die sinnvolle Variante!

1. Vous pouvez (les, leur) aider.
2. On (les, leur) a appris la nouvelle.
3. Nous pourrions (les, leur) suivre.
4. Nous ne (les, leur) avons pas téléphoné.
5. Ils (les, leur) en ont parlé.
6. Je ne veux pas (les, leur) ridiculiser.

Madame Beauchamp leur avait offert une tasse de thé. Cliquot *évitait* de boire dans des petites tasses en porcelaine. Une fois déjà, son doigt était resté *coincé* dans l'*anse* étroite d'une telle tasse et il ne voulait pas se ridiculiser devant cette femme. Il sentait que Nathalie s'amusait *à ses dépens*.
Il *afficha* le visage du policier sévère, *impartial*.
« Veuillez nous pardonner, Madame, mais notre *enquête* sur le *dossier* Clément …
– Ah, ce pauvre Clément, l'*interrompit* Madame Beauchamp, c'est vraiment regrettable. En plus, il meurt pendant une de nos *dégustations* de vins. Il *appréciait* tellement nos grands vins. Mais je suis sûre que vous trouverez le *meurtrier*. »
Elle souriait à Cliquot en parlant.
« Alors dans le cadre de nos recherches, hum, je veux dire que le cadre de nos recherches … » bégaya Cliquot.
Que voulait-il dire ? Il remarquait qu'il perdait le *fil* de ses pensées

face à la superbe Isabelle. Il *manquait d'assurance* devant elle. Il chercha de l'aide auprès de Nathalie en se tournant vers elle.

ÜBUNG 52 !

*Übung 52: Setzen Sie, wenn nötig, die Präposition **à** ein!*

1. Je vais le raconter ______ mon mari.

2. Je ne veux pas ridiculiser ______ le propriétaire.

3. Vous allez afficher ______ les prix ?

4. Je veux pardonner ______ celui qui m'a critiqué.

5. Il ne faut pas interrompre ______ les ouvriers pendant leur travail.

6. Nous avons beaucoup apprécié _____ votre vin.

« Aviez-vous une liaison avec Clément ? » demanda Nathalie sans *détours*.
Cliquot en *avait le souffle coupé*.
Madame Beauchamp, *stupéfaite*, ouvrit ses grands yeux bleus et se mit à rire *à gorge déployée*.
« Vous vous moquez de nous, dit Cliquot d'un ton vexé.
– Oui, dit-elle toujours en riant. Excusez-moi, on ne doit pas dire du mal des morts mais Clément était gros, laid et n'avait même pas de charme.
– Oh, dit Nathalie sans *conviction*, un homme ne doit pas toujours être beau.
– En dehors de ça, il ne vivait que pour ses deux passions, continua Madame Beauchamp, le vin et la bonne cuisine. Et les deux en grande quantité. »

Übung 53: Ersetzen Sie ***seulement*** *durch* ***ne … que****!*

1. Il vivait seulement pour ses bouteilles.

2. Il vous reste seulement à venir.

3. Elle a seulement toi pour ami.

4. Nous voulons seulement un verre de vin.

5. Ils aiment seulement la bonne cuisine.

6. Un homme ne doit pas seulement être beau physiquement.

« Quand même, il s'est marié deux fois, *intervint* Cliquot.
– Sa première femme l'a quitté parce qu'il passait plus de temps avec ses bouteilles de vin dans la cave qu'avec elle. Sa seconde femme, Sylvie Clément, a tiré parti de la situation. Entre-temps elle est devenue une experte en vin reconnue et maintenant qu'il est mort, elle *hérite* de tout. Ce n'est pas rien – une maison du côté de Paris, une cave à vins *réputée contenant* des vins exquis et chers.
– Madame Clément prétend qu'elle a apporté tous les *biens* dans le mariage, sauf la cave à vins. »
Madame Beauchamp but un peu de thé. Vraiment, quelle élégance, pensa Cliquot.

Elle *secoua* la tête.
« Elle en diminue l'importance, dit-elle. La presse va se jeter sur elle quand elle apprendra la mort de Clément.
– Vous croyez qu'elle ne l'a *épousé* que pour des raisons matérielles ? »
Madame Beauchamp *s'adossa à* sa chaise en souriant. Cliquot *considérait* son visage magnifique.

Übung 54: Setzen Sie ***croire*** *und* ***voir*** *im Präsens, Perfekt oder Infinitiv ein!*

1. Bonjour Inspecteur, j'ai ______________________ vous ______________, hier, dans un restaurant.

2. Vous ______________ m'avoir ______________, mais je ______________ que vous vous êtes trompée.

3. Il ______________ tout ce qu'on lui dit.

« Clément avait sûrement ses bons cotés. Vous pouvez me croire, personnellement, je n'ai jamais été *tentée* de les découvrir.
– Vous le connaissiez bien avant d'*épouser* Monsieur Beauchamp. »
Cliquot avait lu cette information dans le *dossier* que Nathalie avait préparé.
« Oui, nous venons du même village …, dit-elle en réfléchissant. Ah oui, je sais à quoi vous faites allusion. Lorsque je fus élue reine des *vignerons*, il s'est vanté dans le monde entier qu'il me connaissait depuis longtemps. »
De nouveau elle rit de son rire perlé.
« Mais nous ne nous sommes jamais rien dit de plus que ‹ Bonjour ›,

‹ Ça va › et ‹ Au revoir ›. Non, nous n'avons pas fait connaissance plus que ça. »

Übung 55: Setzen Sie die Verben in der angegebenen Zeitform ein!

Cliquot l'(1. examiner, Imperfekt) ____________ d'un *air* sceptique. Madame Beauchamp (2. *s'adresser*, Passé simple) ____________ *à* Nathalie.

« Vous et Clément … je (3. vouloir, Präsens) ____________ dire, vous, (4. pouvoir, Konditional I) ____________- vous l'imaginer ?

– Non, dit Nathalie, (5. répondre, Partizip Präsens) ____________ d'un ton décidé. Mais l'amour fait quelques fois d'étranges *détours*. »

« Je peux vous assurer qu'il n'a pas fait de *détour* de mon côté, dit Madame Beauchamp. L'amour mis à part, pourquoi l' (6. tuer, Konditional II) ____________-je donc ____________ ?

– Vous (7. craindre, Imperfekt) ____________ le scandale.

– Je vous en *prie* ! dit Madame Beauchamp. Vous n'y croyez pas vous-même. Nous ne (8. vivre, Präsens) ____________ plus au 19ème siècle ! Et comment l'aurais-je tué ? Je n' (9. être, Imperfekt) ____________ même pas là dans la salle à manger et je n'ai pas eu une seule *occasion* de lui verser quelque chose dans son verre. Ce (10. devoir, Präsens) ______________ être quelqu'un qui était présent dans la salle. »

« Quelqu'un aurait pu vous aider, continua Nathalie têtue.
– Et Madame Clément ? redemanda Isabelle Beauchamp une nouvelle fois.
– S'il y a une personne, selon votre théorie, qui avait des raisons d'être *jalouse*, c'est bien Madame Clément, elle a peut-être tué son mari par crainte du divorce. Elle était assise à côté de lui. Personne n'aurait rien vu si elle lui avait versé quelque chose dans son verre.
– Bien ! dit Cliquot, nous y réfléchirons.
– Réfléchissez-y, dit Madame Beauchamp.
– Et nous réfléchissons à une autre question : avez-vous aidé dans la pharmacie de votre père avant votre mariage ? »
Nathalie voulait encore *tenter* d'écorcher l'assurance de Madame Beauchamp.
Madame Beauchamp comprit tout de suite l'arrière-pensée de cette question.
« Je dois malheureusement vous décevoir, dit-elle, souriante. J'ai travaillé à Paris chez un couturier, un de nos grands couturiers. Je peux *volontiers* vous donner les numéros de téléphone si vous avez besoin d'une confirmation de sa part. »

ÜBUNG 56 !

*Übung 56: Setzen Sie **réfléchir** in der passenden Zeitform ein!*

1. Maintenant, nous ______________ à la question !

2. J'y ______________ déjà ______________, et j'y

________________ encore maintenant.

3. Les gendarmes y ________________, eux aussi.

4. Tout le monde y ________________.

5. J'y ________________ déjà hier quand tu es arrivé.

Beauchamp entra dans la pièce. Madame Beauchamp *alla à la rencontre* de son *époux* et l'embrassa tendrement.
Beauchamp salua Nathalie et Cliquot et leur proposa de leur montrer la propriété et la cave à vins. Pascal Legrand travaillait là-bas.
« Ça tombe bien, dit Cliquot. Nous voudrions aussi parler avec Monsieur Legrand. »

Dans les grandes caves *voûtées*, une douzaine d'employés travaillaient sous la direction de Pascal Legrand. Des montagnes de raisin géantes *disparaissaient* dans les pressoirs à vin qui *dégageaient* une odeur intense de sucre et de fruits trop mûrs. Des mouches et des guêpes tournaient autour du moût qui s'écoulait dans les cuves.
Beauchamp fit un signe à Pascal pour lui dire qu'il le remplaçait. Pascal suivit Cliquot et Nathalie dans la cour. Le soleil éclatant leur permit de s'asseoir dehors dans les fauteuils en osier confortables.
Pascal Legrand n'avait pas la beauté indiscutable de Monsieur Brasseur. Cependant, l'expression jeune de son visage, les cheveux *désordonnés* où un drôle d'*épi* se dressait, valait le *détour*.
Mécontent, Cliquot constata que son assistante timide lui jeta plus d'une fois un regard intéressé.
« Je ne sais pas quoi vous dire, dit-il d'un ton très *brusque*. Ça ne peut pas attendre la semaine prochaine ? Nous sommes en pleines *vendanges*. »

Übung 57: Setzen Sie ***prochain, premier*** *und* ***dernier*** *in der richtigen Form ein!*

1. Je viendrai dans les ______________ jours.
2. La semaine ______________, nous avons eu du mauvais temps, c'est mauvais pour la vigne.
3. Ça peut endommager la ______________ récolte.
4. Dans les ______________ temps, nous n'avions pas de succès.
5. Mais ces ______________ mois, les clients sont à l'appel.
6. L'année ______________, nous n'avons pas eu de chance.

« Les *enquêtes* sur un *meurtre* ne peuvent pas attendre, répondit Cliquot.
– Que voulez vous que je vous dise, répéta Pascal Legrand, je n'étais même pas là lorsque le *meurtre* a été commis.
– C'est votre avis qui m'intéresse, dit Cliquot. Quelle opinion aviez-vous de Monsieur Clément ? »
Pascal Legrand réfléchit un instant.
« Il s'y connaissait, dit-il finalement. Il savait ce qu'était la qualité. Ce que la terre donne et ce que doit faire un *vigneron* pour produire un bon vin.
– Il a critiqué sans retenue votre vin, il y a trois ans. C'était la première année que vous travailliez chez Beauchamp. Ça ne vous a pas mis en colère ? »
Pascal Legrand *s'adossa au dossier* de son fauteuil.
« Non, parce que Clément avait raison. Le vin était mauvais. Je l'avais déjà dit à Beauchamp mais il ne voulait pas m'écouter. J'étais soi-disant trop inexpérimenté pour en juger. »
Il rit.

Übung 58: Setzen Sie das direkte oder indirekte Fragepronomen ein!
(qu'est-ce que, est-ce que, qu' est-ce que, qui est-ce qui, ce qui, qui)

1. ______________________ vous me voulez ?
2. Comment voulez-vous que je sache __________ est arrivé ?
3. Pourquoi __________________ vous me poursuivez ?
4. Je ne sais pas ___________ a tué ce pauvre homme.
5. Et _______________ vous voulez que ça me fasse ?
6. _______________ a osé dire que c'était de ma faute ?
7. _______________ vous avez des preuves ?
8. Il est arrivé _______________ devait arriver.

« *À l'époque*, Beauchamp m'aurait presque *frappé* !
– Vous avez souvent ce *genre* de difficultés avec votre chef ? demanda Nathalie.
– Non, répondit Legrand, je sais comment le prendre. Je ne me laisse pas *provoquer*. On ne sait jamais ! »
Il rit à nouveau. Nathalie trouvait que ses paroles *contenaient* de la haine.
« *D'autant plus que* vous avez toutes les raisons de lui être *reconnaissant*, dit-elle sévèrement.
– Parce qu'il a financé mes études ? dit-il en regardant Nathalie. Oui, en effet, je devrais vraiment être *reconnaissant*, n'est-ce-pas ? »
Il se leva *brusquement*.
« Et maintenant, je vous *prie* de m'excuser ! Il faut que je m'occupe des prochaines arrivées de raisin. »

ÜBUNG 59 !

Übung 59: Setzen Sie die richtigen Präpositionen ein!
(dans, dans, dans, dans, vers, le long d', le long du, devant)

Beauchamp leur fit signe de la main. Ils le suivirent (1.) ____________ un *passage* étroit et s'arrêtèrent (2.) ____________ une grosse porte lourde. Beauchamp l'ouvrit et ils entrèrent (3.) ____________ une autre cave à vin.

Les yeux de Nathalie et de Cliquot *s'habituaient* lentement à l'*obscurité* de la cave.

« Mes *trésors* », dit Beauchamp d'un *air* très fier.

Les étagères *montaient* (4.) ____________ mur jusqu'au plafond et étaient remplies d'innombrables bouteilles de vins.

« Nous stockons (5.) ____________ cette cave les bouteilles que nous produisons (6.) ____________ notre *domaine, classés* par millésimes et par varieté, expliquait Beauchamp. La bouteille la plus ancienne a plus de 150 ans.

Il se dirigea (7.) ________ un petit bar en bois foncé. Des petits verres de *dégustation* et une bouteille de vin sans étiquette s'y trouvaient.

« Mon meilleur vin de l'année dernière, dit Beauchamp, goûtez ! »

Il servit à chacun une *gorgée* (8.) ____________ les petits verres.

Cliquot porta son verre au nez pour sentir l'arôme. Nathalie l'imita. L'arôme était magnifique. Elle but une petite *gorgée*.
« Alors, quel goût a-t-il ? voulut savoir Beauchamp.

– Un peu de framboises, de bois et de vanille, dit Nathalie, puis elle *éternua*.
– Pas mal, la complimenta Beauchamp. C'est la description que les grands connaisseurs de vin ont aussi donnée. Vous devriez vous lancer dans la *vigne*.
– Oh, dit Nathalie, ça me plaît bien dans la police. »
Elle *éternua* de nouveau.
« Je suis également allergique aux champignons, dit-elle.
– Dommage, dit Beauchamp, on aurait bien besoin d'une nouvelle génération qui prenne la relève.
– Vous avez déjà Legrand, dit Cliquot.
– Oui, Dieu soit loué, dit Beauchamp, il deviendra un excellent *maître de chai* avec quelques années d'expérience en plus.
Il referma la porte massive qui menait à la cave et les guida par des escaliers en pierre qui conduisaient à la maison.
« Je croyais que vous n'aimiez pas le vin ! »
Cliquot se sentait *exclu* par son assistante. C'était lui le connaisseur en vin, pas elle.
« Le bon vin, si ! » répartit Nathalie.

Übung 60: Bilden Sie die Futurform!

ÜBUNG 60 !

1. voir	je	....
2. pouvoir	tu	....
3. pleuvoir	il	....
4. falloir	il	....
5. aller	nous	....
6. devoir	vous	....

Madame Beauchamp les attendait devant la maison.
« Vous avez le temps de déjeuner ? » demanda-t-elle avec un charmant sourire.
Cliquot n'avait rien contre l'idée de rester encore un instant auprès de cette belle femme.
« Il n'y a rien de particulier, dit-elle, mais vous êtes invités de bon cœur. »

Pour commencer, elle leur servit un kir, le fameux apéritif de la Bourgogne, un mélange de vin blanc de Bourgogne avec de la crème de cassis.
« Son invention fut semble-t-il un hasard, raconta Monsieur Beauchamp. Sa *réputation* est due à un chanoine s'appelant Kir, qui fut Maire de Dijon pendant plus de vingt ans. Il rendit la boisson si célèbre qu'elle porte son nom aujourd'hui. »
Le déjeuner, que Madame Beauchamp leur offrit, se constituait de différentes spécialités *bourguignonnes*.
Des *escargots* avec un petit beurre aux herbes, des oeufs avec une sauce au vin rouge et comme plat principal, un poulet à la crème.
Nathalie abandonna la course au fromage, Cliquot tint le coup jusqu'au dessert.
« Ça faisait longtemps que je n'avais pas mangé autant et aussi bien, dit-il. »

! ÜBUNG 61

*Übung 61: Setzen Sie **aussi** oder **autant** ein!*

1. Elle mange ________________ que lui.
2. Cette boisson est ________________ bonne que sa réputation.
3. Ne m'en donnez pas __________ ! Je n'ai presque plus faim.

4. Il y en a ________________ dans ce plat que dans l'autre.

5. Le poulet à la crème était tout __________ délicieux que les escargots au beurre d'ail.

6. Je n'ai encore jamais été __________ rassasiée !

7. Prenez-en __________ qu'il vous plaira !

8. Certains plats se dégustent __________ bien chauds que froids.

9. Ne faites donc pas __________ de manières !

« C'était un vrai *délice*, complimenta Nathalie. Vous pourriez me donner le secret de la recette des oeufs à la sauce au vin rouge. Je les ai adorés.

– Si ce déjeuner n'était rien de particulier, qu'appelez-vous alors un déjeuner particulier ? dit Cliquot.

– Vous savez, c'est de la cuisine *bourguignonne* toute simple », dit Madame Beauchamp.

Pendant le repas, Monsieur Beauchamp servit un vin rouge léger. Cliquot en but une certaine quantité. C'était le vin qu'il aimait tant.

« Vous conduisez », dit-il de bonne *humeur* à Nathalie.

Il lui autorisa un verre, ensuite il ne lui versa plus que de l'eau minérale.

Pendant qu'ils buvaient le café et un marc de Bourgogne exquis, Madame Beauchamp s'excusa et *se retira* pour aller s'occuper de la maison.

Beauchamp se leva et tendit une boîte à cigare à Cliquot. Mais Cliquot refusa.

« Vous permettez ? » demanda Beauchamp à Nathalie.

Elle fit oui de la tête.

« J'aime la fumée des cigares », dit-elle.

Beauchamp alluma son cigare en tirant de grosses *bouffées*.

Übung 62: Setzen Sie die Wörter an der richtigen Stelle ein!
(d'autres, tous, plusieurs, diverses, n'importe quel, certains)

L'inspecteur a goûté

1. (mehrere) ______________________ sortes de vins.
2. (alle) ____________________ n'étaient pas bons.
3. (manche) __________________ étaient meilleurs que
4. (andere) ___________________.
5. On ne peut pas dire que (ein beliebiger) ______________________ vin lui plaise.
6. (verschiedene) ______________________ personnes n'aiment absolument pas le vin.

« Vous nous avez caché que vous aviez eu une *altercation* avec Clément il y a trois ans », dit Cliquot dans la tranquillité de l'après-midi.
Beauchamp baissa la tête.
« J'avais peur que vous ne me *soupçonniez*, ou, ce qui serait encore plus grave, que vous ne m'*arrêtiez*. Pendant les *vendanges* …
– Qu'est ce qui a déclenché votre *altercation à l'époque* ? demanda Cliquot.
– Vous savez que Clément avait jugé mon vin comme étant très mauvais. Ce fut vraiment un jugement destructif. J'ai reproché à Clément de n'avoir même pas pu goûter réellement au vin parce qu'il était trop ivre. Et Clément, vraiment ivre, me *hurla* que, saoul ou pas, il en savait plus que moi en matière de vin. Ça m'a mis tellement en rage que je lui ai envoyé un *coup de poing* au menton. »

Übung 63: Fügen Sie die Adverbien ein!

(même, assez, aujourd'hui, depuis, plutôt, très, sûrement, quelquefois, avant, sincèrement)

Beauchamp riait *gêné*.

« C'est (1. sehr) ________________ gênant pour moi d'en parler – (2. heute) ________________ encore ! Et vous pouvez me croire, une telle chose ne s'est plus reproduite (3. seitdem) ________________.

– Depuis quand ? Que voulez vous dire ? »

Beauchamp se *racla la gorge*.

« (4. früher) ________________, j'étais (5. ziemlich) ________________ colérique. Vous avez (6. sicher) ________________ découvert que j'ai (7. sogar) ________________ été accusé pour coups et blessures dans ma jeunesse, mais je n'ai pas été condamné. »

Cliquot *considérait* la large stature de Beauchamp.

« Vous ne laissez plus parler les poings quand vous avez des différends ?

– Non, même si (8. manchmal) ________________ ça me démange, *avoua* (9. ehrlich) ________________ Beauchamp, et *commettre* un *meurtre*, non !

– Les colériques agissent (10. eher) ________________ sous l'emprise de la passion, dit Nathalie.

– Oui, dit Cliquot. C'est autre chose que de planifier un *meurtre* au *poison*. »

Chapitre 6 : Une piste intéressante

Il *dévisagea* Beauchamp de son regard de policier sévère.
« Je vous *prierai* néanmoins, de ne rien me cacher. Vous entravez le travail de la police dans une *enquête* sur un *meurtre*. Je pense que c'est dans votre intérêt que votre vin ne fasse pas la une des journaux comme étant le vin du crime. »
Beauchamp *hochait la tête* d'un *air penaud*.
« Je suis très intéressé à ce que le *dossier* soit *classé* rapidement. Je ne veux même pas m'imaginer ce qui se passerait si la presse avait vent de cette affaire. »
Pensif, Beauchamp but une *gorgée* de marc.
« Vous savez, les dernières paroles de Clément ne me sortent pas de la tête :
‹ … mais il *manque* quelque chose ›. »
Préoccupé, il *secoua* la tête.
« Dans ce cas-là, on avait rajouté quelque chose dans son vin, quelque chose de mortel. Il s'était rarement trompé dans ses jugements mais son dernier avis était une erreur grossière. »

ÜBUNG 64 !

Übung 64: Stellen Sie die unterstrichenen Satzteile in die indirekte Rede um! Achten Sie auf die Zeitverschiebung und die Anpassung der Personalpronomen!

L'inspecteur Cliquot *sursauta*, Nathalie le *secouait*.

Il dormait profondément pendant tout le *trajet*.

« 1. Réveillez-vous ! 2. Nous sommes à Paris.

1. Elle lui a dit de

______________________________________.

2. Elle a ajouté

....

– 3. Je ne dormais pas, répondit Cliquot d'un ton vexé. 4. Je réfléchissais.

3. Cliquot a répondu

....

4. Il a ajouté

....

– 5. Et les résultats ? » demanda Nathalie, sceptique.

5. Nathalie a demandé sceptique

....

Elle ne *dévoila* pas qu'il avait *ronflé* en cours de route et qu'elle avait essayé de lui parler une ou deux fois. Cliquot n'avait pas réagi. Nathalie l'avait laissé dormir.

« *Avouez* que 6. vous avez rêvé de moi, dit Nathalie en imitant la voix d'Isabelle Beauchamp.

6. Elle lui a demandé d'avouer

....

– 7. Vous avez un vrai talent d'imitatrice », dit Cliquot.

7. Il lui a dit

....

Cliquot avait rêvé et quelque chose dans son rêve lui était venu à l'esprit qui était en rapport avec la mort de Clément. Malgré tous ses efforts, il ne *parvint* pas à se le rappeler.

Il donna quartier libre pour l'après-midi à Nathalie qui était morte de fatigue.

« Rentrez chez vous et reposez-vous ! dit-il généreusement. Nous nous revoyons demain matin. Je vous appelle si jamais quelque chose de nouveau se produit. »

Il venait juste de profiter d'une grosse heure de repos au bureau lorsque quelqu'un *frappa* à la porte.

« Entrez », *grommela*-t-il. C'était l'*adjoint* du préfet de police.

« Où en êtes-vous ? demanda-t-il. Des nouvelles *pistes* ? »

Cliquot détestait ce *genre* de questions. Bien sûr qu'il avait de nouvelles *pistes* mais comment savoir à l'avance où elles allaient le mener.

« *Évidemment*, répondit-il.

– Vous faites des progrès, mon bon ami ? continua l'*adjoint*.

– Naturellement. Le *dossier* sera *classé* en l'espace de 48 heures comme l'exige Monsieur le Préfet.

– Très bien, dit l'*adjoint*. À ce moment-là, je vous *prie* de m'informer en détail sur l'évolution de l'*enquête*. »

! ÜBUNG 65

Übung 65: Suchen Sie zu den unterstrichenen Nomen die verwandten Verben und formulieren Sie den Satz um! (Achten Sie auf die angegebene Zeitform, Aktiv und Passiv!)

Il veut savoir comment … (Präsens)

1. le <u>progrès</u> de l'enquête

____.

2. l'évolution de l'enquête

....

Il veut savoir pourquoi … (Perfekt)

3. l'interrogatoire des témoins

....

4. la disparition du portable

....

5. le prélèvement des empreintes

....

Il veut savoir quand … (Futur)

6. la livraison du vin

....

7. l' arrivée de son assistante

....

Cliquot n'en avait aucune envie. Il aurait préféré dormir une heure de plus et réfléchir en toute tranquillité au *dossier*.
L'hymne national se fit entendre. L'*adjoint* du préfet se leva irrité et se mit au garde à vous pendant que Cliquot fouillait ses poches à la recherche de son portable.
« Chef, Nathalie semblait être dans tous ses états, je viens de recevoir une information par e-mail : Christine Colomb et Pascal Legrand sont de la même famille. »
Cliquot émit un long sifflement.

L'*adjoint* du préfet s'était laissé retomber sur une chaise et regardait embarrassé par la fenêtre.

« Elle est sa cousine, la fille de sa tante.

– Regardez-moi ça ! Quelle *coïncidence* intéressante ! Legrand n'en a pas dit un mot.

– Ça ne peut pas être une *coïncidence* non plus ?

– Non, dit Cliquot, cela ferait trop de *coïncidences* d'un coup. »

Cliquot était un peu *contrarié* que Nathalie ait découvert cet *indice* intéressant. Mais ça le libérait de l'obligation de faire un rapport à l'*adjoint* du préfet de police.

ÜBUNG 66 !

Übung 66: Übersetzen Sie die Verben und tragen Sie die Imperfektform ein! Enträtseln Sie das Lösungswort!

1. (sagen, je) ☐ _ _ _ _ _
2. (schreiben, tu) ☐ _ _ _ _ _ _ _
3. (beginnen, il) ☐ _ _ _ _ _ _ _ _ _
4. (langweilen, nous) ☐ _ _ _ _ _ _ _ _
5. (überprüfen, vous) ☐ _ _ _ _ _ _ _ _
6. (haben, ils) ☐ _ _ _ _ _ _
7. (befragen, je) ☐ _ _ _ _ _ _ _ _ _ _ _
8. (arbeiten, tu) ☐ _ _ _ _ _ _ _ _ _ _

Lösung: (enttäuschen, il) _ _ _ _ _ _ _ _

« Vous avez encore la voiture ? demanda-t-il à Nathalie.

« Non, j'ai dû la laisser au commissariat et rentrer en métro à la maison.

– Je suis chez vous dans dix minutes. »

Il mit fin à l'appel et empocha son portable, il attrapa son manteau et était déjà à moitié sorti.

« Que se passe-t-il, Cliquot ? L'*adjoint* du préfet, très *curieux*, tenait *à peine* en place.

– Des nouvelles *pistes* ! répondit Cliquot, il faut que je parte immédiatement.

– Votre *béret basque* », lui cria l'*adjoint* en lançant la *coiffe* à Cliquot.

Impatiente, Nathalie attendait déjà Cliquot qui ne chercha pas à se garer mais s'arrêta hardiment au milieu de la rue pour la laisser *monter*. Les voitures dans la *file* derrière lui klaxonnaient en concert. En effet, Cliquot avait calé deux fois de suite. Ils eurent besoin d'un certain temps avant de continuer leur route.

Übung 67: Setzen Sie die Modalverben richtig ein!
(devoir, pouvoir, savoir, vouloir)

ÜBUNG 67 !

1. Je ne ______________ encore rien vous dire pour le moment.
2. Je ne ______________ encore rien de nouveau.
3. Cliquot ne ______________ pas se garer, cela prend trop de temps.
4. L'adjoint du préfet a ______________ savoir ce qui se passait.
5. Est-ce que vous ______________ m'aider ?
6. Elle a ______________ avoir une panne, elle n'est jamais en retard !

« Quoi qu'il en soit », Cliquot *s'engagea* dans la circulation. Il arriva devant un *croisement* où il ignora la priorité. Les coups de klaxon enragés ne semblaient pas le déranger.
« Nous devrions examiner cette *coïncidence* bizarre de plus près. Nous partons demain à Rossigny interroger Pascal Legrand, mais avant, nous allons demander à Christine pourquoi elle ne nous a rien raconté au sujet du lien de parenté.
– Elle habite dans un des appartements réservés aux employés dans la rue Chardon, directement à côté de l'hôtel de Bourgogne.
– Vous êtes vraiment une fille *maligne*, dit Cliquot pour la remercier. Vous ferez une excellente policière un de ses jours. »
Nathalie leva les yeux au ciel.
Après avoir finalement trouvé une place pour se garer, ils se dirigèrent vers l'hôtel de Bourgogne et demandèrent à voir Christine.

! ÜBUNG 68

Übung 68: Formulieren Sie den Anfang der Sätze mit ***quoi que*** *und dem angegebenen Verb!*

1. dire, il

______________________________, je fais ce que je veux !

2. faire , vous

______________________________, je vous aiderai.

3. penser, ils

______________________________, je ne changerai pas d'avis.

4. vouloir, tu

______________________________ entreprendre, je t'accompagnerai.

5. prendre, nous

______________ comme précautions, cela ne marche pas.

6. faire, je

______________, elle n'est jamais contente.

« Demandez à la *concierge* dans la maison réservée aux employés, dit le portier.
– Elle n'a pas *signalé* son absence, dit la *concierge*. Est-ce que ça a un rapport avec l'accident ? »
Cliquot se demanda un instant de quel accident elle parlait. Il lui revint à l'esprit qu'il n'y avait pas de *meurtre* officiellement.
« Non, non, dit Cliquot, il *s'agit d'*une affaire de famille. »
Il réfléchit un instant puis il prit un *air conspirateur*.
« Madame, pourrions nous jeter un œil dans la chambre de Christine ? Il *s'agit d'*une surprise et j'ai besoin d'une lettre dans laquelle une adresse bien précise se trouve.
– Celle de son *fiancé, intervint* Nathalie.
– Mais seulement en ma présence », s'entêta la *concierge*.
Naturellement, elle était *curieuse* et voulait savoir qui était le mystérieux *fiancé*. *Effectivement*, Mademoiselle Christine recevait parfois des lettres sans expéditeur. De Bourgogne, de Dijon.
Mais ça, elle ne le dirait pas à ces policiers, encore moins à cette ‹ assistante › prétentieuse. Ils ne lui avaient même pas donné un euro pour les services rendus.

Übung 69: Bilden Sie die Frage mit ***quel****!*

ÜBUNG 69 !

1. Un accident ? ______________

2. Une plainte ? ______________

3. Un meurtre ? ____________________

4. Leurs amies ? ____________________

5. Une chambre ? ____________________

6. Des clients ? ____________________

Étant donné les *circonstances*, l'inspection de la chambre ne put être effectuée que superficiellement. Bien sûr, on ne trouva aucune lettre ou quelque chose d'autre dans la chambre ordonnée et simple. Pour la forme, Cliquot *finit par* demander le numéro de téléphone de la mère de Christine que la *concierge* ne donna qu'*à contrecœur*. Une fois dehors dans la rue, Cliquot appela la mère de Christine.

« Non, dit Madame Colombe, Christine est à Paris, elle doit travailler ce week-end. Voulez-vous que je vous donne son numéro de téléphone ? »

Cliquot se laissa donner aussi ce numéro pour ne pas inquiéter Madame Colombe, la remercia et *raccrocha*.

« Pascal en sait peut-être plus, songea Cliquot.

– Pourquoi ne l'appellerait-on pas ? »

Cliquot *composa* le numéro de Pascal. *À force*, il maniait assez bien le petit *clavier* de son portable.

« Monsieur Legrand, dit Cliquot, (1.) <u>nous cherchons votre cousine.</u>

– …

– (3.) <u>Christine Colombe est bien votre cousine ?</u>

– …

– (5.) <u>Vous ne pouvez pas nous dire où nous pourrions la joindre ?</u> (6.) <u>Nous avons quelques questions à lui poser.</u>

– …

– Merci beaucoup, Monsieur, nous passerons demain et parlerons du reste. Bonne nuit. »

Cliquot rangea son portable.

Übung 70: Stellen Sie die unterstrichenen Satzteile aus dem vorhergehenden Textabschnitt und die angebotenen Antworten in die indirekte Rede um! Achten Sie auf die Zeitverschiebung!

Cliquot erzählt:

1. Je lui ai dit (1.)

______________________________.

2. Il a répondu (« Je ne sais pas de quelle cousine vous parlez. »)

______________________________.

3. Je lui ai alors demandé (3.)

______________________________.

4. Il a avoué (« En effet, nous sommes cousins. »)

______________________________.

5. J'ai voulu savoir (5.)

______________________________.

6. J'ai ajouté (6.)

______________________________.

7. Il a répondu (« Je n'ai absolument aucune idée de l'endroit où elle se trouve. »)

______________________________.

8. Il a ajouté (« Cela m'inquiète énormément. »)

______________________________.

« Il me semble qu'il était un peu *agité* du fait de la disparition de Christine. »

Nathalie *bâilla* démonstrativement. Elle trouvait qu'elle en avait assez fait pour aujourd'hui !

« On continue demain », dit Cliquot en pensant la même chose qu'elle.

Cliquot *déposa* Nathalie chez elle, laissa la voiture de service au commissariat et partit faire un tour dans son bar-tabac.

Pierre était au *comptoir*, c'était un *truand* que Cliquot avait déjà expédié en vacances aux *frais* de l'état. Il ne le reprochait pas à Cliquot. Il *considérait* cela probablement comme un risque du métier.

« Je ne suis pas en activité, dit Pierre aussitôt. Il essayait de *dissimuler* sa mauvaise *conscience*.

– Je sais, mon bon Pierre ! Je veux simplement te demander un service.

– Mais *volontiers* ! »

Cliquot se commanda un verre d'eau. Il avait assez bu de vin pour aujourd'hui.

ÜBUNG 71 !

Übung 71: Wählen Sie die passende Präposition und ergänzen Sie mit dem unabhängigen Pronomen!
(sans, pour, grâce à, chez, à cause de, près de)

1. Je t'ai fait cette liste. Je l'ai faite

....

2. Vous m'avez aidé dans mon enquête. Nous avons réussi

....

3. Cette femme m'a fait perdre du temps. Je suis en retard

………………………………………………………………………………….

4. Elles sont encore à la maison. Elles sont

………………………………………………………………………………….

5. Je ne m'éloigne pas de ta chambre. Je reste

………………………………………………………………………………….

6. Elle m'a manqué. Je n'aime pas travailler

………………………………………………………………………………….

Chapitre 7 : Legrand à l'hôpital

« Je cherche une jeune fille.
Elle s'appelle Christine Colombe et est originaire de Bourgogne. Elle parle d'une manière un peu lente.
– Elle est mignonne ? se renseigna Pierre.
– Oui, elle l'est. Écoute ce qu'on raconte autour de toi, lui dit Cliquot. Si tu entends quelque chose d'intéressant, appelle-moi ! »
Pierre était en train de réfléchir. On pouvait le voir sur son visage.
« Monsieur l'Inspecteur, je dois en plus écouter les *rumeurs* sur, hum, sur des gars qui n'hésitent pas à *frapper* si nécessaire … »
Cliquot *déposa* de la *monnaie* sur le *comptoir*.
« Oui, continue d'y *faire attention* mais la jeune fille est plus importante. »
Cliquot se dirigeait vers la porte.
« Votre *béret*, Monsieur l'Inspecteur », lui rappela Pierre. Il serait une fois de plus parti sans son *béret*.
Devenait-il vieux et distrait ? Oh, il était tout simplement fatigué.

ÜBUNG 72

*Übung 72: Bilden Sie das zum Adjektiv passende Adverb! Verwenden Sie **d'une manière …**, wenn dies nicht möglich ist!*

1. Elle juge (raisonnable) ____________
2. Il lui répond (amical) ____________
3. Il travaille (concentré) ____________
4. Il se comporte (prétentieux) ____________
5. Cette décision, il la prend, (final) ____________
6. Elle raconte (excité) ____________

« Cette fois, c'est moi qui conduis », décida Cliquot le matin suivant. Il avait mauvaise *conscience* parce que Nathalie avait *assumé* tous les *trajets* pendant qu'il avait dormi.
« Oh non, réagit vite Nathalie, il ne *vaut mieux* pas ! »
La manière de conduire de Cliquot la *veille* lui avait suffi. Il était un horrible conducteur. Trop rapide et déconcentré. Il ignorait les feux rouges, les limitations de vitesse et maintes autres règles du code de la route le *concernant*. Mais gare aux autres s'ils enfreignaient une seule petite règle ! Alors, il devenait enragé et criait à en faire mal aux oreilles.

ÜBUNG 73

*Übung 73: Vervollständigen Sie den Satz im Präsens und verwenden Sie dabei die Hervorhebung **c'est/ce sont** und das Relativpronomen **qui/que**!*

1. (mon assistante et moi) mener l'enquête

____

2. (un des témoins) mentir

....

3. (sa cousine et lui) l'inspecteur trouver suspect

....

4. (le conducteur de la voiture) ne pas s'arrêter au feu

....

5. (la cousine) disparaître

....

6. (sa femme et sa fille) faire une déclaration

....

« Euh, je veux dire, dit Nathalie en souriant à son chef, vous pourrez mieux vous concentrer sur l'*enquête* en tant que *passager*. » Cela suffit, *par chance*, pour *convaincre* Cliquot qui se laissa *glisser* dans le siège *passager*.

« Attachez-vous donc les cheveux, *grommela*-t-il, vous ne voyez rien avec ce *rideau* devant les yeux ! »

Nathalie *soupira* et noua ses beaux cheveux blonds en queue de cheval.

Übung 74: Unterstreichen Sie im nächsten Textabschnitt die sieben Verben im Perfekt! Schreiben Sie die jeweiligen Infinitive auf!

Le portable de Cliquot sonna un peu avant Dijon.

« Madame Beauchamp ? s'étonna Cliquot.

– Quelqu'un a *frappé* Pascal cette nuit, dit Madame Beauchamp. Il est à l'hôpital. Heureusement, il n'a pas perdu connaissance. »
J'espère qu'il pourra nous dire qui est le *coupable*, pensa Cliquot.
« Il a fallu que ça arrive pendant les *vendanges*, se plaignit Madame Beauchamp. Mon mari *s'est rendu à* une vente aux enchères et ne revient que dans deux jours ! »
Cliquot et Nathalie *se rendirent* directement *à* l'hôpital où on avait transporté Pascal Legrand. Madame Beauchamp l'avait trouvé ce matin dans la cave à vin et l'avait tout de suite fait transporter à l'hôpital.
Pascal Legrand était vraiment en mauvais état. Un pansement était fixé au-dessus de l'œil gauche alors que l'œil droit au beurre noir était enflé. Sa main droite *avait l'air* d'avoir été *écrasée* dans un étau. On voyait des *traces* d'étranglement autour de son cou et des hématomes sur tout le corps.
Cliquot fit signe au médecin de le suivre dans le couloir.
« Que s'est-il passé ? demanda-t-il une fois dehors.
– Quelqu'un l'a *frappé* consciencieusement, dit le jeune médecin. Mais ça *a l'air* plus grave que ça ne l'est vraiment. Il n'a pas de lésions internes.
– Il a eu de la chance alors !
– Oui ! dit le jeune médecin. Par prudence, nous le gardons quand même sous *surveillance* encore une journée. Demain au plus tard, il pourra rentrer chez lui. »
Cliquot le remercia pour les informations et retourna dans la chambre du malade.

1. ______________________________

2. ______________________________

3. ______________________________

4. ____________________

5. ____________________

6. ____________________

7. ____________________

« Alors ? Qui vous a *frappé* ? demanda-t-il.
L'inspecteur *alla droit au but*.
– Je ne veux pas en parler, dit Pascal Legrand. Ce n'est pas si grave que ça.
– Vous pourriez porter plainte, dit Cliquot. Vous pourriez même recevoir un dédommagement. Vous vous retrouvez tout de même un ou deux jours sans pouvoir travailler.
– Oh, Pascal balaya l'air de sa main indemne pour montrer qu'il ne voulait pas *accorder d'importance à* l'histoire.
– Je vous rappelle que nous menons une *enquête* sur un *meurtre*.
– Mais ça n'*a* rien *à voir* du tout *avec* le *meurtre*, dit Pascal Legrand.
– C'est à moi de décider si c'est en rapport avec le *meurtre* ou non, dit Cliquot en perdant patience. Je vous rappelle que l'inspecteur de police, c'est moi. Alors, dites-le-nous, qui est-ce ?
– Beauchamp, dit-il finalement avec grand-peine.
– Beauchamp ? répétèrent Cliquot et Nathalie en même temps. Mais pourquoi ?
– Il m'a menacé, il veut savoir, où est Christine.
– Tout comme nous, dit Cliquot. Pourquoi ne le lui avez-vous pas *révélé* ?
– Je ne sais pas non plus où elle s'est cachée !
– Et Beauchamp voulait vous *frapper* jusqu'à ce que vous lui disiez où elle est ? »
Pascal *hocha la tête*.

Übung 75: Unterstreichen Sie das „schwarze Schaf"!

1. agréable, sincère, sérieusement, calme
2. attentionné, dévoué, surdoué, amitié
3. étonnement, sincèrement, galamment, immédiatement
4. participant, élégant, créant, voyageant
5. amusement, événement, carrément, entendement
6. pouvoir, devoir, voir, savoir, vouloir

« Je comprends, dit Cliquot, bien qu'il ne comprît rien du tout. Et Pourquoi ? »
Pascal Legrand hésita un moment et porta les mains à la tête comme s'il avait des douleurs.
« Christine m'a appelé. Elle a vu que Beauchamp avait versé quelque chose dans le verre de Clément. Le *contenu* d'une ampoule. »
Cliquot et Nathalie avaient le regard fixé sur Legrand.
« Elle a peur qu'il lui fasse du mal. C'est la raison pour laquelle elle s'est cachée.
– Pourquoi n'a-t-elle rien dit à la police ?
– Parce qu'elle a aussi peur que vous ne la croyiez pas et que Beauchamp la fasse passer pour la *coupable*. »
Pascal Legrand se tourna vers le mur. *Par chance* pour lui, une infirmière énergique arriva dans la chambre et *chassa* l'inspecteur et son assistante.

« Qu'en pensez-vous ? demanda Nathalie pendant qu'il retournait au parking. Christine pourrait-elle être la *meurtrière en fin de compte* ?
– Elle était sur les *lieux du crime*, elle allait et venait parmi les invités tout naturellement et personne n'a particulièrement prêté *attention* à ce qu'elle faisait ou à quel endroit elle se trouvait. »

Comme Madame Clément l'avait déjà souligné : ‹ une serveuse très discrète et agréable comme il se doit ›.
« Oui, dit Nathalie, elle en avait l'*occasion* mais avait-elle aussi un *mobile* ?
– Pourquoi voudrait-elle tuer Clément ? songea Cliquot à voix haute. Ou porter préjudice à Beauchamp ? »

Übung 76: Verwenden Sie ***comme si*** *und das Imperfekt!*

1. Il fait … (il, comprendre)

____.

2. Il fait … (il, avoir mal à la tête)

____.

3. C'était … (elle, craindre quelque chose)

____.

4. Elle me fixait … (je, être coupable)

____.

5. Elle m'a appelé … (il, être arrivé quelque chose de grave)

____.

6. … (elle, pouvoir tuer quelqu'un !)

____

Non, pensa Cliquot, tous les *indices* nous amènent à Beauchamp. Cliquot et Nathalie restèrent de longues heures assis au commissariat à réfléchir au *dossier* Clément. Ils comparèrent toutes les informations qu'ils avaient réunies et en revinrent toujours au même résultat : Beauchamp était le plus *suspect* de tous.

« J'ai besoin d'air frais, dit Nathalie sinon je ne peux plus réfléchir. »

Cliquot la regarda ouvrir une fenêtre et *se pencher* vers l'extérieur. Mais tout à coup, il vit devant lui non pas Nathalie mais *bel et bien* Madame Clément en train de se *recouvrir* les épaules à cause d'un *courant d'air* froid.

« La fenêtre, dit-il, la fenêtre de la salle à manger était ouverte. Bien avant la quatrième *dégustation.* »

Nathalie se tourna vers Cliquot et le regarda sans le comprendre.

« Le *meurtrier* a jeté l'ampoule ou le petit flacon *contenant* le *poison* par la fenêtre, *s'écria* Cliquot. Voilà pourquoi nous n'avons rien trouvé ! »

Il attrapa son manteau.

« Avec un peu de chance, l'ampoule ou le flacon est encore là et nous trouverons l'un ou l'autre. Peut-être même des *empreintes digitales* ! Allons à l'hôtel Bourgogne !

– Oui, Chef, dit Nathalie sans grande *conviction*, mais avant, ramenez-moi à la maison, j'ai besoin de mon sommeil réparateur de beauté. »

ÜBUNG 77 !

Übung 77: Schreiben Sie die Zahlen aus!

1. le 4e: ______________________
2. la 1e: ______________________
3. le 2e: ______________________
4. 1/4: ______________________
5. 1/2: ______________________
6. 1/3: ______________________

Chapitre 8 : À la recherche du flacon

Cliquot *se rendit à* l'hôtel. Ça dura un certain temps avant que le portier de nuit ne vienne à la porte. Il *considéra* Cliquot d'un œil *méfiant.*

« Que faites-vous là en pleine nuit ? demanda-t-il, mal luné. Je l'ai *vraisemblablem*ent sorti du lit, pensa Cliquot. Ou bien la télévision diffuse un film *captivant.* Il montra sa carte de policier.

« Ouvrez la porte. Il *s'agit d'*une *enquête* policière. »

Le portier *s'exécuta* rapidement et ouvrit la porte.

« Que puis-je faire pour vous, Monsieur le Commissaire ?

– Inspecteur, le corrigea Cliquot impatiemment.

– Menez-moi au jardin de l'hôtel !

– En pleine nuit ? Ça ne pouvait pas attendre jusqu'à demain matin ?

– Ce n'est pas avec vous que je discuterai ce point-là, Cliquot éleva la voix, *menaçant.* Faites simplement ce que je vous dis.

– Oui, Monsieur l'Inspecteur, répondit l'homme *intimidé.*

– Et apportez-moi une lampe de poche ! » dit Cliquot.

Eh oui ! Dans l'excitation du moment, il l'avait vraiment oubliée ! Le portier de nuit, plein de zèle, alla chercher une lampe de poche. Ils passèrent par un *passage* souterrain pour *accéder au* jardin. *Curieux*, le portier attendait les instructions suivantes.

Übung 78: Partizip Präsens oder Verbaladjektiv? Gleichen Sie an, wenn nötig!

1. Cet homme a des yeux méfiant ________ .
2. Les femmes s'approchaient, se méfiant ________ de lui.
3. L'histoire du film est captivant ________ .

4. Ils parlaient, captivant ________ leur auditoire.

5. Ils élèvent la voix, menaçant ________ le public.

6. Ils parlent d'une voix menaçant ________ .

7. Elle a un savoir-faire impressionant ________ .

8. Il revient dans son village natal dans une voiture de sport, impressionant ________ tout le monde.

« Vous pouvez retourner à votre poste », lui *signala* Cliquot.
Une fois seul, Cliquot avança dans le jardin et *éclaira* le terrain avec la lampe de poche. La lampe *projetait* un puissant *rayon* de lumière large et *lumineux*. Il avait vite examiné la bande de gazon soignée et étroite derrière l'hôtel. Heureusement, il n'y avait pas d'*arbustes* ou des *buissons* encombrants. Cliquot faisait des allées et venues sur le gazon. Il espérait vraiment trouver quelque chose – il serait *reconnaissant* pour chaque *indice* qui l'aiderait à *résoudre* enfin ce casse-tête.
Soudain, il vit quelque chose briller dans l'herbe. Il aurait presque marché sur la petite ampoule de verre.
Il se mit à genoux. *Prudemment*, il la ramassa avec la petite pincette de son couteau suisse. Il la *considéra* dans la lumière de la lampe de poche : elle était vide. Il *déposa* l'ampoule dans un petit sac de plastique qu'il portait toujours sur lui pour ce *genre* de situation. Il *secoua* la tête tristement. Si c'était vraiment l'ampoule avec le *calmant*, Beauchamp avait alors peu de chance de s'en sortir. Ou Christine.
« Pas un mot quant à ma visite, dit Cliquot au portier de nuit. À personne ! M'avez-vous bien compris ? »
Il lui rendit la lampe de poche.
« Je ne vous ai jamais vu ! » *ricana* le portier.

Übung 79: Formulieren Sie das Gegenteil!

1. Je vous ai toujours vu faire du sport.

---

2. Il y a encore du vin.

---

3. Il est déjà venu.

---

4. Il y avait toujours quelqu'un pour surveiller.

---

5. Il y a encore quelque chose à boire.

---

6. Il y a encore quelqu'un dans la salle.

Au moins deux à trois kilomètres séparaient l'Hôtel Bourgogne du commissariat, Cliquot décida cependant de rentrer à pied. Le bon air frais de la nuit lui faisait du bien et il avançait à grandes *enjambées*. Une fois au commissariat, il *déposa* sa preuve afin que le reste du *contenu* et les *empreintes digitales* fussent examinés.

Non, ça ne lui plaisait vraiment pas que tous les *indices désignent* le sympathique Beauchamp. Mais il ne pouvait pas fermer les yeux face à tant d'*indices*. Il s'arrêta au bar-tabac.
Allez, pensa-t-il, je bois encore un ou deux petits verres de rouge et je rentre après à la maison pour enfin dormir. Demain il fera jour.

Il n'aimait pas se laisser stresser. *Evidemment*, il voulait lui aussi retrouver le *meurtrier* aussi vite que possible et l'*arrêter*. Mais il ne *ressentait* pas vraiment de joie à l'idée d'*arrêter* Beauchamp. Ça pouvait attendre. D'après lui, le risque que Beauchamp *prenne la fuite*, était de toute façon nul.

Cliquot se commanda un petit rouge.

« B'soir, commissaire », prononça une voix indistinctement à côté de lui.

C'était Pierre, qui levait son verre. Il était vide.

ÜBUNG 80 !

Übung 80: Setzen Sie den Indikativ oder den Subjonctif der vorgegebenen Verben ein!

1. Il dépose l'ampoule au commissariat afin qu'elle (être) ________ analysée.
2. Ça ne lui plaît pas vraiment qu'elle (prendre) ________ des initiatives.
3. Il pense qu'il (aller) ________ falloir le surveiller.
4. Je ne pense pas qu'ils (savoir) ________ ce qu'elle a l'intention de faire.
5. Quelle chance que vous (avoir) ________ trouvé cette preuve !
6. Mais quel malheur que ce (être) ________ vraisemblablement lui le coupable.
7. Je doute qu'il (pouvoir) ________ se défendre.

« J'ai entendu quelque chose d'intéressant, *souffla*-t-il.
– J'écoute, dit Cliquot.
– Je veux bien boire un petit rouge avec vous, dit Pierre en levant une autre fois son verre vide.
– Je veux d'abord l'information ! »
Cliquot ne croyait pas que Pierre ait une information importante à *dévoiler*. Il était plus probable qu'il essaie par cet intermédiaire de se faire servir un verre gratuitement.
Pierre *soupira* et *se racla la gorge*.
« J'ai la gorge tellement sèche, commissaire. Un peu de liquide, ça fait des miracles.
– Parle, dit Cliquot sans pitié. Sinon c'est moi qui *accomplis* un miracle ! »
Pierre se ressaisit. Il savait très bien quand la patience de Cliquot avait atteint ses limites.
« As-tu des informations au sujet de la jeune fille ?
– Quelle jeune fille ? » demanda Pierre.
Cliquot lui lança un regard méchant. À cet instant, la jeune fille lui revint à l'esprit. Il devait se renseigner discrètement sur une jeune fille s'appelant Christine Colombe.

Übung 81: Bilden Sie eine Frage mit der passenden Form von ***lequel****!*

1. Tu parles d'une jeune fille. – Il y a plusieurs jeunes filles ici !
____________ parles-tu en particulier ?
2. Vous pensez à un criminel. – Il y a de nombreux criminels dans cette prison !
____________ pensez-vous exactement ?

3. Il a marché le long d'un chemin dans la forêt. – Cette forêt est pleine de chemins.

.... a-t-il marché ?

4. Il y a encore du vin dans une bouteille. – Il y a de nombreuses bouteilles sur la table.

.... y a-t-il encore du vin ?

5. Nous étions assis autour d'une table. – Il y a plusieurs tables dans la pièce !

.... étiez-vous assis ?

6. Il s'est renseigné sur des invités. – Les invités étaient nombreux à la réception.

.... s'est-il renseigné plus spécialement ?

« Non, malheureusement non, Monsieur l'Inspecteur. Aucune *rumeur* ne court à son sujet. Dans tout le quartier - pas une seule *rumeur*.

– Et pourquoi me déranges-tu à ce moment-là ? demanda Cliquot qui perdait le contrôle de lui-même.

– Parce que j'ai entendu … »

Pierre vérifia d'un regard autour de lui si quelqu'un les observait.

« J'ai entendu parlé d'une *altercation* », dit-il à voix basse.

Bon, se dit Cliquot, si au moins le *dossier* des *cambriolages* avançait un peu.

« Baptiste a eu un travail étrange à faire, *souffla*-t-il. Il a dû aller de Paris jusqu'en Bourgogne, *frapper* quelqu'un. En fait, il devait *frapper* la personne même qui le payait pour ce travail. C'est bizarre, vous ne trouvez pas ?
– Hum ! fit Cliquot, songeur. Tu ne sais pas *par hasard* qui l'a engagé ?
– Oh non, Baptiste ne *dévoilerait* jamais son nom. C'est une question d'honneur ! »

Übung 82: Setzen Sie die Infinitive an der richtigen Stelle ein!
(se souvenir, s'arrêter, continuer, toucher, aller, laisser, oublier)

ÜBUNG 82 !

Comment Cliquot pouvait-il seulement (1.) ______________ le code d'honneur !
« Mais l'endroit où il a mis son travail à exécution, il l'a sûrement divulgué ?
– Oui, c'était aussi bizarre. Il devait (2.) ______________ en voiture en Bourgogne et (3.) ______________ un peu avant un petit village. Pour ne pas (4.) ______________ de *traces*, il devait (5.) ______________ à pied vers le village … Rossignol ? Je crois que le village s'appelait Rossignol, dit Pierre en essayant de (6.) ______________.
– Et après ? demanda Cliquot rudement.
– Eh bien, c'est vous qui vouliez que j'écoute les *rumeurs* dans le milieu sur les *cambriolages* brutaux ou les *bagarres* – bien que Baptiste n'ait rien volé.

– Dis à ton ami Baptiste qu'il est bien trop bête pour ça, répondit Cliquot. Et à toi, je te conseille de ne pas en 7. ______________ un mot à ton Baptiste, que tu l'as dénoncé. »

« Mais Monsieur l'Inspecteur, c'est une question d'honneur ! dit Pierre d'un ton profondément *indigné.* »
Rossignol ou Rossigny ? se *questionna* Cliquot à voix basse. Il ne montra pas que l'information était très importante pour lui.
Il offrit un verre de vin à Pierre.
« Rossignol, répéta Pierre, *adouci.* J'en suis sûr maintenant. » Il rit en gloussant.
« Il m'a tout raconté, le Baptiste. Vous avez raison, Monsieur l'Inspecteur, il est trop stupide pour un *cambriolage.* »

« Vous savez ce que cela signifie ? » demanda Cliquot. Il avait *rapporté* l'*entretien* avec Pierre à Nathalie.
Ils étaient de nouveau dans la voiture en route vers Dijon. Combien de fois avaient-ils fait ce *trajet* ? Il était bientôt onze heures.
« Oui, dit Nathalie, une nuit de plus où nous ne dormirons pas.
– Mon Dieu, dit Cliquot, vous ne pouvez pas conduire plus vite ?
– Si, dit Nathalie, si vous payez la contravention !
– Nous ne *commettons* pas d'infraction, dit Cliquot, il *s'agit d'*une mesure policière dans le cadre d'une *enquête* sur un *meurtre.*
– Précisons que nous ne savons pas encore de quoi se constitue la mesure, fit remarquer Nathalie.
– Je saurai bientôt ce que nous avons à faire. J'ai le temps de réfléchir jusqu'à ce que nous arrivions à Rossigny », répondit Cliquot, d'un ton arrogant.
Nathalie *accéléra* et roula à la vitesse interdite de 130 kilomètres par heure. Elle devait se concentrer car les routes étaient étroites et elle *manquait de* visibilité.

Übung 83: Bilden Sie das Konditional II (Vergangenheit) dieser Verben!

1. Nous ne commettons pas d'infraction.

____

2. De quoi se constitue la mesure ?

____

3. Il m'a tout raconté.

____

4. Avaient-ils fait ce trajet ?

____

5. Il rit. ______________________________

Chapitre 9 : La ruse

Quelques kilomètres avant Rossigny, deux collègues contrôlant la circulation avec un véhicule civil attendaient des conducteurs imprudents. Depuis plusieurs heures déjà, ils *guettaient en vain* les routes. C'est donc avec joie qu'ils se mirent à *poursuivre* Cliquot et Nathalie et arrêtèrent leur voiture.

Le plus petit des deux se rapprocha d'eux sans se déparer de son sourire.

« Vous savez à quelle vitesse vous rouliez ? demanda-t-il.

– Dites-le-moi, dit Nathalie, je n'y ai pas prêté *attention*.

– 130 kilomètres par heure, *se réjouit* le plus grand, et vous savez quelle vitesse est autorisée sur les routes nationales françaises ?

– 90 kilomètres par heure, répondit Nathalie qui avait bien appris sa leçon.
– Et ça fait une différence de combien ? » continua le plus petit.
Nathalie *s'apprêtait à* répondre docilement mais Cliquot descendit de la voiture et se plaça démonstrativement devant les deux policiers.
« Qu'est-ce que vous fabriquez ? demanda-t-il d'un *air* méchant, un *exercice* de calcul pour débutants ? »
Il *agitait* sa carte de police sous les yeux des deux policiers.
« Cliquot de la *police judiciaire* de Paris. Nous sommes en pleine *intervention*.
– Si c'est comme ça, on va vous accompagner, » répondit le plus grand avec *empressement*. C'était vraiment plus intéressant que d'attendre des mauvais conducteurs !
« Avec notre sirène …
– Tout à fait, dit Cliquot furieux, il ne *manquerait* plus que vous *préveniez* nos *suspects* avec le *gyrophare* et la sirène. »

Übung 84: a) Bilden Sie vergleichende Sätze im Präsens! b) Setzen Sie dann die Sätze in den Plural!

1. (la voiture de police) (être) (– confortable) (la voiture privée)

a)____

____

b)____

____

2. (l'enquête policière) (être certainement) (+ intéressant) (d'attendre un chauffard)

a)

b)

3. (le vin de ce domaine français) (paraître être) (+ apprécié) (celui) (un domaine étranger)

a)

b)

4. (ce nouveau portable) (sembler être) (+ sophistiqué) (le téléphone fixe)

a)

b)

5. (ce nouvel arrivage de vin) (paraître être) (+ bon) (celui de l'année dernière)

a)____

____

b)____

____

Cliquot allait *remonter* en voiture lorsqu'une autre idée lui vint à l'esprit.

« Le *carrefour*, celui de Paris-Dijon …

– Vous voulez dire, le *carrefour* où les routes nationales de Paris et de Dijon se *croisent* ? »

Cliquot *hocha la tête*.

« Prenez position là-bas. Si une jeep verte avec l'immatriculation … un instant … »

Il regarda Nathalie d'un œil interrogateur. Nathalie alluma son ordinateur et ouvrit un fichier. Elle trouva l'immatriculation et la communiqua aux deux policiers.

« Inscrivez ça sur papier, commanda Cliquot. Arrêtez ce véhicule. Prenez le prétexte d'un contrôle de la circulation. Avez-vous compris ? »

Les deux policiers exécutèrent un mouvement de la tête.

« Arrêtez-le à cause d'une irrégularité quelconque, peu importe laquelle et informez-moi sans qu'il le remarque. Avez-vous compris ?

– *Affirmatif*, dirent les deux policiers en chœur.

– Donnez-moi votre numéro de portable pour que je puisse vous joindre. »

Übung 85: Trennen Sie die Verben (Subjonctif) in der Wortreihe voneinander und tragen Sie sie unter dem passenden Personalpronomen ein!
fassespuissionscomprennesveuillessoyonsaillesayons

1. tu	2. nous
______	______
______	______
______	______
______	______

Silencieux, Nathalie et Cliquot continuèrent leur route vers l'hôpital. Ils ne savaient pas encore comment *poursuivre* l'*enquête*.
« Nous devons retrouver Christine. Nous avons besoin de son *témoignage*.
– Oui ! Mais comment faire ? demanda Cliquot. Pascal, soi-disant, ne sait pas où elle se cache. Comment l'obliger à nous le *révéler* ? »
Nathalie continuait à chercher une solution. Soudain elle *se redressa*, laissant *apparaître* une mine réjouie.
« J'ai trouvé ! »
Cliquot était *curieux* de savoir comment sa chère assistante allait pouvoir les sortir d'affaire.
« Ce n'est pas très … Enfin ! Ce n'est qu'une *astuce*.
– Mais rien d'illégal, demanda-t-il *méfiant*.
– Non, dit Nathalie, juste un peu de cinéma.
– Le principal c'est que ça fonctionne. »
Nathalie *s'empara du* portable de Cliquot et *composa* un numéro de téléphone. Elle attendit un bon moment. Cliquot écoutait très *attentivement* la conversation.

Übung 86: Kreuzen Sie an, in welchen Fällen man das Imperfekt verwendet!

- ☐ 1. abgeschlossene Handlung
- ☐ 2. zeitlich unbegrenzt
- ☐ 3. Gewohnheiten
- ☐ 4. Beschreibung des Hintergrunds
- ☐ 5. Situationsbeschreibung
- ☐ 6. Kommentare
- ☐ 7. Zustand

« Allô, Pascal ? » dit Nathalie en imitant la manière de parler lente de Christine Colombe. Après avoir écouté la réponse de Pascal, elle rajouta :

« Il faut que tu viennes. C'est urgent !

– …

– Oui, très urgent !

– …

– Oui, tout de suite !

– …

– S'il te plaît ! Je ne veux pas en parler au téléphone, c'est trop dangereux. »

Nathalie imita le bruit d'un *sanglot* comme si elle faisait l'effort de retenir ses *larmes* de la même manière que Christine Colombe l'avait fait au premier *entretien*.

« Oui, dit-elle d'une voix tremblante. Oui, aussi vite que possible. »

Elle *coupa* la communication.

« Alors ? J'étais comment ? demanda-t-elle.

– Très *convaincante* !

– Je n'ai même pas dit que j'étais Christine. Pascal a tout de suite

réagi en disant : ‹ Christine, tu es *censée* ne m'appeler qu'en cas d'extrême urgence. ›
– Un *malentendu* que vous ne pouviez pas rectifier aussitôt, *ricana* Cliquot. »
Cachés derrière un camion garé, ils attendaient en observant l'entrée de l'hôpital.
En effet, Pascal sortit de l'hôpital après dix minutes d'attente. Il portait un imperméable au-dessus de son pyjama et avait ses chaussons aux pieds. Il regarda autour de lui rapidement et se dirigea *pressé* vers une jeep verte garée sur le parking. Il *monta*, démarra la voiture et partit.
Nathalie attendit un instant avant de *se remettre* au volant.

Übung 87: Ersetzen Sie die Satzteile in Klammern durch eine Infinitivkonstruktion mit ***avant de, sans, pour*** *oder* ***après****!*

1. (Avant que vous veniez), vous penserez à prendre vos dossiers.

   ____

2. Elle l'a suivi (sans qu'il la voie).

   ____

3. Nous les avons suivis (après que nous les avons vus disparaître) au coin.

   ____

4. Ils l'ont observé (sans qu'on les ait remarqués).

   ____

5. Ils se sont cachés (pour qu'on ne les voie pas).

____

Chapitre 10 : L'union fait la force !

Par chance, il y avait encore un peu de circulation sur les routes. Ils pouvaient se *dissimuler* derrière quelques voitures sans le perdre de vue.

Au bout de deux kilomètres, Pascal tourna à droite et *s'engagea* dans une cour, se gara et *disparut* dans une petite maison qui appartenait à un complexe de maisons de vacances.

À l'abri derrière un gros *buisson*, Nathalie et Cliquot attendaient la suite des événements.

Peu de temps après, Pascal Legrand, fou de rage, ressortit de la maison, regarda à droite et à gauche, *remonta* dans sa jeep et démarra sur les chapeaux de roue.

« Vous croyez qu'il *prend la fuite* ? demanda Nathalie.

– Non, dit Cliquot. Il retourne à l'hôpital sinon son histoire n'a plus ni queue ni tête.

– Allons donc parler avec Mademoiselle. »

Ils descendirent de voiture.

ÜBUNG 88 !

*Übung 88: Setzen Sie, je nach dem Gebrauch des Verbs, die Präpositionen **à, de,** das Pronomen **en** oder nichts (–) ein!*

« Vous allez sonner (1.) ________ la porte de devant. Je vais faire le tour de la maison si jamais elle essaie (2.) ________ *prendre la fuite* par derrière. »

Christine *tenta effectivement* (3.) _____ fuir, elle courait à travers les champs derrière la maison en direction de la forêt. Cliquot se mit (4.) _____ la *poursuivre* de ses longues jambes et la *rattrapa* en un rien de temps. Elle retourna dans la maison avec Cliquot sans aucune résistance.

Quelques minutes plus tard, ils étaient assis dans une cuisine *désordonnée.*

Christine était en *larmes* et ne voulut même pas (5.) _____ boire le thé que Nathalie avait préparé.

« Vous allez m'*arrêter* ? demanda Christine Colombe craintivement.

– Non, dit Cliquot. Mais vous feriez mieux de nous raconter (6.) _____ tout ce que vous savez. »

Christine Colombe se moucha le nez, prit finalement une tasse de thé et en but une *gorgée.*

« C'est moi, *avoua* Christine Colombe. J'ai versé (7.) _____ le *contenu* de l'ampoule dans le verre de Clément. Ils n'y ont vu que du feu. »

Elle leva les yeux.

« Au début, j'avais caché l'ampoule vide dans la poche de ma jupe. Je devais la *déposer* dans la poche de la veste de Beauchamp qui était dans la garde-robe à l'extérieur de la pièce. Et puis quelqu'un a ouvert la fenêtre, je crois que c'était Monsieur Brasseur et c'est par là que j'ai jeté l'ampoule profitant (8.) _______ un moment d'inattention. Je voulais *m'*(9.) _______ *débarrasser* à tout prix, je ne voulais pas la garder une seconde de plus sur moi. Mais c'était stupide de ma part. »

Elle fixait le vide devant elle.

« Plus tard je me suis lavé les mains autant que j'ai pu. Pascal m'a dit (10.) _______ continuer (11.) _______ travailler comme si de rien n'était. Mais je n'(12.) _____ étais pas capable. Il a dit que je ne l'avais pas tué, qu'il serait mort de toute façon. »

« Mais pas ce soir-là, dit Cliquot. Non, il est mort à cause du *calmant* qui était dans l'ampoule. Je l'ai retrouvée d'ailleurs. »
Christine Colombe éclata de nouveau en *sanglots*.
« Ce n'était qu'une mauvaise plaisanterie, dit Christine Colombe en pleurant. Pascal disait que nous allions jouer un tour à Clément. Il s'est toujours vanté de *reconnaître* chaque vin, les yeux *bandés*. ‹ Nous verserons quelque chose dans son verre, quelque chose d'inoffensif, quelque chose qui change le goût du vin. › Je l'ai cru. Jusqu'au moment où il est mort. Il *s'est* d'abord *écroulé* vers l'avant et puis il ne bougeait plus du tout, la tête sur la table. C'était si horrible ! »
Elle continuait à verser de grosses *larmes*.
« Je vais être jetée en prison ? »
– Non, dit Cliquot, d'ailleurs ce n'est pas du *domaine* de la police, les juges s'en occuperont.

– Ce que je ne *saisis* pas, dit Nathalie, c'est la raison pour laquelle vous avez aidé Pascal ?
– Nous nous connaissons depuis que nous sommes enfants. Il a toujours été comme un grand frère pour moi. »
Christine Colombe se remit à pleurer, elle cachait son visage dans son mouchoir.
« Je lui ai fait *confiance* et je l'ai cru quand il a dit que c'était une plaisanterie que nous faisions à Clément. »

Übung 89: Finden Sie heraus, ob es sich um ein direktes Pronomen ***(D.)*** *oder ein indirektes Pronomen* ***(Ind.)*** *handelt und unterstreichen Sie die richtige Alternative!*

ÜBUNG 89 !

Nathalie posa ses mains sur les épaules de Christine Colombe.
« Et en plus, il (1. D., Ind.) me faisait tellement de *peine*. *En fin de compte*, il avait perdu tout son *héritage au profit de* Beauchamp … »
Cliquot et Nathalie (2. D., Ind.) se regardèrent étonnés.
« Vous (3. D., Ind.) nous raconterez ça plus tard, maintenant il faut (4. D., Ind.) nous aider à *confondre* Pascal Legrand. »
Cliquot *approuva* de la tête.
« Dans le cas contraire, c'est sa parole contre la vôtre. Il affirmera que vous avez tué Clément, n'est-ce pas ? »
Christine Colombe *approuva*, désespérée.
« Vous allez (5. D., Ind.) l'appeler et (6. D., Ind.) lui expliquer qu'il doit à tout prix *récupérer* l'ampoule dans le jardin de l'hôtel. »
Nathalie protégea maternellement Christine Colombe en posant son bras autour des ses épaules.
« Dites- (7. D., Ind.) lui que vos collègues de l'hôtel (8. D., Ind.) vous ont raconté que la police avait terminé l'inspection des lieux et qu'il pouvait *accéder au* jardin sans être vu. »

Übung 90: Unterstreichen Sie im nächsten Textabschnitt die zwölf direkten und indirekten Pronomen und tragen Sie sie unten ein!

1. direktes Pronomen	2. indirektes Pronomen

Après s'être calmée, elle appela Pascal.
« J'ai fait une erreur », dit-elle dans le *combiné*.
Elle lui raconta qu'elle avait jeté l'ampoule dans le jardin de l'hôtel. Elle devait probablement encore y être. Si Pascal allait la chercher, il pouvait malgré tout faire accuser Beauchamp en cachant l'ampoule chez lui …
Christine *coupa* la communication.
« Il a promis de s'en occuper tout de suite », dit-elle.
Ils conseillèrent à Christine Colombe de passer la nuit dans un hôtel. C'était mieux pour elle que Pascal ne puisse pas la joindre. On ne savait pas encore s'il tomberait dans le piège. Le jour suivant, on reviendrait la chercher pour la ramener sur Paris.
Ensuite, Cliquot et Nathalie reprirent la route jusqu'au *carrefour* vers Paris.
Après un quart d'heure d'attente, la jeep verte passa devant eux à grande vitesse. Nathalie et Cliquot la suivirent dans leur voiture et la filèrent tellement discrètement que Pascal Legrand ne les remarqua pas un instant.

Übung 91: Gleichen Sie das Partizip Perfekt an, wenn nötig!

La jeep fut (1.) stoppé___ au *carrefour* de Paris-Dijon.

Cliquot fut très (2.) *satisfait*_____ lorsqu'il vit comment les deux policiers prirent position à côté de la voiture de Pascal Legrand. Il leur avait expliqué la situation et leur avait bien (3.) dit___ de faire durer la vérification des papiers de Legrand aussi longtemps que possible. Entre collègues, on pouvait bien se rendre des petits services !

« Il ne nous reste plus qu'à espérer que nos amis le retiendront au *carrefour*, au moins le temps de *déposer* notre ampoule et de nous trouver une *cachette* dans le jardin de l'hôtel. »

Ils eurent *tout juste* le temps de *s'exécuter*.

(4.) Embusqué____ derrière une table de jardin (5.) *renversé* ____, ils purent observer Pascal Legrand *escalader* le mur du jardin de l'hôtel et chercher l'ampoule. Il l'avait vite (6.) trouvé_______, (7.) mis_____ dans sa poche et voulait faire demi-tour et *escalader* le mur lorsque Cliquot l'*arrêta*.

« Eh, qu'est-ce que ça veut dire ? *grogna* Pascal Legrand qui n'avait pas (8.) reconnu___ Cliquot tout de suite.

– C'est à vous de me l'expliquer, Monsieur Legrand », dit Cliquot.

*Übung 92: Formulieren Sie den zweiten Teil des Satzes mit **si** oder **lorsque**! Achten Sie dabei auf die Zeiten!*

1. Je viendrai (je, pouvoir).

____

2. Je viendrais (je, être libre).

____

3. Tu ferais moins d'erreurs (tu, faire plus attention).

____

4. Il sera plus riche (il, hériter).

____

5. Les témoins seront plus tranquilles (l'affaire, régler).

____

6. Il n'y serait pas allé (il, savoir).

____

7. Je t'aiderai (je, pouvoir).

____

Il ne put dire un mot de plus car Pascal lui avait *assené* un coup violent qui le fit tomber à terre. Le temps de *se redresser*, Pascal Legrand passait déjà par-dessus le mur.

Cliquot le *poursuivit* et *escalada* avec *peine* le mur. Ouïe ! Son dos, il espérait ne s'être rien déboîté. Devait-il maintenant vraiment sauter de l'autre côté du mur ? Il hésita. Nathalie s'était informée *au préalable*. Elle savait que, de l'autre côté du mur dans le jardin voi-

sin, le mur mitoyen d'une maison empêcherait Legrand de *prendre la fuite*. Pascal Legrand *était pris au piège*.
Elle courut de l'autre côté du terrain de l'hôtel et attendit là que Pascal ait fini d'*escalader* le mur et qu'il ait sauté par terre. Pascal Legrand resta *consterné* devant le mur mitoyen qui s'élevait devant lui. Il était haut de plusieurs mètres sans une seule fenêtre, sans un rebord qui l'aidât dans son escalade à *poursuivre* sa fuite. Il fit quand même de vaines *tentatives* pour grimper au mur. Désespéré, il *s'élançait* contre le mur pour essayer de sauter. Sa *consternation* augmenta encore lorsqu'il se retourna et vit Nathalie se diriger vers lui.
« Ne bougez plus, Monsieur Legrand, vous êtes en état d'arrestation », lui cria-t-elle.

Übung 93: Markieren Sie die richtige Alternative!

ÜBUNG 93 !

1. rêver
   - ☐ a) à arrêter quelqu'un
   - ☐ b) d'arrêter quelqu'un

2. s'amuser
   - ☐ a) à faire peur à quelqu'un
   - ☐ b) de faire peur à quelqu'un

3. arrêter
   - ☐ a) à courir
   - ☐ b) de courir

4. contraindre quelqu'un
   - ☐ a) à s'arrêter
   - ☐ b) de s'arrêter

5. interdire à quelqu'un
   - ☐ a) à s'interposer
   - ☐ b) de s'interposer

6. décider quelqu'un
   - ☐ a) à participer
   - ☐ b) de participer

Elle rêvait depuis longtemps de prononcer cette phrase. Elle resta où elle était, les jambes posées solidement au sol, légèrement écartées comme les hommes le font dans les films policiers. La seule chose qui était dommage c'était que sa voix tremblait de peur et que ses jambes flageolaient.
Pascal Legrand se mit à *ricaner* et fit un pas dans sa direction.
Je *viendrai* facilement *à bout de* cette moitié de femme, pensa-t-il.
« Stop, cria Nathalie encore une fois, je suis armée. Je … je *tire*. »
Pascal hésita encore un instant. Ce qu'il *distinguait* dans l'*ombre* de sa main pouvait tout à fait être une arme.
Entre-temps, Cliquot avait fini de grimper sur le mur du jardin de l'hôtel. Il *se tenait* au bord en respirant lourdement. Mon Dieu ! Fallait-il sauter de cette hauteur ? Il y avait plus de deux mètres ! Il cessa d'hésiter et dans un ultime effort tel le héros à la fin d'un film, il se jeta sur le *meurtrier* et le fit tomber en *atterrissant* de tout son poids sur lui.
Dans la chute, le *suspect* se cassa un *poignet*. C'était malheureusement la main qui avait été épargnée lors de la simulation de *bagarre*, ce qui empêcha Pascal Legrand d'*accomplir* ce qu'il avait déjà l'intention de faire depuis le début : *récupérer* l'ampoule dans sa poche et la jeter loin de lui. Cliquot avait récolté des contusions et des éraflures alors que Nathalie avait fait tomber son ‹ arme › de peur.

Übung 94: Unterstreichen Sie die Partizip Perfekt-Formen im folgenden Abschnitt!

C'était un vaporisateur de parfum, qu'elle avait tenu d'une manière très *adroite* : seul le canon de l'arme semblait *dépasser* de sa poche. Pascal geignait de douleur et de colère de s'être fait prendre à cause de l'*astuce* de Nathalie.
Cliquot et Nathalie réussirent ensemble à mettre les *menottes* à Pascal Legrand et à l'emmener au commissariat.
Une fois que sa main fut soignée et *bandée*, Pascal Legrand *avoua* tout.
« J'ai incité ma cousine à verser le *calmant* dans le verre de Clément. Elle ne savait pas que c'était dangereux. Elle croyait que ça n'agirait que sur le sens du goût et que Clément se serait rendu ridicule parce qu'il n'aurait pas pu déguster le vin correctement. »
Une fois le *déroulement* des évènements éclairci, Cliquot ne voulut savoir qu'une seule chose : « Pourquoi Pascal Legrand avait-il *poursuivi* Beauchamp avec un désir de *vengeance* aussi *acharné* ? »
Nathalie avait *questionné* ses informateurs et trouvé quelques réponses : Il s'appelait autrefois Pascal Dumont comme son père. Sa mère s'était remariée après le suicide de son mari et Pascal fut adopté par Henri Legrand.

Le père de Pascal était un joueur passionné qui avait perdu toute sa fortune à cause du jeu. À la fin, il dut même hypothéquer sa part du *domaine*. Beauchamp paya toutes les dettes pour que le *domaine* ne soit pas mis aux enchères et, en contrepartie, fit mettre la part de Dumont à son nom. Ceci ne *couvrit* même pas la moitié des dettes que Dumont avait *accumulées*.
« Ma mère ne m'a jamais dit la vérité, dit Pascal, elle disait que Beauchamp était *coupable* de tout, qu'il m'avait volé mon *héritage*.

Il aurait profité de la situation de mon père. Elle me fit *jurer* de *récupérer* tout mon *bien*. Et je me suis demandé en premier lieu par quel moyen le plus efficace je pouvais porter préjudice à Beauchamp. »

« J'en suis très triste, *confia* Beauchamp plus tard à Cliquot. Dumont avait même hypothéqué la maison dans laquelle sa famille habitait. Je l'ai payée pour que la *veuve* et le fils puissent continuer à y vivre.

– Vous avez agi en tout bien tout honneur, dit Cliquot, mais pourquoi ne lui avez-vous rien dit ?

– Je ne voulais pas que Pascal ait honte. Je n'aurais jamais pensé que sa mère ait raconté de telles choses ! »

Beauchamp *soupira*.

« Je lui aurai même rendu sa part une fois qu'il aurait fait ses preuves. Je voulais vraiment voir s'il ferait un bon *maître de chai*. »

Au lieu de ça, Pascal Legrand attendait son jugement. Le grand public entendit peu parler de cette affaire.

Quelqu'un avait joué de son influence car la presse ne publia que peu d'articles au sujet d'un *meurtre* pour raisons personnelles et le vin de Beauchamp ne fut pas mentionné une seule fois.

« Je l'ai su tout de suite, dit le préfet de police à son *adjoint*. Cliquot est un bon élément quand on le garde un peu à l'œil. J'ai toujours cru en lui.

– Vraiment ? dit l'*adjoint*, d'un ton ironique.

– Si jamais il *parvient* à *résoudre* cette histoire de *cambriolages*, je penserai peut-être à le *promouvoir*.

– Puis-je *annoncer* cette bonne nouvelle à Cliquot ? demanda l'*adjoint* du préfet.

– Il ne *vaut mieux* pas, dit le préfet en faisant marche arrière. Attendons de voir l'*attitude* de Cliquot. Il ne faudrait pas qu'il se croie plus important qu'il ne l'est. »

Übung 95: Finden Sie das zum Nomen passende Adjektiv und ergänzen Sie!

1. L'influence

   Le fait d'être ____________________

2. La maladresse

   Le malheur d'être ____________________

3. La pauvreté

   Le déshonneur d'être ____________________

4. La solitude

   La tristesse d'être ____________________

5. L'inutilité

   L'impression d'être ____________________

6. La franchise

   L'avantage d'être ____________________

« Le plus beau est d'avoir *classé* le *dossier* dans le délai fixé par cet ultimatum impudent, dit Cliquot à Nathalie. Et croyez-vous que l'un de ces messieurs me ferait un compliment ? Non ! Merci beaucoup, Cliquot, reprenez l'*enquête* sur les *cambriolages*. »
Nathalie *tapait* à l'ordinateur.
« Qu'est-ce que vous écrivez ? demanda Cliquot, *curieux*.
– Des remerciements, répondit Nathalie, laconique, à tous mes informateurs sur le *réseau*.
– Vous pouvez bien me *dévoiler* maintenant comment vous faites pour obtenir aussi vite certaines informations ? »
Nathalie souriait.
« C'est très simple, Chef. Nous autres archivistes, nous nous

ennuyons souvent et c'est ainsi que nous avons créé un *réseau*. Vous ne pouvez pas vous imaginer à quelle vitesse on apprend des choses sur les administrations, les institutions et toutes les archives – archives de journaux, bibliothèques, chambres des métiers et beaucoup de *sites Internet* qui se créent entre-temps. Quand on *questionne* les bonnes personnes, on reçoit les bonnes réponses.

ÜBUNG 96 !

Übung 96: Entwirren Sie den Silbensalat! Schreiben Sie die sechs Nomen auf, die alle mit Nathalie zu tun haben!
(com In ar or in ter di chi pli na ves for ment teur ma ins net ti tu tion tion)

1. c ______________
2. i ______________
3. o ______________
4. I ______________
5. i ______________
6. a ______________

– Mais vous n'êtes pas un pirate ou un fouineur ? Ça n'a rien d'illégal ? Cliquot la regarda d'un *air méfiant*. J'ai une *réputation* que je dois soigner.
– Il serait temps d'y penser ! » dit Nathalie.
Cliquot lui fit un sourire *malin*.
« Oui, d'accord, cela nous a été utile pour notre *enquête*. D'un autre côté, sans mon nez de fin limier, ma grande intuition et ma capacité *remarquable* de combiner les éléments d'une *enquête* … »
Nathalie se sentait d'*humeur* généreuse ce jour-là.

« C'est vrai, Chef, *approuva*-t-elle non sans ironie. Sans vous, l'*enquête* n'aurait pas *abouti* aussi vite et aussi discrètement. »
Cliquot allait et venait, le *torse gonflé* de fierté.
Il *avait du mal à* rester assis depuis le saut du mur.

« Quand on est capable de produire un aussi bon vin, on ne peut être un mauvais homme, et encore moins un *meurtrier* !
– Pascal aussi était habile *en ce qui concerne* le vin », dit Nathalie.
Cliquot *secoua* la tête.
« Vous faut-il donc être toujours aussi logique, Nathalie ?
– Je croyais que c'était une qualité que je devais *acquérir* à vos côtés. »
Ainsi, ils eurent raison tous les deux : c'était le pouvoir des sentiments et le pouvoir de l'argent qui avait été à l'origine du *meurtre*.

Übung 97: a) Stellen Sie die Sätze zu negativen Inversionsfragen um! b) Setzen Sie diese Fragen ins Konditional!

1. Elle a toujours raison.

a)______________________________

b)______________________________

2. Le pouvoir de l'argent est à l'origine du meurtre.

a)______________________________

b)______________________________

3. Je dois acquérir cette qualité auprès de vous.

a)______________________________

b)______________________________

4. Ils ont réussi à s'entendre.

a)______________________________

b)______________________________

5. Cela peut vous être utile pour l'enquête.

a)______________________________

b)______________________________

Quelques jours plus tard, Cliquot reçut un paquet. Il avait rouvert le *dossier* sur la série de *cambriolages* qui *secouait* Paris. *Vu* les conclusions de l'*enquête* à ce jour, il n'était pas loin de trouver les *auteurs* et de les *arrêter*.
Cliquot ouvrit le paquet. Il *contenait* une *caisse* avec une douzaine de bouteilles du *Domaine* Beauchamp, ainsi qu'une carte jointe avec ces mots :
« Ayez la gentillesse de revenir nous rendre visite, vous et votre charmante assistante. Peut-être à l'*occasion* d'un dîner *bourguignon* avec toutes les spécialités que vous ne connaissez pas encore ? »
Une *caisse* de vin, douze bouteilles, pensa Cliquot. Cela ne *relève* pas encore de la corruption. Juste une récompense, comme un cadeau d'un bon ami. Je l'ai vraiment *mérité*. Bienheureux, il lut les étiquettes des bouteilles en *se réjouissant* déjà de boire ce vin si noble. Beauchamp ne s'était pas moqué de lui en lui envoyant les meilleurs vins de sa cave. Il émit un sifflement de *reconnaissance*.
Il faudra que je donne quelques bouteilles à Nathalie. Il ne voulait pas être mesquin. Sa participation à l'*enquête* n'avait pas été des *moindres* – au contraire. Bon, pensa-t-il, je lui cède trois bouteilles. Allez, *se reprit*-il après un instant de réflexion. Deux bouteilles suffisent. *En fin de compte*, c'est moi le connaisseur en vin et Nathalie préfère boire de la bière. Elle l'a répété assez souvent.

Abschlusstest

Übung 1: Übersetzen Sie (im Passé Simple oder Imperfekt, wenn nicht anders vom Text verlangt)!

1. Cliquot freute sich schon auf ein ruhiges Wochenende, an dem er nur schlafen und sich erholen wollte, als sein Handy klingelte.

2. Der Präfekt rief ihn an, weil Cliquot einen Mord aufklären sollte, der sich während einer Weinprobe ereignet hatte.

3. Eigentlich wollte Cliquot lieber seine laufende Untersuchung über eine Diebstahlserie zu Ende führen, doch mit der Zeit fand er Gefallen an der aufregenden Morduntersuchung.

4. Seine Assistentin unterstützte ihn bei der Untersuchung und fand im Internet wichtige Hintergrundinformationen zu dem Fall heraus.

5. Im Burgund kamen sie schließlich dem Schuldigen auf die Spur, der aus Rache und Geldgier gehandelt hatte.

Übung 2: Korrigieren Sie die zehn Fehler!

– Eh bien, expliqua Beauchamp, nous concentront notre production sur un nombre réduits de vins de très haute qualité, qu'on vendons très chers et sur deux ou trois vin dans une classe de prix moyenne, ou nous avons certes énorme de concurrence – d'autres régions viticoles de France et de l'étranger produit des vins tout aussi bons que les notres – mais nous espérons pouvoir convaincre suffisamment de clientèle qui sache apprécié le côté particulier de nos vins. Il est important de faire connaître, en particulier pour les petits vignerons.

1. ________________________________

2. ________________________________

3. ________________________________

4. ________________________________

5. ________________________________

6. ________________________________

7. ________________________________

8. ________________________________

9. ________________________________

10. ________________________________

Übung 3: Ersetzen Sie durch die richtigen Pronomen!

Nous avons parlé de (1. tu)________________.

Vous avez peur pour (2. vos filles) ________________.

L'héritage n'était pas pour (3. Paul) ________________.

Vous auriez dû aller avec (4. les autres invités) ______________.

C'est grâce à (5. Pierre et toi) __________________ si j'ai réussi.

Ce n'est pas pour (6. Paul et moi) ________________ qu'ils l'ont fait.

Vous avez tout fait pour (7. cette personne) ________________.

Il s'occupe d'une affaire pour (8. je) ________________.

Elle s'est adressée à (9. il) __________________ pour demander conseil.

*Übung 4: Setzen Sie **si** oder **quand** ein!*

1. ____________ vous aurez terminé de me déranger, je pourrai m'occuper de l'affaire.
2. ____________ vous ne prenez pas le temps de vérifier les indices, nous n'avancerons jamais.
3. __________ je n'avais pas Internet, je ne pourrais pas vous aider.
4. ____________ nous aurons le temps, vous me montrerez comment ça marche.
5. ____________ vous faites le travail discrètement, il n'y aura pas de conséquences sur le plan politique.
6. ____________ je m'occupe d'une affaire, je suis toujours discret.
7. ____________ c'est cela que vous appelez de la discrétion !

Übung 5: Lösen Sie dieses Kreuzworträtsel, indem Sie die Adverbien der vorgegebenen Adjektive bilden oder übersetzen!

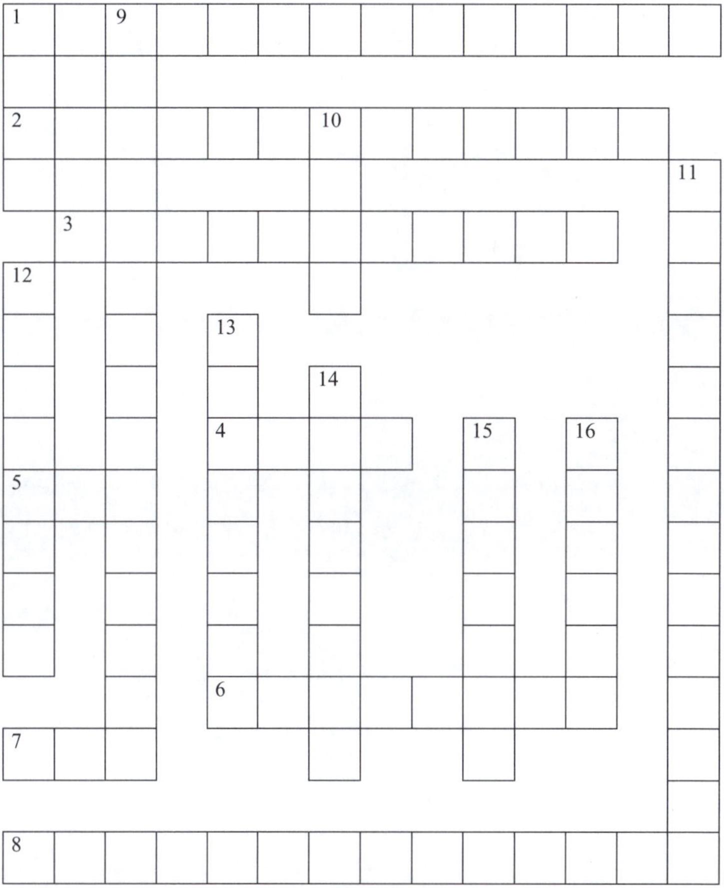

Horizontalement 1. tyrannique 2. opiniâtre 3. logique 4. sehr 5. schlecht 6. immer 7. früh 8. paresseux

Verticalement 1. zu viel 9. raisonnable 10. alles 11. astucieux 12. sûr 13. bête 14. viel 15. fast 16. niemals

Lernkrimi Französisch

Grundwortschatz

LE TRÉSOR DU ROI SOLEIL

Story: Marc Hillefeld
Übersetzung: Aleth Sanchez

Inhalt

Story

Inspektor Cliquot ist der beste Mann der Pariser Polizei. Wenn die Fälle mysteriös werden, die Polizei nicht mehr weiter weiß, ist Cliquot derjenige, der sich in die Untiefen der Pariser Verbrecherszene wagt.

Ein geheimnisvoller, uralter Brief führt Inspektor Cliquot und seine Assistentin Nathalie auf die Spur einer Meisterdiebin, die die goldene Maske des legendären Sonnenkönigs gestohlen hat. Die Maske an sich ist ein unschätzbares Vermögen wert. Sie birgt ein weiteres Geheimnis, womit keiner gerechnet hat . . .
Die Spur führt zu einem kleinen Gehöft in der Provence, das der Sonnenkönig einst einem getreuen Stallburschen schenkte. Cliquot taucht unfreiwillig immer tiefer ein in die undurchsichtigen Machenschaften um die Sage des Sonnenkönigs. Wird Cliquot das Rätsel lösen? Wird er unbeschadet nach Paris zurückkehren?

Chapitre 1 : Le mal est partout

L'inspecteur Cliquot était le meilleur homme de la police parisienne. Il était bien difficile d'estimer son âge, et il portait presque toujours son *béret basque*, même pendant le service.
« C'est pour tromper l'ennemi », répétait-il, car qui aurait bien pu supposer que sous une telle *coiffe* se cachait un policier ?
Aujourd'hui encore, l'inspecteur Cliquot était sur une grosse affaire. Le mal ne meurt jamais, pas même un dimanche matin.
L'inspecteur Cliquot était installé, seul, à la table d'un restaurant chic, tout proche de la Tour Eiffel. En apparence, il lisait son journal du dimanche.
En réalité, il *surveillait* les *alentours* de ses yeux perçants. À sa gauche, il y avait une femme d'un certain âge, plutôt dodue, qui nourrissait son *caniche* avec son petit-déjeuner. C'était très *suspect*. Deux tables plus loin, un *homme d'affaires* en costume étudiait les nouvelles de la Bourse. Il donnait l'*impression* d'être très concentré. N'était-ce pas là un moyen de faire diversion ?

Übung 1: Sind die folgenden Aussagen richtig? Markieren Sie mit richtig ✔ oder falsch – !

ÜBUNG 1

1. Le restaurant se trouve non loin de la Tour Eiffel. ☐
2. L'histoire se déroule à Paris. ☐
3. Ce jour-là, l'inspecteur Cliquot n'est pas en service. ☐
4. Pendant le service l'inspecteur Cliquot porte une casquette de policier. ☐

5. L'inspecteur Cliquot est le plus vieux de tous les policiers de Paris. ☐
6. L'inspecteur Cliquot est assis à la même table qu'une dame qu'il ne connaît pas. ☐
7. L'inspecteur Cliquot a un journal ouvert sous les yeux mais ne le lit pas. ☐
8. La dame est maigre car elle préfère donner son petit-déjeuner à son chien plutôt que de le manger elle-même. ☐
9. Un des clients travaille à la Bourse de Paris. ☐
10. L'inspecteur Cliquot se méfie de tout le monde. ☐

L'inspecteur Cliquot émit un léger grognement, *à peine audible*. Personne ne le remarqua. Seul le chien de la vieille dame leva les yeux un court instant. Puis il *engloutit* un morceau de jambon que sa maîtresse lui tendait.

« Vous ne m'aurez pas, se dit l'inspecteur Cliquot. Je sais que l'un d'entre vous est la *crapule* que je recherche. Ne croyez pas que vous m'*échapperez*. Personne n'a jamais *échappé* à l'inspecteur Cliquot. »

L'inspecteur Cliquot *se pencha* de nouveau sur son journal.

Le garçon de café *s'approcha de* lui.

« Puis-je vous servir encore un peu de café, Monsieur ? » demanda-t-il.

L'inspecteur Cliquot eut un regard *méfiant*. Le garçon *se tenait* devant lui, un *plateau* à la main.

Et s'il était de mèche avec le *malfaiteur*, après tout ? Voulait-il retenir l'*attention* de l'inspecteur afin que son complice puisse *frapper* ?
L'inspecteur Cliquot sourit aimablement.
« Oh, très *volontiers*. Merci beaucoup. »
Le garçon esquissa une courbette. Puis il prit d'une main la cafetière qui était posée sur le *plateau* et servit l'inspecteur.
La *délicieuse* odeur de café frais vint caresser les *narines* de l'inspecteur.
Le petit déjeuner dans son ensemble était un vrai régal : des croissants frais, du beurre, de la confiture, de la *charcuterie*, du jambon, du fromage – la table qui se trouvait devant lui était *recouverte* de toutes ces bonnes choses que l'inspecteur était allé chercher au buffet situé à l'autre bout de la salle.

Übung 2: Welches Wort ist das „schwarze Schaf"?
Unterstreichen Sie das nicht in die Reihe passende Wort!

! ÜBUNG 2

1. jambon, charcuterie, saucisses, œufs brouillés
2. beurre, lait, fromage de tête, fromage blanc
3. confiture, miel, compote, salade de fruits
4. croissant, pain au chocolat, pain aux lardons, brioche
5. croissant de lune, croissant au beurre, croissant au jambon, croissant aux amandes

Et c'est cette table de buffet qui allait être le lieu du crime.
Cela ne faisait aucun *doute*.
L'inspecteur Cliquot savait qu'il n'avait pas le droit de se laisser distraire par ces *merveilleuses* odeurs. L'enjeu était bien trop important.
« Vous désirez autre chose ? demanda le serveur en souriant.

– Non, merci bien », répondit l'inspecteur Cliquot.
« Ne t'imagine pas que tu peux me duper avec cette grimace, mon petit ami, se dit Cliquot. Je sais parfaitement ce qui se trame ici. Alors attention ! »

! ÜBUNG 3

Übung 3: Welche Bedeutung haben die folgenden Sätze? Kreuzen Sie an!

1. Le grognement de l'inspecteur Cliquot est à peine audible.
   - ☐ a) L'inspecteur Cliquot ne peut s'empêcher de grogner.
   - ☐ b) On n'entend presque pas l'inspecteur Cliquot grogner.
   - ☐ c) Le grognement de l'inspecteur Cliquot n'est pas très élégant.
2. Le caniche engloutit le morceau de jambon.
   - ☐ a) Il regarde le morceau de jambon avec envie.
   - ☐ b) Il renifle le morceau de jambon avec envie.
   - ☐ c) Il avale très vite le morceau de jambon.
3. Le garçon de café est de mèche avec le malfaiteur.
   - ☐ a) Le garçon de café connaît le malfaiteur et l'aide à préparer un mauvais coup.
   - ☐ b) Le garçon de café et le malfaiteur ont un lien de parenté.
   - ☐ c) Le malfaiteur est le garçon de café lui-même.

4. L'odeur du café caresse les narines de l'inspecteur.

   - ☐ a) L'inspecteur a du café sur le nez.
   - ☐ b) L'inspecteur trouve que le café sent très bon.
   - ☐ c) L'inspecteur boit son café pendant qu'il est encore chaud.

5. Le garçon de café cherche à duper l'inspecteur.

   - ☐ a) Le garçon pousse l'inspecteur à la consommation.
   - ☐ b) Le garçon essaie de tromper l'inspecteur, de lui cacher ou de lui faire croire quelque chose.
   - ☐ c) Le garçon veut faire peur à l'inspecteur.

6. L'inspecteur Cliquot sait parfaitement ce qui se trame dans le restaurant.

   - ☐ a) L'inspecteur Cliquot sait qu'un mauvais coup se prépare.
   - ☐ b) L'inspecteur Cliquot connaît la carte des menus par cœur.
   - ☐ c) L'inspecteur Cliquot sait que le restaurant a bonne réputation.

Le policier regarda discrètement en direction du buffet. Tout était encore très calme.
Les clients ne bougeaient pas.
Pas encore.
Mais l'inspecteur Cliquot connaissait parfaitement la manière d'agir de cette sorte d'*escrocs*.

ÜBUNG 4 !

Übung 4: Fügen Sie das passende Substantiv ein!
(voyage, dizaine, tension, voracité, coupable, sang-froid, tic, malpropre, enjeu, regard)

Tôt ou tard, la (1.) ______________ l'emporterait.

Ils montreraient alors leur vrai visage.

Pour l'instant, il *s'agissait de* garder son (2.) ______________ et d'attendre.

Et de toute façon, l'inspecteur Cliquot savait aussi qu'il ne devait prendre aucun risque. L' (3.) ______________ était vraiment trop important. Il *trempa* son croissant dans son café et mordit dedans. Puis il promena de nouveau son regard autour de lui.

N'avait-il pas *perçu* un (4.) ______________ nerveux de la part du jeune homme près de la fenêtre ?

« Je t'ai à l'œil, petit gars », pensa Cliquot.

L'inspecteur estima la distance le séparant du buffet. Il ne devait y avoir *en tout et pour tout* qu'une (5.) ______________ de mètres. De plus, il était bien placé pour le départ.

Soudain il *ressentit* une certaine (6.) ______________ dans l'atmosphère de la salle. Après 20 ans dans la police, on sent ces choses-là.

Le (7.) ______________ allait bientôt attaquer. Très bientôt.

L'inspecteur Cliquot contracta ses muscles.

Qui *se révèlerait* être le (8.) ______________ ?

La vieille dame ?

Le soi-disant *homme d'affaires* en (9.) ______________ d'affaires ?

Le jeune homme au (10.) ____________ si innocent et rêveur, assis près de la fenêtre ?

Tout à coup, l'inspecteur Cliquot *perçut* du coin de l'œil qu'on se mettait en mouvement.

La vieille dame s'était levée d'un *bond*. Son *caniche aboyait*.

« C'est bien ce que je pensais », se dit l'inspecteur Cliquot.

Aussitôt, l'inspecteur *bondit* lui aussi, *renversant* sa chaise derrière lui. Cela fit un bruit fracassant et tous les clients prirent peur.

Mais pour l'inspecteur Cliquot, cela n'avait aucune importance.

Tel une tornade, il *tourbillonna* à travers la pièce en direction du buffet.

En quelques pas, il avait *rattrapé* la vieille dame.

Elle *soufflait* comme une locomotive.

C'est alors qu'elle donna un coup dans les côtes de l'inspecteur.

« Tu n'as aucune chance, mon ami », *murmura*-t-elle.

L'inspecteur perdit l'*équilibre* et tomba à terre.

Au dernier moment, il réussit à attraper la *nappe* de la table de l'*homme d'affaires*.

Il essaya de s'accrocher à elle.

Mais il ne *parvint* qu'à l'arracher, d'un coup *sec*.

L'*homme d'affaires* se mit à *hurler* au moment où son café au lait vint éclabousser sa cravate.

Quant à son assiette d'œufs brouillés, elle *atterrit* sur sa chemise.

« Mais qu'est-ce que ça veut dire ? *s'écria*-t-il. Vous êtes fou ?

– *Désolé* », dit l'inspecteur Cliquot en *se relevant* avec *peine*.

Lors de telles *interventions*, il se pouvait qu'il y ait parfois des victimes, c'était inévitable.

Une fois encore, quelques longues *enjambées* suffirent à l'inspecteur pour *rattraper* la vieille dame.

Il n'était plus qu'à quelques pas du buffet de petit-déjeuner et en même temps, du dernier morceau de camembert !

ÜBUNG 5 !

Übung 5: Finden Sie das abgeleitete Substantiv!

1. bondir	*un bond*
2. aboyer	un ____________
3. tourbillonner	un ____________
4. souffler	un ____________
5. murmurer	un ____________
6. réussir	une ____________
7. hurler	un ____________
8. éclabousser	une ____________
9. atterrir	un ____________
10. intervenir	une ____________
11. fracasser	un ____________
12. donner	un ____________
13. sécher	un ____________
14. peiner	une ____________

Übung 6: Unterstreichen Sie die Synonyme für die Ausdrücke im Text!

(1. frisé (pas naturellement), 2. il ne supporterait pas, 3. à ma poursuite, 4. grossier personnage, 5. bête féroce, 6. avait regardé avec envie)

Pendant toute la matinée l'inspecteur Cliquot avait convoité ce divin fromage.
Il ne tolérerait pas que cette vieille dame le lui prenne sous le nez. Celle-ci était d'ailleurs déjà bien assez grosse comme ça. En outre, c'était un buffet « *à volonté* ».
« Le camembert est à moi, Madame, *s'écria* l'inspecteur Cliquot. En tout cas, c'est moi qui l'ai vu le premier !
– Vous pouvez toujours rêver, espèce de *goujat* ! » *rétorqua* la dame. Elle n'abandonnait donc pas.
« Fiffi ! » appela-t-elle à travers la pièce.
« Et ça continue, pensa l'inspecteur. Voilà qu'elle lance son fauve à mes trousses. Décidément, rien ne m'est épargné. »
Au même instant, le *caniche* se mit à *aboyer*.
Un petit éclair poilu et permanenté traversa la salle de petit-déjeuner.

L'inspecteur était *sur le point d'*atteindre la table, lorsque le *caniche* lui passa entre les jambes.
L'inspecteur Cliquot *poussa* un cri rageur. Il perdit de nouveau l'*équilibre*. Dans son désespoir, il *agita* encore les bras, mais c'était trop tard.
Il fit un vol plané à travers la pièce et *finit par s'écraser* sur la table du buffet. La carafe de jus d'orange *se renversa* et l'inspecteur reçut

un torrent jaune de jus de fruit sur sa chemise. L'une de ses mains *atterrit* dans la crème à la myrtille. L'autre *écrasa* quelques tranches de melon.

ÜBUNG 7

Übung 7: Fügen Sie die Übersetzung der angegebenen Adjektive ein!

Mais cet *atterrissage* (1. hart) ____________ avait eu un avantage : ce (2. kurz) ____________ envol lui avait permis de *dépasser* la vieille dame.

L'inspecteur Cliquot vit la main de celle-ci se tendre vers le morceau de fromage.

Mais il fut le plus (3. schnell) ____________ !

Avec de (4. bemerkenswert) ____________ réflexes, il *s'empara de* la part de camembert restant et se la fourra dans la bouche.

Quel *délice* !

« Ah, Madame, vous ne savez pas ce que vous ratez ! dit l'inspecteur, la bouche (5. voll) ____________. Ce camembert, c'est un *délice* ! »

(6. beleidigt) ____________, la vieille dame fit la moue.

« Viens, Fiffi, on s'en va ! » dit-elle.

Le *caniche aboya* encore une fois après l'inspecteur. Puis tous deux sortirent en trottant.

L'inspecteur Cliquot laissa fondre dans sa bouche le morceau de fromage arraché aux mains de l'ennemi. Puis il s'essuya les doigts sur sa chemise. *Certes*, elle était (7. gut) _______________ pour le nettoyage, mais cela en avait *valu la peine*.

Une fois encore, le bien avait triomphé.

Le garçon de café *se tenait* devant l'inspecteur et le regardait d'un *air* (8. streng) _______________.

« Je regrette, Monsieur, mais je dois maintenant vous demander de partir d'ici », dit-il.

L'inspecteur Cliquot *acquiesça*, souriant. Puis il porta sa main à la poche de son pantalon.

« Mais certainement, mon brave, répondit-il. De toute façon, j'ai terminé mon petit déjeuner. Le *devoir* m'appelle. Au fait, c'était (9. köstlich) _______________. » L'inspecteur Cliquot descendit de la table. Puis il lui *glissa* une pièce de 20 centimes dans la main.

« Tenez, votre pourboire ! »

Le serveur était (10. fassungslos) _______________.

« C'est bon, dit l'inspecteur en souriant. Chez moi, un bon service, ça se récompense. »

L'inspecteur Cliquot quitta le restaurant, (11. zufrieden) _______________ du *déroulement* de la matinée.

Les autres clients le regardèrent s'en aller, *ébahis*.

« Au revoir, à dimanche prochain », lança l'inspecteur Cliquot tout (12. fröhlich) ____________ en passant la porte.

Chapitre 2 : La Tour Eiffel à vendre !

C'était un beau matin d'été. Le soleil brillait sur la capitale. L'inspecteur Cliquot respira profondément et regarda le ciel bleu. Ce faisant, il ne remarqua pas les yeux des passants se river sur sa chemise toujours parsemée de taches.
L'inspecteur Cliquot décida de faire une petite promenade.
Après ce riche et copieux petit-déjeuner, une petite promenade digestive ne pouvait pas faire de mal. Du reste, il était dans la police, et dans ce métier, la forme physique *s'imposait*.
Il *longea* la rue à grandes *enjambées*. Quelques passants, parmi lesquels également de jeunes femmes, l'observèrent. L'inspecteur Cliquot *gonflait le torse*, tant il était fier.
Il faut bien dire que son *allure* en imposait et on se retournait sur lui. Il savait quel effet il faisait aux femmes.

ÜBUNG 8!

Übung 8: Übersetzen Sie und enträtseln Sie das Lösungswort!

1. Spaziergang ☐ _ _ _ _ _ _ _ _
2. Voraussetzung _ ☐ _ _ _ _ _ _ _
3. Himmel _ _ _ ☐
4. Brust _ _ ☐ _ _ _ _ _
5. Hauptstadt ☐ _ _ _ _ _ _ _
6. Sonne _ _ _ _ ☐ _

7. Wirkung □ _ _ _ _

8. Frühjahr _ □ _ _ _ _ _ _ _

Lösung: _ _ _ _ _ _ _ _

Übung 9: Fügen Sie das passende Adverb der Zeit ein!
(aujourd'hui, soudain, maintenant, parfois, jamais, continuellement)

(1.) ____________, quelque chose se mit à bourdonner dans la poche intérieure de son veston. L'inspecteur Cliquot *sursauta*. Était-ce un insecte ? Ah non, c'était seulement son téléphone portable qui vibrait. Ce petit appareil assommant ne vous laissait donc (2.) ____________ en paix, pas même le dimanche. L'inspecteur Cliquot pensait (3.) ____________ avec mélancolie aux temps où tout téléphone digne de ce nom avait encore un câble, comme il se devait. Tandis qu' (4.) ____________, tous ces téléphones sans *fil* émettaient Dieu sait quelles ondes. Et *vu que* tout le monde autour de lui téléphonait (5.) ____________, l'athmosphère devait être saturée de ces ondes. On pouvait se croire dans un four à micro-ondes. *À contrecœur*, l'inspecteur Cliquot sortit son téléphone. À la vibration s'était (6.) ____________ ajoutée la *sonnerie* : l'air de l'hymne national se mit alors à *retentir*.

L'inspecteur Cliquot *se racla la gorge* et chercha le *bouton* « on ». Ces engins modernes étaient si petits qu'on pouvait *à peine discer-*

ner les touches. Si ça continuait comme ça, on *finirait par* devoir se tailler les doigts pour pouvoir téléphoner.

Übung 10: Setzen Sie die richtigen Verbformen im Präsens ein!

« Oui, allô ? Ici l'inspecteur Cliquot, dit l'inspecteur dans le *combiné*. Que (1. pouvoir) ______________ -je faire pour vous ?

– Allô, bonjour Inspecteur, répondit la voix à l'autre bout du *fil*. J'(2. espérer) ______________ que je ne vous (3. déranger)______________ pas, un dimanche, de si bon matin.

– Non, ça (4. aller) ______________ », dit l'inspecteur Cliquot. Il avait *reconnu* la voix. C'était l'un de ses collègues de la centrale téléphonique.

« Qu'y (5. avoir) ______________-t-il donc de si important ?

– On nous a *signalé* qu'un *imposteur* (6. être) ______________ de nouveau en action. Il s'(7. *s'agir*)______________ d'un jeune homme qui (8. essayer) ______________ de vendre la Tour Eiffel à des touristes naïfs. »

« Ça (9. recommencer) ______________ », pensa l'inspecteur Cliquot. Ce *truc* était vieux comme le monde.

Il fut un temps d'ailleurs où il avait *effectivement* marché. Dans les années 20 un *truand* avait pu gagner une petite fortune en vendant la

Tour Eiffel à de riches Américains. Mais même si la décennie était passée, des idiots, il y en avait toujours.

« Et dans quel coin (10. traîner) ______________ le fripon à présent ? » demanda l'inspecteur.

« Sur la Tour Eiffel, *évidemment*. Où d'autre ? Un passant observateur nous en a informé. Il porte un costume bleu et une cravate rouge *vif*.
– Aha, répondit l'inspecteur Cliquot. Et à quoi ressemble notre *truand* ? »
Il y eut un court silence *gêné* au bout de la ligne.
« Non, Inspecteur, c'est le *truand* qui porte un costume bleu et une cravate rouge, pas le passant.
– Aha, je comprends. Vous devriez apprendre à vous exprimer plus précisément, mon jeune ami, dit l'inspecteur. Quoiqu'il en soit, je vais m'en occuper. Inspecteur Cliquot. Terminé.
– Euh, oui, merci, Inspecteur. Au revoir. »
L'inspecteur Cliquot *hocha la tête*. C'était incroyable. Qui ne faisait-on pas entrer dans la police aujourd'hui … De son temps, on n'aurait jamais vu cela.

Übung 11: Welche Wörter gehören zusammen?

1. bleu	☐	a) bonbon
2. rouge	☐	b) émeraude
3. jaune	☐	c) azur
4. blanc	☐	d) sang

5. noir ☐ e) comme neige

6. gris ☐ f) souris

7. rose ☐ g) citron

8. vert ☐ h) comme du charbon

L'inspecteur regarda autour de lui. *Par chance*, il ne se trouvait pas très loin de la Tour Eiffel. Le symbole de la ville était *nettement* plus haut que les bâtiments d'alentour.
L'inspecteur Cliquot marcha d'un pas rapide.
Il allait l'*épingler*, cette *fripouille* …
Au bout de quelques minutes seulement, il était au pied de la Tour Eiffel. Il regarda vers le haut, plein de respect.
La Tour Eiffel avait été construite à l'*occasion* de l'Exposition Internationale de 1889. Il fallait gravir 1652 marches pour arriver au sommet, mais heureusement, il y avait aussi un ascenseur. Il n'en demeurait pas moins que ce colosse d'acier mesurait 300 mètres de haut. Seul en hiver, quand il faisait froid, la Tour Eiffel perdait quelques centimètres.
L'inspecteur Cliquot s'était toujours demandé si le nombre de marches lui aussi diminuerait un jour.
Quoiqu'il en fût, l'instant présent n'était pas fait pour des *considérations* scientifiques. Là-haut, un *imposteur* était en train de *sévir* et de soutirer de l'argent à d'innocents visiteurs. L'inspecteur Cliquot scruta les *alentours*. Comme toujours, des touristes faisaient la queue devant l'ascenseur. Mais l'inspecteur n'avait pas l'intention d'attendre son tour. Après tout, à quoi cela servait-il d'être dans la police, si ce n'était à ce *genre* de choses ?
Il sortit sa carte de police de sa poche et la *brandit*.
« Police ! *Laissez passer* s'il vous plaît ! »

Alors qu'il commençait à *se frayer un chemin* entre les touristes, un petit garçon lui fit un croc-en-jambe !

« Hey, Vordrängeln gibt's nicht, *s'écria* celui-ci.

– Kai-Uwe ! Benimm dich ! » dit la mère à son rejeton.

Puis elle se retourna vers son mari. Chaque membre de la famille portait un short et un t-shirt à motifs bizarres.

« Was hat der Kerl denn gesagt ? demanda la femme à son mari.

– Keine Ahnung, répondit ce dernier. Die sprechen doch hier alle Französisch. »

L'inspecteur Cliquot *haussa les épaules*. C'étaient des touristes. Et à les entendre parler, des Allemands. C'est bien typique, aucune *tenue*, ces Teutons !

L'inspecteur Cliquot se résolut finalement à faire la queue. Ce qu'il voulait, c'était cueillir l'*imposteur* sur le vif. Il aurait été *maladroit* d'*attirer* l'*attention* sur lui *dès* maintenant.

L'inspecteur Cliquot dut attendre quelques minutes avant de pouvoir prendre l'ascenseur. La famille allemande *monta* avec lui. Durant toute la montée, le jeune garçon fixa l'inspecteur, l'*air méfiant*.

« Si tu étais mon fils … », pensa l'inspecteur.

Übung 12: Finden Sie die weibliche Entsprechung für die männlichen Ausdrücke!

1. homme ____________
2. monsieur ____________
3. mari ____________
4. ami ____________

5. garçon ____________

6. père ____________

7. fils ____________

8. frère ____________

9. oncle ____________

10. cousin ____________

11. beau-père ____________

12. neveu ____________

13. gendre ____________

Au coup de gong, la porte s'ouvrit. L'ascenseur était arrivé au premier étage. Ici, on avait installé un petit musée et un bureau de poste. L'inspecteur Cliquot avait décidé de commencer ses recherches au deuxième étage. On y trouvait plusieurs petits cafés et des restaurants.

L'ascenseur s'arrêta de nouveau, au deuxième étage cette fois-ci. L'inspecteur *s'inclina* légèrement et *laissa passer* la famille allemande. Le petit garçon jeta un dernier regard sur l'inspecteur Cliquot, lui tira la langue et suivit ses parents.

L'inspecteur Cliquot *secoua* la tête. Ah, les jeunes d'aujourd'hui … Puis il posa lui aussi le pied sur la plate-forme. Ici, tout en haut, *soufflait* une brise légère. L'air véhiculait en même temps une bonne odeur de café et de croissants. À cet instant, l'inspecteur regretta d'avoir déjà pris son petit-déjeuner.

Il regarda autour de lui. Cette plate-forme aussi était pleine de touristes. Ceux-ci admiraient la construction et prenaient des photos.

Übung 13: Wie heißen die zusammengesetzten Substantive? Setzen Sie die richtige Ziffer ein!

1. plate-	☐	a) plan
2. grand-	☐	b) préfet
3. petit-	☐	c) déjeuner
4. nouveau-	☐	d) clé
5. arrière-	☐	e) forme
6. sous-	☐	f) parleur
7. mot-	☐	g) mère
8. haut-	☐	h) cour
9. basse-	☐	i) temps
10. mi-	☐	j) né

L'inspecteur Cliquot se dirigea vers le restaurant le plus proche. Non pas parce qu'il *soupçonnait* le scélérat de s'y trouver, mais parce qu'une irrésistible odeur de café s'en *dégageait*.

Übung 14: Unterstreichen Sie sechs Wörter, die einen Betrüger bezeichnen!

Pour traquer un malfrat comme celui-ci, il fallait avoir tous ses sens en éveil. Et rien ne les *aiguisait* plus que le deuxième café du matin.

L'inspecteur Cliquot entra dans le petit restaurant. Il étudia les prix sur le petit tableau placé à côté du bar.
Mon Dieu, se dit-il, ce sont les propriétaires de ce restaurant que je devrais *arrêter*, pour pratique de prix exorbitants.
Ce sont de vrais voleurs ! D'un autre côté, en même temps qu'un repas hors prix, les touristes pouvaient profiter également d'une vue fantastique.
« Puis-je vous apporter quelque chose ? demanda un serveur en tablier blanc.
– Un verre d'eau du robinet, s'il vous plaît », dit-il. L'eau était moins chère que le café. Et plus saine, aussi.
Le serveur regarda l'inspecteur d'un *air* désapprobateur.
« Très bien, Monsieur », dit-il et *disparut* derrière le *comptoir*.
L'inspecteur Cliquot regarda autour de lui. Le week-end, c'étaient essentiellement des touristes et des provinciaux qui visitaient la Tour Eiffel.
La plupart portaient des vêtements légers et colorés.
Seul un homme sortait de l'ordinaire : un jeune homme élégant en costume bleu et cravate rouge. Il était debout, à la fenêtre du restaurant, et était en train de parler avec un touriste.
L'inspecteur Cliquot n'entendait pas leur conversation. Mais au bout de quelques secondes, le touriste *hocha la tête* et *poursuivit* son chemin.
« Ce doit être notre *arnaqueur* ! » déduit le *perspicace* inspecteur Cliquot.
Mais comment devait-il s'y prendre ? Le mieux était de se faire passer pour un touriste naïf et de *tendre* ainsi *un piège* à l'*imposteur*.
L'inspecteur Cliquot *se racla la gorge* et se dirigea vers la fenêtre, faisant mine de vouloir admirer le panorama. Le jeune homme en costume bleu ne tarda pas à l'*aborder*.
« C'est une vue superbe, n'est-ce pas ? » demanda-t-il.

L'inspecteur Cliquot prit un *air* surpris et *considéra* son vis-à-vis.
« Oui, en effet. Et dire que je n'étais encore jamais venu ici *auparavant*, quelle honte ! »
L'*escroc* ouvrit de grands yeux étonnés.
« Comment cela ? demanda-t-il. Vous n'étiez jamais venu ici jusqu'à aujourd'hui ? À la Tour Eiffel ? À Paris ?
– Non, malheureusement pas », *répliqua* l'inspecteur Cliquot. Puis, tendant la main au jeune homme : « Permettez que je me présente : euh, Victor Lustig, c'est mon nom. Je suis … *homme d'affaires*, je viens d'Allemagne. »
Le jeune homme se présenta *à son tour* en serrant la main de l'inspecteur : « Pierre Garnier. Puis-je vous demander dans quelle branche vous travaillez, Monsieur Lustig ? »
L'inspecteur Cliquot réfléchit brièvement.
« Dans la sécurité, dit-il enfin. Je *veille à* ce que les gens se sentent en sécurité.
– Ah, je vois, répondit le filou. Voilà une branche qui a de l'avenir, je suppose.
– Oh, les affaires vont bien. Il y a toujours à faire », dit l'inspecteur.

Übung 15: Fügen Sie das passende Demonstrativpronomen ein!
(ce, cet, ces, cette, c', cela)

ÜBUNG 15 !

Apparemment l'inspecteur Cliquot venait de prononcer le mot-clé que le jeune homme attendait. (1.) ____________ dernier regarda autour de lui pour *s'assurer* que personne ne les écoutait. Puis il *se racla la gorge* et dit : « Je travaille moi-même pour le ministère de l'Intérieur. » Et il ajouta, d'une voix pleine de mystère. « Je suis actuellement en mission, une mission très *délicate*.

– Ah oui ? demanda l'inspecteur, l'*air* intéressé. *De* quoi *s'agit*-il ?

– Eh bien, vous avez certainement déjà entendu dire que les finances de la ville de Paris ne sont pas au beau fixe.

– *Assurément*, dit l'inspecteur. L'argent est une *denrée rare* (2.) ____________ temps-ci.

– Absolument, Monsieur. Et l'un des principaux problèmes de (3.) ____________ ville, (4.) ____________ est justement (5.) ____________ bâtiment. »

L'inspecteur regarda autour de lui.

« (6.) ____________ restaurant ? Avec de tels prix ?

– Quoi ? Ah non, je ne parle pas de (7.) ____________ établissement, mais de la Tour Eiffel. Bien sûr, elle est le symbole de la ville, mais elle est aussi très vieille. Il y a toujours quelque chose à restaurer. Rien que de la repeindre, (8.) ____________ coûte déjà une fortune. C'est pourquoi le conseil municipal a décidé de la vendre.

– De la vendre ? demanda l'inspecteur Cliquot avec *étonnement*. C'est incroyable !

– Oui, mais (9.) ____________ est la seule façon de sauver (10.) ____________ attraction historique. L'alternative serait … la démolition.

– Mais, c'est épouvantable ! *s'écria* l'inspecteur.

– En effet », *reconnut* le jeune homme.

Übung 16: Unterstreichen Sie die richtige Variante!

Il se *saisit* alors d'un élégant petit *attaché-case*, le posa sur la table etl'ouvrit. À (1. l'intérieur/l'extérieur), il y avait des prospectus de couleur et des formulaires.
Le jeune homme en sortit un.
« Nous offrons aux personnes intéressées et (2. peu fortunées/aisées) la possibilité d'acheter une partie de la Tour Eiffel. (3. En contrebas/En contrepartie), une partie des recettes *provenant des* restaurants, des tickets d'entrée et des souvenirs vous revient. Et naturellement on vous remet un titre de propriété, dans un très beau cadre *orné* de dorures !
– C'est incroyable ! *s'écria* l'inspecteur Cliquot. Puis il baissa la voix. Et le hasard veut que je sois actuellement à la recherche d'un placement (4. lucratif/décoratif).
– Et bien, vous venez de le trouver ! dit le jeune homme avec un sourire.
– À combien une telle proposition peut-elle s'élever ? demanda l'inspecteur Cliquot, *curieux*.
– Eh bien, tout dépend de l'importance de la part que vous souhaitez *acquérir*. Les prix s'échelonnent entre 5000 et 500.000 euros.
– Jeune homme, voyez-vous, je suis très intéressé. Où faut-il signer ? J'aimerais *acquérir* une part d'une valeur de 100.000 euros. »
(5. *Déçu*/Radieux), l'*escroc* sortit un formulaire de son *attaché-case*

et le posa sur la table. Puis il prit un stylo dans la poche de sa veste et le tendit à l'inspecteur Cliquot.
« Signez tout en (6. bas/haut), je vous *prie*. C'est une bonne décision de votre part. Vous ne le regretterez pas !
– Non, certainement pas », répondit l'inspecteur Cliquot avec un petit sourire. Et il signa.
« Et voilà qui est fait ! »
L'inspecteur Cliquot rendit le contrat et observa (7. avec amusement/avec tristesse) la réaction de l'*escroc*. Le visage de ce dernier *se figea* (8. de joie/de *stupeur*).
Au lieu de signer, l'inspecteur Cliquot avait écrit la phrase (9. suivante/précédente) : « Je vous (10. remercie/arrête) ». L'*escroc dévisagea* l'inspecteur.

« Pas de chance, l'ami. Voilà ce qui arrive quand on essaie de se payer la tête de l'inspecteur Cliquot. »
L'*escroc* ne répondit pas. Au lieu de cela, il attrapa l'*attaché-case* et le jeta sur l'inspecteur Cliquot.
« Eh … » eut-il *à peine* le temps de crier, avant que la mallette ne lui claque au visage. Par malheur, celle-ci se referma et *coinça* le nez de l'inspecteur.
« Aïe » cria l'inspecteur Cliquot en *tentant* d'arracher l'*attaché-case*.
Quand il eut enfin réussi à s'en libérer, l'*escroc* avait *disparu*.

Übung 17: Fügen Sie die passende Präposition ein!
(en direction, sur, en dessous, par-dessus, en, par, dans, hors, avec, devant)

L'inspecteur Cliquot *se précipita* (1.) __________ du restaurant, heurtant au *passage* le serveur qui sortait justement des cuisines avec le verre d'eau commandé.

Le serveur tomba à terre, et (2.) __________ lui le verre d'eau qui éclaboussa une bonne partie de la salle.

L'inspecteur Cliquot n'y prêta aucune *attention.*

Où le type avait-il *disparu* ?

(3.) ________ les ascenseurs, toute une *file* de *passagers* attendaient la prochaine cabine. Le malpropre n'avait donc pas pu *monter* (4.) __________ l'ascenseur.

Alors il avait *pris la fuite* (5.) __________ les escaliers.

L'inspecteur Cliquot *se précipita* (6.) __________ des escaliers. Cette descente serait une bonne *occasion* de *dépenser* l'énergie apportée par son riche petit-déjeuner.

Et *effectivement*, lorsque l'inspecteur Cliquot regarda (7.) ___________ la rampe, il *aperçut* (8.) ___________ le *palier* l'*escroc* (9.) __________ fuite quelques mètres plus bas.

« Arrêtez-vous ! Police ! » cria l'inspecteur Cliquot, mais le filou n'entendait pas.

L'inspecteur Cliquot descendait les marches deux par deux, trois par trois et même quatre par quatre. Ses longues jambes l'avantageaient clairement. (10.) ______________, il entendait le fuyard respirer avec difficulté.

L'inspecteur *poussa* un groupe de Japonais étonnés sur le côté. Puis enfin il atteignit le sol.

Le *malfaiteur* courait en direction de la Seine. L'inspecteur le *rattrapa* en quelques pas. Plus que quelques secondes et il mettait la main dessus.

L'*escroc* traversa l'Avenue de New York, sans regarder à droite ni à gauche. Des voitures *freinèrent brusquement*, leurs pneus *crissèrent*. Le fuyard passa entre les voitures.

L'inspecteur Cliquot le suivait toujours. Il traversa lui aussi la rue. Soudain il entendit le *hurlement* des sirènes de police. Sans s'arrêter, il regarda autour de lui.

Une douzaine de *motards* descendaient l'avenue, *gyrophares* allumés.

« Eh bien, pensa l'inspecteur Cliquot, étonné. Est-ce que la centrale m'a envoyé du *renfort* ? Et tout de suite une douzaine de *motards* ? Est-ce que ce n'est pas un peu *exagéré* ? »

Mais l'inspecteur Cliquot avait maintenant un autre problème : les *motards* roulaient si vite qu'ils n'allaient pas pouvoir l'*éviter*.

Le premier conducteur de la *file* essaya de *freiner*. C'est alors que sa roue avant quitta la route. Dans un grand *bruit de ferraille*, lui et sa moto tombèrent à terre – sans se blesser, heureusement.

« Voilà ce qui arrive quand on roule trop vite », pensa l'inspecteur Cliquot en continuant sa course. Les collègues devaient se débrouiller seuls, lui, il devait absolument *arrêter* ce dangereux criminel.

L'inspecteur Cliquot venait *à peine* de traverser la rue que le deuxième *motard* entra en collision avec la moto de son collègue. Lui aussi tomba à terre.

Il en fut de même pour les dix policiers suivants.

Un bruit terrible *retentit* dans la rue quand les *motards* rentrèrent les uns dans les autres.

Comme par miracle, il n'y eut là encore aucun blessé.

Le *passager* de la limousine noire n'eut pas tout à fait autant de chance. C'était pour la limousine que l'escorte de *motards* était là. À vrai dire, elle était en route vers le Palais de l'Élysée où le *passager* arrière qu'elle transportait, une grande figure politique en visite officielle, devait rencontrer le Président. Mais le chauffeur avait dû *freiner* brutalement. Et le *passager s'était cogné* la tête contre le *dossier* du siège avant.

L'étape suivante de son voyage était maintenant l'hôpital le plus proche.

Übung 18: Enträtseln Sie die folgenden Definitionen!

1. Cet homme travaille dans la police. Il est ______________.

2. Ce policier conduit une moto. C'est un ______________.

3. Cet homme fait le service dans un restaurant. Il est ______________ ______________.

4. Cet homme fait beaucoup de voyages. C'est un grand ______________ ______________.

5. Cet homme fait énormément de sport. C'est un ______________.

6. Cet homme a cambriolé plusieurs banques. C'est un ________.

7. Cet homme est en prison. C'est un ________.

8. Cet homme donne des cours de piano. Il est ________.

9. Cet homme distribue chaque jour le courrier. Il est ________.

10. Cet homme est en vacances. C'est un ________.

Cliquot ne savait rien de tout cela. Il n'avait d'yeux que pour le fuyard. Et celui-ci *était pris au piège* ! Devant lui, il y avait la Seine, et derrière lui, l'inspecteur Cliquot. Il n'y avait plus aucune *issue*. Désespéré, l'*escroc* s'arrêta et se tourna vers l'inspecteur.

! ÜBUNG 19

Übung 19: Fügen Sie das passende Possessivpronomen ein!
(son, sa, ses, leur, leurs)

Puis il sortit (1.) ________ arme.

L'inspecteur Cliquot s'arrêta lui aussi. Quelques passants effrayés *prirent* (2.) ________ *jambes à* (3.) ________ *cou*.

« Ne faites pas un pas de plus, cria l'*imposteur*. Sinon je *tire* ! »

L'inspecteur Cliquot ne bougeait pas, il fixait l'*escroc*.

« Ne faites pas de bêtises, mon garçon, dit seulement l'inspecteur. Vous ne savez pas à qui vous avez à faire ! »

L'homme armé *déglutit*. Il regarda l'inspecteur. Celui-ci portait encore (4.) ________ *béret basque*. (5.) ________ yeux lançaient des éclairs. (6.) ______________ chemise était toujours

couverte de taches.

Derrière lui s'élevait un nuage de fumée, causé par la *file* des motos

accidentées.

Tout cela en était trop pour l'*escroc*. (7.) __________ mains trem-

blaient. Il *finit par* laisser tomber (8.) __________ pistolet.

« C'est bon, dit-il. Je me rends ! *Arrêtez*-moi ! Je veux aller en prison ! Peut-être que là au moins je n'aurai rien à craindre de vous ! »
L'inspecteur Cliquot eut un sourire de *satisfaction*. Il s'avança et passa les *menottes* au jeune homme. Celui-ci ne montra aucune résistance. Une fois encore, l'inspecteur Cliquot avait montré la *supériorité* de ses talents de justicier, et la justice avait triomphé.
« Mes *supérieurs* vont être fiers de moi », pensa l'inspecteur Cliquot en emmenant l'*imposteur* tout tremblant.

Chapitre 3 : Une nouvelle équipe

Le préfet de police marchait nerveusement dans son bureau en *secouant* la tête.
« Mais que peut-on bien faire de lui ? » demanda-t-il.
On ne saurait dire si la question s'adressait à lui-même où à son *adjoint* qui était assis à la table de conférences.
« Cet homme est un vrai danger public. »
Le chef de police *adjoint* – un homme connu pour être *prudent* et réfléchi – *plissa le front.*
« Mais, Monsieur le Préfet, nous ne devons pas oublier que l'inspecteur Cliquot jusqu'à présent a *résolu* toutes les affaires. Absolument

toutes, sans exception. Dans l'histoire de la police parisienne, on n'a encore jamais vu un tel taux de réussite.
– Et alors, *hurla* le préfet. En échange, ce cinglé représente aussi une menace encore jamais vue. Tenez ! Lisez plutôt ça ! »

! ÜBUNG 20

Übung 20: Übersetzen Sie!

1. Die Passanten haben nur Augen für die schwarze Limousine.

---

2. Inspektor Cliquot rührte sich nicht von der Stelle.

---

3. Wir haben es mit dem Minister zu tun.

---

4. Der Gefangene geht in seiner Zelle auf und ab.

---

5. Dieser Taxifahrer rast: Er ist gemeingefährlich!

Il *désigna* une *pile* de journaux. Tous ne parlaient que d'un sujet : « Un inspecteur de la police parisienne fait du tapage dans un restaurant », voilà ce qui *apparaissait* en gros caractères dans le premier journal de la *pile*, « Un policier terrorise la population » en première page du deuxième. Le troisième journal disait même : « Un inspecteur de la police parisienne à l'origine d'un scandale diplomatique ». Le préfet donna un *coup de poing* rageur dans la *pile* de journaux qui *atterrit* par terre.

Übung 21: Übersetzen Sie die Ländernamen! Vergessen Sie die Artikel nicht!

1. Frankreich: ____________________
2. die Vereinigten Staaten: ____________________
3. Deutschland: ____________________
4. Italien: ____________________
5. Spanien: ____________________
6. Großbritannien: ____________________
7. Polen: ____________________
8. die Niederlande: ____________________
9. Schweden: ____________________
10. Japan: ____________________
11. Brasilien: ____________________
12. Marokko: ____________________
13. die Türkei: ____________________
14. die Karibik: ____________________

« L'inspecteur Cliquot a fait de l'escorte réservée au président des États-Unis un désordre complet. Au fait, qu'y a-t-il à la télévision ce soir ?
– Est-ce que vous n'*exagérez* pas un peu, Monsieur le Préfet ? demanda l'*adjoint* avec prudence.
– *Exagérer* ? *s'écria* le préfet. Tout son visage *rougit* de colère. Le président était ici pour détendre les relations entretenues par les États-Unis et la France. Et maintenant il est sur un lit d'hôpital avec une commotion cérébrale. Vous vous rendez compte des conséquences en matière de politique extérieure ? »
L'*adjoint* fit un signe de tête. Cette fois-ci, l'inspecteur Cliquot avait quand même peut-être *exagéré* un peu.
Mais il y avait peut-être un moyen de garder l'inspecteur Cliquot sous contrôle.
« Ce qu'il nous faut, c'est une affaire qui occupe Cliquot et dans laquelle il ne risque pas de mettre la vie de quiconque en danger.
– Oui, c'est bien dommage que la France n'ait plus de colonies. Sinon on l'aurait envoyé sur une île isolée.
– C'est peut-être déjà suffisant de le tenir en haleine avec une affaire peu importante, et de mettre un assistant à ses côtés : quelqu'un qui serait complètement différent de l'inspecteur Cliquot. Cela le *freinerait* sûrement un peu. »
Le préfet regarda son *adjoint* d'un *air* intéressé.
« Ça n'est pas bête du tout, mon cher. Et tel que je vous connais, vous devez déjà avoir quelqu'un en vue. »
L'*adjoint* fit un petit sourire.
« En effet, Monsieur le Préfet. J'ai déjà *chargé* ma secrétaire *d'*informer le candidat en question. »
Le Préfet *soupira*.
« *Pourvu que* votre plan fonctionne, mon cher. Je n'ose imaginer ce qui peut arriver si l'inspecteur Cliquot continue longtemps ainsi. »

Übung 22: Füllen Sie die Lücken mit dem passenden Ausdruck!
(en tête, en haleine, en vue, en toute connaissance de cause, en question, en jeu, en doute, en avance, en route, en conséquence)

1. Voilà trois semaines qu'il pleut, et il n'y a toujours pas d'amélioration ____________.
2. On m'a dit que la personne responsable du service clientèle me rappellerait sous peu, mais la personne ____________ ne m'a jamais contacté.
3. Nous n'abandonnerons pas, car c'est avant tout notre honneur qui est ____________.
4. Si tu mets ma parole ____________, c'est que tu n'as pas confiance en moi.
5. Pour moi, un bon roman policier doit tenir le lecteur ____________ jusqu'à la fin.
6. Je n'ai plus ton adresse ____________, peux-tu me la rappeler ?
7. Les artistes trop ____________ sur leur temps ne connaissent généralement pas le succès de leur vivant.
8. Si nous voulons arriver avant la nuit, il faut que nous nous mettions ____________ sans plus tarder.
9. Ne t'inquiète pas, je sais ce que je fais : j'agis ____________.
10. Tu as copié sur ton voisin : tu seras noté ____________.

Nathalie Claudel était devant un *rayonnage* et sortit un *classeur*. Lettre « B », voilà exactement ce qu'elle cherchait.

Elle remit ses lunettes en place et *souffla* pour enlever la poussière qui *s'*était *accumulée* sur le *classeur*.
Visiblement personne n'avait touché ces *dossiers* depuis des années.
La poussière s'éleva dans un *tourbillon* et Nathalie ne put s'empêcher d'*éternuer*. Elle était allergique à la poussière, à toute sorte de poussière. De ce point de vue, sa place d'archiviste dans la police n'était pas tout à fait la plus *appropriée* qui soit.
Mais Nathalie aimait son travail. Elle s'y retrouvait mieux que personne dans cette espèce de cave où l'on entreposait des *dossiers* en nombre *infini*. Les visiteurs étaient chaque fois impressionnés par la longueur des couloirs.
Il arrivait aussi que certains se perdent, là, en bas. Les *rangées* d'étagères formaient un véritable labyrinthe.
Mais Nathalie trouvait son chemin les yeux fermés.
Elle était sur la fin de la vingtaine et portait des *lunettes en écaille* avec un épais bord noir. Elle nouait ses cheveux blonds dans une *natte* serrée, ce qui lui donnait un *air* sévère.
Si on l'imaginait sans ses lunettes, Nathalie était une très jolie femme. Seulement il était rare que quelqu'un le remarqua.
La plupart du temps, elle restait en bas, tout seule dans les archives.
En fait elle aimait ça. Ici, elle était seule au milieu de ses *dossiers*, bien tranquille.
Nathalie aimait être au calme.

Übung 23: Unterstreichen Sie die Synonyme für die Ausdrücke im Text!
(1. normalement, 2. soudain, 3. de femme, 4. surprise, 5. sèche, 6. pâle, 7. à l'heure, 8. peu fréquemment)

C'est pourquoi elle *sursauta* d'autant plus, lorsque le téléphone se mit, tout à coup, à sonner. La *sonnerie* du téléphone était chose si rare ici, que Nathalie en laissa tomber son *classeur* de *frayeur*. Il tomba par terre et un nouveau nuage de poussière s'éleva.
Nathalie là encore se mit à *éternuer*. Puis elle courut vers le téléphone. Celui-ci était posé sur une petite table et était lui aussi *recouvert* de poussière. Il servait si rarement ici.
Nathalie *décrocha*.
« Allô ? dit-elle presque timidement.
– Vous êtes bien Nathalie Claudel, des archives ? » Une voix féminine *assurée* était au bout du *fil*.
« Mademoiselle Claudel, ici la secrétaire personnelle du sous-préfet de police. »
Nathalie devint *blême*. Plus *blême* encore qu'elle ne l'était habituellement.
« Ça y est, ils vont me *renvoyer* », pensa-t-elle tout de suite, bien qu'elle n'ait jamais rien eu à se reprocher.
« Que … que puis-je faire pour vous ? demanda Nathalie pleine d'émotion.
– Le sous-préfet voudrait vous voir. Dans une heure. Dans les bureaux du préfet de police.
– Pardon, je vous *prie*, dit Nathalie, étonnée. Le sous-préfet ? Dans le bureau du préfet ? Mais … pourquoi cela ?
– Il vous l'expliquera lui-même, répondit la secrétaire, un peu bourrue. Soyez seulement là dans une heure. Et soyez ponctuelle, si je

puis me permettre », ajouta-t-elle d'une voix qui ne permettait aucune discussion.
Cela dit, la secrétaire *raccrocha*.
Nathalie reposa alors le *combiné* et sous le choc, se mit à *éternuer*.
Que pouvait bien lui vouloir le préfet *adjoint* ?
Ça n'*annonçait* certainement rien de bon …

Ça ne peut *annoncer* que du bon, pensa l'inspecteur Cliquot en vérifiant encore une fois la bonne mise de sa cravate dans le miroir.
Il se trouvait dans l'*antichambre* du bureau du préfet.
L'inspecteur Cliquot lui aussi avait été convoqué par la secrétaire.
Il devait certainement *s'agir de* félicitations officielles, peut-être même d'une *promotion*.
Sans fausse modestie, l'inspecteur Cliquot trouvait qu'il l'avait bien *mérité*.
Après tout, depuis le début de sa carrière, il avait résolu chaque affaire. Son parcours était un sans-faute.

ÜBUNG 24 !

Übung 24: Setzen Sie die Verben an der richtigen Stelle ein!
(est, voudrais, envoie, dirigera, arrive, vois, venons, veut, continua, attendent)

La secrétaire du préfet ne sembla pas ravie de voir arriver l'inspecteur Cliquot. C'est alors que l'*interphone* de son bureau sonna.

« Très bien, Monsieur le Préfet, dit-elle dans le microphone. Je vous l' (1.) ______________ . »

L'inspecteur Cliquot regarda la secrétaire, brûlant d'impatience.

« Vous pouvez entrer, maintenant, Inspecteur, *finit*-elle *par* dire sans même un sourire. Le préfet et son *adjoint* vous (2.) ______________. Bien que je ne trouve pas très *prudent* le fait que vous soyez dans une pièce avec à la fois le préfet et son *adjoint* réunis. Qui (3.) ______________ la police, s'il leur (4.) ______________ quelque chose à tous les deux ? Avec vous on ne sait jamais. »

« Qu'est-ce que ça (5.) ______________ dire encore ? » se demanda l'inspecteur Cliquot.

Cette femme était tout simplement *jalouse*. *Au fond*, ce n'était pas tous les jours qu'on avait rendez-vous avec le préfet et son *adjoint* en même temps.

L'inspecteur Cliquot resserra une dernière fois sa cravate. Puis, il ouvrit la porte du bureau.

« Ah, bonjour, mon cher Cliquot », dit le préfet de police en serrant la main de l'inspecteur. L'*adjoint* le salua lui aussi d'une *poignée* de main.

« Je suis heureux, (6.) ______________ le préfet, que vous ayez pu faire en sorte de venir. Nous savons tous, que vous êtes … que vous êtes très occupé.

– Je vous en *prie*, Monsieur le Préfet. C'est pour moi un grand honneur.

– Bien, (7.) ___________-en au fait, mon cher Inspecteur, dit le préfet. Je (8.) ______________ vous *confier* une nouvelle affaire. Une affaire de haute importance, pas seulement pour Paris mais pour l'ensemble du pays.

– Je (9.) ____________________, dit l'inspecteur Cliquot, alors que son torse se gonflait de fierté. Il y va de la sécurité nationale, n' (10.) ______________-ce pas ? » demanda-t-il.

Le préfet *secoua* la tête.
« Pas tout à fait, mon cher, pas tout à fait. Nous avons déjà exposé toute l'affaire à Mademoiselle Claudel. Elle vous soutiendra sur cette affaire, elle sera votre assistante.
– Mademoiselle Claudel ? demanda l'inspecteur, surpris. Mais qui est-ce ? »
Le préfet *désigna* son bureau d'un signe de tête.
Une jeune femme était là.
Elle portait une paire de *lunettes* noire *en écaille* et elle était si *pâle* que l'inspecteur Cliquot *faillit* ne pas la voir. La jeune femme fit un petit signe timide à l'inspecteur.
« Bonjour, Monsieur l'Inspecteur, dit-elle avec un sourire.
– Voici Nathalie Claudel, dit le préfet. C'est elle qui vous assistera lors de toute nouvelle mission, Inspecteur. »
L'inspecteur s'avança vers la jeune femme et lui serra la main.
« Enchanté de faire votre connaissance, Mademoiselle », dit-il. Puis il se tourna vers le préfet.
« Et *de* quoi *s'agit*-il exactement ?
– Eh bien, cher Inspecteur, comme je vous le disais, il *s'agit d'*une affaire d'une extrême importance, ni plus ni moins que du légendaire *trésor* de Louis XIV ! »
L'inspecteur *déglutit*.
C'était en effet très sérieux.

« Louis XIV ? demanda-t-il encore une fois. Le Roi Soleil ?
– Lui-même, absolument. Comme vous le savez peut-être, notre cher roi était immensément riche. »
Le préfet *adjoint* éclata de rire.
« C'est vrai. Chaque fois qu'il avait besoin d'argent, il augmentait tout simplement les impôts. Vu comme ça, c'était un homme politique très moderne. »
Le préfet de police *acquiesça.*
« C'est ainsi. Quoiqu'il en soit, Louis XIV n'était pas seulement riche, il avait aussi *constamment* peur des complots. C'est pourquoi, d'après la légende, il aurait mis une énorme quantité d'or de côté et l'aurait cachée, en prévision de ses vieux jours peut-être, ou au cas où il aurait dû fuir subitement le pays. Or, comme vous le savez, Louis XIV a régné jusqu'à sa mort. Il n'a jamais utilisé ses réserves d'or et jusqu'à aujourd'hui, elles sont restées introuvables. Personne ne sait où il les a cachées.
– Je vois, *murmura* l'inspecteur Cliquot. Et en quoi cela nous *concerne*-t-il, Mademoiselle Claudel et moi ? »

Übung 25: Finden Sie das Adjektiv (in der männlichen Form), von dem das Adverb stammt!

1. exactement ______________________

2. seulement ______________________

3. simplement ______________________

4. immensément ______________________

5. brièvement ______________________

6. actuellement ______

7. heureusement ______

8. certainement ______

9. constamment ______

10. prudemment ______

Le préfet fit le tour de son bureau. Il prit un *dossier*, qui était posé dessus.

« Il y a toujours des … euh, des contemporains, qui prétendent savoir où est caché le *trésor*. J'ai ici quelques documents *concernant* une certaine Madame Delacroix. C'est une dame âgée qui affirme être en possession d'une lettre du roi Louis XIV, ou plus exactement, avoir été en sa possession. Avant qu'elle ne lui soit *dérobée*.

– Vous voulez dire volée, dit l'inspecteur en *plissant le front*.

– Exactement, mon cher, répondit le préfet. Madame Delacroix affirme que l'un de ses *ancêtres* était un garçon d'*écurie* de Louis XIV. Durant sa jeunesse, il sauva un jour le roi, alors que son cheval s'emballait … »

ÜBUNG 26 !

Übung 26: Tragen Sie das passende Wort ein!
(experte, devoir, vous, recherche, compter, feuilleter, légua, cachette, faculté, telle)

Le préfet se mit à (1.) ______ le *dossier*.

« Que s'est-il passé ensuite ? Ah, voilà, c'est ici : Pour remercier le jeune et fidèle garçon d'*écurie*, le roi lui (2.) ______ une petite maison de campagne. En outre, il existe une lettre du roi *adressée au* jeune homme, dans laquelle la (3.) ______________ du *trésor* serait *révélée*.

– Je vois, dit l'inspecteur Cliquot. Et c'est cette lettre en question qu'on a volée à la vieille dame.

– Votre (4.) __________________ d'interprétation est *remarquable*, Inspecteur », dit le préfet. Puis il *glissa* un papier dans la main de l'inspecteur.

« Voici l'adresse de Madame Delacroix. Il faut que vous *tentiez* de retrouver la lettre. Il semble que quelqu'un soit à la (5.) ___________ du *trésor*. Mais une (6.) _____________ fortune ne doit pas tomber entre les mains de voleurs ! Mademoiselle Claudel vous aidera dans vos recherches. C'est une (7.) _____________ des documents anciens.

– Je vois », dit l'inspecteur Cliquot en prenant le papier. Puis, se tournant vers Nathalie Claudel : « Venez, Mademoiselle. Le (8.) _____________ nous appelle. La patrie a besoin de nous ! »

Nathalie *acquiesça* avec quelque peu d'hésitation. Puis elle suivit l'inspecteur qui lui tenait la porte.

« Après (9.) _____________, ma chère », dit-il. Puis il se retourna encore une fois.

« Vous pouvez (10.) _____________ sur moi, Messieurs. Au revoir. »

Le préfet de police fit un signe de tête et attendit que l'inspecteur Cliquot ait fermé la porte derrière lui.

Puis il *bondit* et félicita son *adjoint*. Les deux hommes se serrèrent la main.

« Vous avez eu une idée formidable, mon cher, dit le préfet. Nous sommes *débarrassés de* lui. Il va passer toutes ces prochaines années à rechercher un *trésor* qui n'est qu'une simple légende. »

Le préfet se dirigea vers une petite armoire et en *rapporta* un grand calvados.

« Nous allons fêter ça. Vous savez quoi ? demanda le préfet au sous-préfet. Eh bien, j'aimerais beaucoup vous donner une *promotion*, et je le ferais … si je n'en perdais pas moi-même ma place en même temps ! »

Le rire des deux hommes *retentit* à travers tout le bâtiment.

! ÜBUNG 27

Übung 27: Finden Sie im folgenden Text die Wörter, die den angegebenen Definitionen entsprechen!

1. coupa la parole ______

2. classer ______

3. surveillaient, observaient avec attention ______

______

4. ne pas prendre le chemin le plus direct faire un ______

______

5. problème ______

6. donnait une impression ______

7. sans se faire remarquer ______

8. en ce qui concerne ____________________

9. route ____________________

Chapitre 4 : La lettre

« Alors comme ça, vous êtes experte en documents anciens », dit l'inspecteur en regardant sa nouvelle assistante. Ils étaient tous les deux sur le trottoir et *guettaient* l'arrivée d'un taxi. Cela donna l'*occasion* à l'inspecteur d'observer discrètement mademoiselle Claudel. Elle *avait l'air* un peu *pâle* derrière ses *lunettes d'écaille*. Mais sinon, c'était une très jolie jeune femme. Il aurait bien pu *tomber sur* pire. Nathalie répondit, un peu *gênée*.

« Eh bien, experte, c'est beaucoup dire. Jusqu'à présent, je n'ai fait que travailler aux archives et *trier* des *dossiers*.

– Vraiment ? C'est étrange. Mais le préfet doit bien avoir ses raisons d'avoir fait de vous mon assistante. Taxi ! »

L'inspecteur Cliquot courut sur la chaussée pour arrêter un taxi.

La voiture s'arrêta et l'inspecteur Cliquot ouvrit la porte à son assistante.

Puis il *monta* lui-même et *indiqua* l'adresse inscrite sur le papier.

Le chauffeur de taxi *fronça les sourcils.*

« *Volontiers*, Monsieur. Mais il va falloir faire un petit *détour*. Une partie de la ville est bloquée à cause du …

– Ne faites donc pas tant de discours, mon brave, roulez, c'est tout ce qu'on vous demande », *interrompit* l'inspecteur Cliquot.

Le chauffeur de taxi *haussa les épaules* et démarra.

L'inspecteur Cliquot attacha sa *ceinture* de sécurité et par-dessus son épaule, regarda Nathalie qui était assise sur la *banquette arrière*.

« Je suppose que vous n'avez pas beaucoup d'expérience dans les opérations extérieures ? demanda-t-il sur un ton paternel.

– Malheureusement pas, Inspecteur, répondit Nathalie. Ces dernières années, je suis *à peine* sortie de mes archives. »
L'inspecteur fit un *geste* de la main.
« Aucun souci. Faites-moi *confiance*, et il ne pourra rien vous arriver … »

Un quart d'heure plus tard, le taxi *monta* sur le bord du trottoir et s'arrêta.
« Je ne peux malheureusement pas aller plus loin », dit le chauffeur en *désignant* un *barrage* : « Il faudra que vous fassiez le reste à pied.
– On devrait pouvoir y arriver ! Combien vous dois-je ? »
Le chauffeur regarda son *compteur*.
« Neuf euros et quatre-vingt-dix centimes, s'il vous plaît. »
L'inspecteur Cliquot sortit un billet de dix euros de sa poche.
« Tenez. Gardez la *monnaie*.
– Oh, merci beaucoup. Monsieur est trop généreux, *répliqua* le chauffeur de taxi.
– Pas de quoi, mon brave », dit l'inspecteur Cliquot en sortant. Puis il ouvrit la porte à Mademoiselle Claudel.
« L'appartement de Madame Delacroix doit être juste en face », dit-il en montrant du doigt un petit immeuble de l'autre côté de la rue. Puis il *secoua* la tête lorsqu'il *aperçut* toute la foule qui était rassemblée sur le trottoir.
« Mon Dieu, que se passe-t-il donc ici ? dit-il avec surprise. Est-ce qu'on tourne un film, ou quelque chose comme ça ? Bon, peu importe. Nous, nous avons une mission pressante. »

Übung 28: Unterstreichen Sie alle Gerundium-Verbformen!

Il sortit sa carte de police de sa poche et *se fraya un chemin* à travers la foule. Nathalie le suivit, en hésitant un peu.
« *Laissez passer*, Messieurs Dames, cria l'inspecteur Cliquot en tenant sa carte bien haut. Nous sommes de la police. »
Les *badauds laissèrent passer* l'inspecteur en *grommelant*.
La rue devant lui était déserte. Aucune voiture ne roulait.
« Étrange, *murmura* l'inspecteur. C'est complètement mort, ici. Venez, Mademoiselle Claudel. »
Nathalie restait plantée au bord de la route, hésitante.
« Inspecteur, je ne sais pas si c'est une bonne idée. Vous devriez peut-être attendre que …
– Sottises », dit l'inspecteur en se mettant en plein milieu de la rue. Puis il fit signe à Nathalie de le suivre.
« Quand le *devoir* appelle, on n'a pas le droit d'hésiter. Allons, maintenant venez. »
Nathalie *haussa les épaules* et traversa la rue en courant.
L'inspecteur Cliquot regarda derrière lui. Cette petite était encore un peu timide, mais il en ferait une bonne policière.

Tout à coup, l'inspecteur entendit un vrombissement. Il regarda autour de lui. La rue décrivait un léger *virage*. Et derrière, une bonne dizaine de cyclistes avec des maillots multicolores apparurent soudainement. Ils roulaient tous à une *allure* folle. Et ils ouvrirent de grands yeux effrayés en voyant l'inspecteur, debout, au milieu de la rue.
Le cycliste de tête – il portait un maillot jaune ridicule – *freina* à fond. Les suivants, ne pouvant plus *freiner*, lui *rentrèrent* dedans *de plein fouet*. Dans un *bruit de ferraille*, ils tombèrent les uns sur les autres, à quelques mètres seulement de l'inspecteur.

« Ils l'ont bien cherché ! pensa l'inspecteur Cliquot. Qu'est-ce qu'ils ont donc à rouler à une pareille vitesse ? »

Heureusement, tous les cyclistes portaient des casques et personne ne fut blessé.

L'inspecteur Cliquot traversa le reste de la rue en *secouant* la tête. Il faudrait instaurer une limite de vitesse pour les cyclistes, se dit-il. Toute la foule, qui s'était rassemblée pour assister à l'arrivée du Tour de France, suivait l'inspecteur du regard, interloquée.

ÜBUNG 29 !

Übung 29: Übersetzen Sie und enträtseln Sie das Lösungswort!

1. Geschwindigkeit _ _ □ _ _ _ _
2. Fahrrad _ _ _ □
3. Sieger _ _ _ _ _ _ □ _ _ _
4. Radrennen _ _ _ □ _ _ _ _ _ _ _ _ _ _
5. Start □ _ _ _ _ _
6. Fahrrad _ _ _ _ _ _ □ _ _ _
7. bremsen □ _ _ _ _ _ _
8. beschleunigen _ _ _ _ _ _ □ _ _
9. Trikot _ □ _ _ _ _ _
10. Zeitfahren _ _ □ _ _ _ - _ _ - _ _ _ _ _ _
11. Radfahrer _ _ □ _ _ _ _
12. Etappe _ _ _ _ □

Lösung: _ _ _ _ _ _ _ _ _ _ _ _

L'appartement de Madame Delacroix était petit, mais agréablement *agencé*. Les meubles étaient très vieux, mais ils avaient du style. Malgré tout, on voyait à son appartement que la vieille dame n'avait pas beaucoup d'argent.

L'inspecteur, Nathalie et Madame Delacroix étaient assis à la table de la salle à manger et prenaient le thé.

« On vous a donc volé la lettre de Louis XIV, Madame ? » demanda l'inspecteur Cliquot en remuant son thé avec sa petite cuillère.

Madame Delacroix *acquiesça* tristement.

« Oui, elle appartenait à notre famille depuis des générations. Et c'est justement à moi qu'on la vole. Elle n'a pourtant qu'une valeur sentimentale. J'ignore ce que la voleuse peut bien vouloir en faire.

– La voleuse ? demanda l'inspecteur Cliquot avec *étonnement*. Comment savez-vous qu'il *s'agit d'*une femme ?

– C'est que je l'ai vue de mes propres yeux, il y a deux nuits de cela. À mon âge, on ne dort plus très bien, vous savez. J'étais couchée, quand j'entendis soudain un bruit dans la salle à manger. J'ai l'oreille fine, même si ma vue baisse !

– Je vois, dit Nathalie. Mais, que se passa-t-il ensuite ? »

La vieille dame continua.

« Je mis mes pantoufles et ouvris la porte *donnant sur* la salle à manger. Et elle était là : une jeune femme portant une *tenue* noire et moulante, comme celles que portent les sportifs de nos jours. Et elle avait aussi un masque sur les yeux. Je n'ai malheureusement pas pu voir son visage.

– Dommage, *murmura* l'inspecteur. Mais avez-vous pu voir la couleur de ses cheveux ?

– Oh, ça oui, dit la vieille dame en souriant. Elle sautait aux yeux avec ses cheveux roux, si roux qu'on aurait dit des flammes dans le noir.

– Et ensuite ? demanda Nathalie.

– Eh bien, vous pouvez vous imaginer le choc que cela a pu représenter pour moi. Mais la femme m'a sourit. ‹ N'ayez pas peur, Madame ›, dit-elle. ‹ Je souhaite juste vous emprunter cette lettre. Je vous la rendrai *dès que* j'aurai ce que je veux ›. »

Übung 30: Welches der folgenden Beispiele veranschaulicht welche Redewendung?

1. avoir l'oreille fine
   ☐ a) Regardez comme il est ridicule avec son chapeau de pluie sur la tête par ce soleil !
2. avoir le nez fin
   ☐ b) persil, ciboulette, aneth
3. avoir l'air fin
   ☐ c) Elle a refusé de manger la viande car elle était un peu trop cuite à son goût.
4. faire la fine bouche
   ☐ d) 60 centimètres
5. la taille fine
   ☐ e) Il me semble qu'on a sonné à la porte.
6. des fines herbes
   ☐ f) Nous avons bien fait de partir deux heures plus tôt : nous avons évité tous les embouteillages !

L'inspecteur fit un signe de tête, l'*air approbateur*.
« C'est une voleuse bien aimable, en tout cas. Et que s'est-il passé ensuite ?
– Avant même que je réalise ce qui arrivait, la femme s'était emparée

de la lettre. Vous savez, elle était toujours accrochée au mur, là, dans un cadre. Puis elle s'est excusée encore une fois, avant de sauter par la fenêtre.

– Comment ? *s'écrièrent* Nathalie et l'inspecteur en même temps. Sauter par la fenêtre ? Mais nous sommes au troisième étage !

– Oui, justement, répondit la dame. Vous pouvez vous imaginer ma peur. Elle était si gentille, cette jeune femme …

– C'est manifestement une folle, *murmura* l'inspecteur Cliquot en *secouant* la tête.

– Ou une artiste très *douée* », dit Nathalie.

Übung 31: Beantworten Sie die Fragen zum Text!

ÜBUNG 31

1. Madame Delacroix semble-t-elle être une femme plutôt riche ou plutôt pauvre ?

2. Qu'a-t-on volé à Madame Delacroix ?

3. Quand ce vol a-t-il eu lieu ?

4. De quel sexe est le voleur ?

5. Décrivez le physique de ce voleur.

La jeune policière était à la fenêtre et regardait à l'extérieur. La maison *donnait sur* une vieille rue. Une très vieille ligne téléphonique, elle aussi, se promenait d'un côté à l'autre de la rue.
Nathalie la *désigna* lorsque l'inspecteur la *rejoignit*.
« Vous voyez, Inspecteur. Elle pourrait s'être accrochée au câble du téléphone et aurait ainsi, descendu la façade.
– C'est bien possible, dit l'inspecteur Cliquot. J'ai, bien sûr, envisagé moi-même cette solution, mais je voulais voir si vous y penseriez vous aussi. Quoi qu'il en soit, continua l'inspecteur en s'asseyant sur le canapé, avez-vous une copie de cette lettre historique, Madame ? Cela faciliterait les recherches. »
La vieille dame se mit à réfléchir. Pendant ce temps, l'inspecteur Cliquot attrapa sa tasse à thé, en but une *gorgée* et *finit par* constater que son doigt était *coincé* dans l'*anse* de la tasse.

! ÜBUNG 32

Übung 32: Was ist gemeint: Inhalt oder Behälter? Ordnen Sie die folgenden Ausdrücke in zwei Spalten!
(une tasse à thé, une cuillerée de moutarde, un pot à eau, un verre à vin, une flûte de champagne, une cuillère à café, une assiette de soupe, un bol de lait, un plat à gratins, une coupe de glace)

Inhalt	*Behälter*

Tout à coup la vieille dame *bondit*. Elle traversa la pièce, jusqu'au mur opposé où une autre image était encore accrochée. Elle la *décrocha* et la tendit à l'inspecteur. L'inspecteur Cliquot s'en *saisit*, la tasse à thé pendant toujours à son index.
« Je ne sais pas si cela peut vous aider, dit la vieille dame. On voit au moins la lettre. »
L'inspecteur et Nathalie observèrent la photo. Elle représentait Madame Delacroix dans sa salle à manger, assise sur le canapé et souriant à l'objectif. En *arrière-plan*, on pouvait voir la lettre de Louis XIV.
« C'est mon petit-fils qui l'a prise, dit-elle fièrement. Je lui ai offert un petit appareil photos pour Noël et il l'a tout de suite essayé. »
En effet, *au fond*, on *apercevait* les branches d'un sapin de Noël.

Übung 33: In welchem Monat werden folgende Ereignisse gefeiert?

ÜBUNG 33 !

1. Noël	☐ a) janvier
2. la Fête Nationale	☐ b) mai
3. la Toussaint	☐ c) juillet
4. l'Épiphanie	☐ d) juin
5. la fête de la musique	☐ e) décembre
6. la fête du travail	☐ f) novembre

« Hum … je crains que cette photo ne nous soit guère utile, Madame. La lettre est *à peine* reconnaissable.
– Oh, on peut peut-être quand même en tirer quelque chose, le

contredit Nathalie. Nous serait-il possible de garder cette photo quelques jours ?
– Mais bien sûr ! La vieille dame sourit. Si vous me la rendez. J'y *tiens* beaucoup, vous savez !
– Naturellement, dit l'inspecteur en *se relevant*. Mais nous devons y aller à présent. Le *devoir* nous appelle. »
Une dernière fois encore, il *tenta* de *se défaire* de la tasse à thé.
En vain.
Alors il *haussa les épaules*.
« Et nous aimerions également emporter la tasse. Pour vérifier les *empreintes*, vous savez ? Au revoir, Madame. »

L'inspecteur tendit sa main gauche à la vieille dame. Celle-ci le regarda avec *étonnement*, et elle sourit. Nathalie prit congé, elle aussi.
Tous deux avaient presque franchi la porte, lorsque l'inspecteur se retourna une fois encore.
« Ah, Madame Delacroix, une dernière chose : On dit que cette lettre *disparue* a un rapport plus ou moins direct avec le *trésor* légendaire du roi Louis XIV. Savez-vous quelque chose à ce sujet ? »
La vieille dame sourit avec bonté.
« Oui, c'est cette vieille histoire. Autrefois, mon arrière arrière arrière grand-père a sauvé la vie du Roi Soleil. En remerciement, le roi lui a offert une petite maison en Provence. Et comme il lui faisait *confiance*, il lui a, paraît-il, également *confié* le secret de l'*emplacement* du *trésor*. Le roi aurait dit : ‹ Celui qui lira cette lettre avec les yeux du Roi Soleil, verra *apparaître* le *trésor* ›. »
Nathalie *plissa le front*.

Übung 34: Unterstreichen Sie die Befehlsformen!

« Pardonnez-moi, mais qu'est-ce que cela signifie ? demanda-t-elle.
– Je ne le sais pas, répondit la dame. Jusqu'à présent, personne n'a pu décoder ces mots.
– Je vois, *marmonna* l'inspecteur Cliquot. Mais dites-moi, Madame. Où se trouve donc cette maison dont le roi fit cadeau à votre *ancêtre* ?
– Attendez, dit-elle, je vais vous noter l'adresse. »
Elle retourna dans la salle à manger, et écrivit quelque chose sur un morceau de papier, qu'elle *remit* ensuite *à* l'inspecteur.
« Tenez. Mais la maison n'est plus la propriété de notre famille. Mon grand-père a été obligé de la vendre dans les années 20 du siècle dernier. On y a construit un hôtel, autant que je sache.
– Merci beaucoup, Madame. Et ne vous en faites pas, nous retrouverons la lettre du roi.
– J'espère que vous réussirez, répondit Madame Delacroix. Et pensez aussi à me *rapporter* ma tasse à thé, s'il vous plaît ! »

Chapitre 5 : Au musée !

L'inspecteur Cliquot se trouvait dans les archives de la *préfecture de police* et il *n'en revenait pas.*
« Mon Dieu, Mademoiselle Claudel, vous les avez tous lus ? »
Nathalie regarda l'inspecteur, surprise.
« Vous voulez parler des *dossiers* ? Non, bien sûr que non. Mon travail, c'est de les gérer et de les *classer*, rien de plus.
– Je vois », dit l'inspecteur. Puis il recommença à tirer sur la tasse qui était toujours accrochée à son doigt.
« Oh, cette chose de malheur … » pesta-t-il.
Nathalie se retint de rire et lui *indiqua* un petit lavabo fixé au mur.

« Là-bas, il y a de l'eau et du savon, dit-elle. Si vous enduisez votre doigt de savon, la tasse partira certainement. Ça a marché avec la bague de *fiançailles* de mon ex-petit ami, ajouta-t-elle avec nostalgie.
– Ah, très bien. Merci pour le tuyau », dit l'inspecteur Cliquot.

ÜBUNG 35 !

Übung 35: Welche Wörter gehören zusammen?

1. robe	☐ a) des fêtes
2. noces	☐ b) de mariage
3. voyage	☐ c) de fiançailles
4. liste	☐ d) de noces
5. livret	☐ e) d'or
6. vin	☐ f) de mariée
7. bague	☐ g) de famille
8. salle	☐ h) d'honneur

Il alla au lavabo et se savonna le doigt. *Effectivement*, la tasse *se retira* ensuite très facilement.
« Voilà qui est fait », pensa l'inspecteur Cliquot. Puis il retourna vers Mademoiselle Claudel.
Celle-ci avait placé la photo de Madame Delacroix sur un appareil qui ressemblait à une photocopieuse avec beaucoup trop de *boutons*.
« Que faites-vous là, si je puis me permettre ? Et qu'est-ce que c'est que cette machine ?

– C'est un scanner, Inspecteur, répondit Nathalie. Je suis en train de scanner la photo de la dame pour que nous puissions ensuite agrandir sur ordinateur la lettre qui est en *arrière-plan.*
– Ah, dit l'inspecteur Cliquot. Je vois. Bien sûr. C'est une bonne idée. Je voulais d'ailleurs vous la proposer. Mes compliments, ma chère, vous suivez bien. »
Nathalie ne fit qu'un signe de tête. Elle se concentrait pour bien scanner la photo.
La machine *ronfla*. Quelques secondes plus tard, la photo de la dame apparut sur l'écran qui se trouvait sur une petite table. Nathalie cliqua sur quelques options avec la souris. La photo devint de plus en plus grosse.

Übung 36: Welches Wort ist das „schwarze Schaf"? Unterstreichen Sie das nicht in die Reihe passende Wort!

1. savonnette, gel douche, savon, réprimande
2. tuyau, canalisation, renseignement, conseil
3. fermeture éclair, bouton, interrupteur, touche
4. doigt, index, annulaire, larme
5. clavier, écran, souris, fromage

Nathalie *sélectionna* la lettre qu'on voyait maintenant *nettement*. Puis elle zooma dessus, jusqu'à ce qu'on puisse lire chaque mot. *Satisfaite*, elle sourit, et alla à l'imprimante couleur qui était à côté de l'ordinateur. En quelques secondes, l'imprimante s'éveilla et sortit une *impression* incroyablement précise de la lettre *disparue*. Nathalie retourna vers l'ordinateur et s'arrêta *net*. Sur l'écran, le visage de l'inspecteur la fixait en grimaçant. Nathalie se retourna *brusquement*. L'inspecteur était penché sur le scanner et continuait à faire des grimaces.

« Mais enfin, Inspecteur, que faites-vous là ? » demanda Nathalie, interloquée.

L'inspecteur Cliquot sortit la tête du scanner et adressa un sourire à Nathalie.

« Oh, ce n'était qu'une petite blague, Mademoiselle Claudel, excusez-moi. Le travail doit aussi être fait dans la bonne *humeur*, n'est-ce pas ? »

Puis il *se racla la gorge.*

« Alors, est-ce que votre machine infernale a craché quelque chose d'*utilisable* ? » demanda-t-il.

Nathalie *brandit* glorieusement la feuille.

« Absolument. J'ai fait plusieurs *agrandissements* de la partie de la photo *contenant* la lettre. Et maintenant, nous en avons une copie exacte !

– C'est un travail formidable, Mademoiselle Claudel. Montrez-moi ça. »

Nathalie posa l'*impression* sur la table. Tous deux *se penchèrent* dessus.

L'*impression* était en effet très précise. Les mots *se détachaient* très clairement. On pouvait même *discerner* quelques déchirures et des endroits *jaunis*.

La lettre en elle-même avait été rédigée d'une belle écriture soignée, l'écriture du roi Louis XIV, le Roi Soleil en personne.

« Mon Dieu, *s'exclama* l'inspecteur Cliquot. Dans de tels moments, l'histoire nous paraît si proche, n'est-ce pas ? »

Nathalie ne répondit pas.

Elle essayait déjà de déchiffrer l'écriture, mais les lettres étaient si sophistiquées, que cela n'était pas simple. Mais on *finissait par* s'y habituer.

Übung 37: Unterstreichen Sie die Synonyme für die Ausdrücke im Text!
(1. le jour précédent, 2. insolites, 3. dernièrement, 4. air, 5. pompeux, 6. embarrassés, 7. garçon d'écuries, 8. formellement)

Par la présente, nous, le Roi Louis XIV, offrons *de notre vivant* à notre dévoué palefrenier Pierre Delacroix une maison avec *écuries* près du village d'Orange, en Provence. Nous le remercions expressément pour ses services. Il a su prouver que son *adoration* pour le roi et sa fidélité envers lui sont bâties sur des bases solides. Un tel sujet est un sujet en or.
Signé : Louis XIV, Roi par la Grâce de Dieu.

L'inspecteur Cliquot et Nathalie se regardèrent, perplexes.
« J'ai bien peur que cela ne nous mène pas loin, dit Nathalie, *déçue*. Pour moi, ce n'est qu'un acte de donation dans un style emphatique.
– Du moins, ça en a l'*apparence*, ma chère. Mais je ne peux *me défaire* de l'idée que quelque chose se cache là-derrière.
– C'est bien possible, dit Nathalie. Que disait la vieille dame, déjà ? ‹ Celui qui lira cette lettre avec les yeux du Roi Soleil, verra *apparaître* le *trésor*. ›
– Encore faudrait-il le comprendre, ça aussi, dit l'inspecteur, déconcerté.
– Les yeux du Roi Soleil ! Qu'est-ce que ça peut bien vouloir dire ? » *murmura* Nathalie.
Soudain elle eut une idée.
« Attendez ! *s'écria*-t-elle. J'ai lu quelque chose dans le journal récemment. Un instant, Inspecteur. »
Nathalie courut jusqu'à une petite table sur laquelle se trouvait encore le journal de la *veille*.
La jeune policière survola les pages. Elle avait *par chance* une

bonne *mémoire* des détails. C'est pour cela aussi qu'elle travaillait aux archives.
Puis elle *finit par* trouver ce qu'elle cherchait : un petit article sur une exposition. Dans un musée de la ville, on exposait des accessoires de la cour du roi Louis XIV. Il ne *s'agissait* pas *de* pièces de grande valeur, mais plutôt d'objets *curieux* qui faisaient partie du quotidien à la cour à cette époque-là. Nathalie arracha la page et l'apporta en courant à l'inspecteur.
« Regardez là. Inspecteur », dit-elle, le doigt sur une photo illustrant l'article. Elle montrait un masque en forme de soleil.
« Cette exposition a ouvert ses portes hier seulement. Ce masque est lui aussi exposé. L'article dit que Louis XIV le porta lors de bals masqués.
– Le Roi Soleil déguisé en soleil. Comme ça sonne bien, dit l'inspecteur Cliquot. Je ne sais pas ce que cela peut bien avoir à faire avec cette lettre bizarre, mais c'est peut-être *effectivement* une *piste*. »
L'inspecteur regarda sa montre.
« Il est déjà 17 heures passées. Si nous voulons encore entrer dans le musée, il faut nous dépêcher. »
Nathalie était déjà partie prendre sa veste.
« Moi, je suis prête. On peut y aller, Inspecteur ! »

L'homme qui tenait la *caisse* était tout sauf enthousiaste de voir l'inspecteur et Nathalie entrer dans le musée. C'est qu'il était déjà six heures moins le quart, et le musée allait bientôt fermer. *À contrecœur*, il *détacha* deux tickets et les posa sur le *comptoir*.
« Ça fera 8 euros en tout », dit-il en *grognant*.
L'inspecteur sourit à Nathalie.
« Oh, Mademoiselle Claudel, pourriez-vous *vous* en *charger* ? Je n'ai malheureusement pas de *monnaie* sur moi. »
Nathalie *soupira* et donna l'argent au caissier. Les deux policiers

entrèrent dans le musée. À cette heure-ci, il n'y avait presque plus de visiteurs. Nathalie et l'inspecteur ne *croisèrent* qu'un couple de touristes, une jeune femme aux cheveux roux et un homme âgé.
« Cet homme *a l'air* si vieux qu'il pourrait presque avoir connu Louis XIV personnellement », pensa l'inspecteur.
L'exposition en elle-même n'avait rien d'*exceptionnel*. Le musée était petit, l'air étouffant, et les objets exposés étaient plutôt de deuxième catégorie. Il y avait quelques vieux vêtements ayant appartenu à des nobles ainsi que des accessoires de toilette. Nathalie s'arrêta devant un petit flacon de parfum *orné* de pierres précieuses, qui était dans une vitrine.
« C'est *à peine* croyable que les gens de la cour ne se soient lavés que de temps en temps *à l'époque*. Au lieu de cela, ils préféraient utiliser des quantités et des quantités de parfum pour *couvrir* leurs odeurs, dit-elle.
– C'est vrai, ce n'est pas très hygiénique », dit l'inspecteur.
Tous deux *poursuivirent* la visite.
Dans la salle voisine, ils découvrirent enfin l'objet de leur venue : le masque du Roi Soleil.
C'était sans aucun *doute* la pièce *majeure* de cette petite exposition. Le masque reposait dans une vitrine en verre au centre de la salle. Des projecteurs à halogène le faisaient briller comme de l'or. Nathalie et l'inspecteur *s'en approchèrent* avec curiosité. Le masque avait *effectivement* la forme d'un soleil. Des *rayons* partaient dans toutes les directions. Le milieu représentait un visage souriant.
Les parties correspondant aux yeux et à la bouche étaient vides.
« C'est vraiment une très belle pièce, dit l'inspecteur. Malheureusement, je ne vois toujours pas où cela peut nous mener. »
Nathalie *soupira* : « Malheureusement, moi non plus, Inspecteur. J'avais espéré que la vue du masque nous *inspirerait* peut-être d'une façon ou d'une autre. »

Übung 38: Welche Gegenteile gehören zusammen?

1. enthousiaste	☐ a) neuf
2. entrer	☐ b) ouvrir
3. fermer	☐ c) s'éloigner
4. à contre-cœur	☐ d) fâché
5. exceptionnel	☐ e) ordinaire
6. vieux	☐ f) de plein gré
7. majeur	☐ g) sortir
8. s'approcher	☐ h) mineur

L'inspecteur regarda autour de lui. Il cherchait les toilettes. Il *finit par* trouver un petit panneau qui les *indiquait*.
« Mademoiselle Claudel, il est déjà tard. Pourquoi n'arrêtons-nous pas pour aujourd'hui ?
– Vous dites cela sérieusement, Inspecteur ? demanda Nathalie.
– Mais bien sûr, répondit l'inspecteur Cliquot, d'un ton paternel. Nous avons assez travaillé pour aujourd'hui. Je cherche les toilettes, et je rentre à la maison.
– Très bien, dit Nathalie, l'*air* heureux. Alors à demain matin au bureau ?
– À neuf heures précises, répondit l'inspecteur. Bonsoir, Mademoiselle Claudel. »

Übung 39: Unterstreichen Sie die richtige Variante!

L'inspecteur attendit que Nathalie se soit (1.) *renversée*/retournée et mise en chemin, puis il se mit à courir vers les toilettes.
Cela devenait urgent.
Mais devant les toilettes, sa course fut (2.) *interrompue*/cessée. Une jeune femme rousse lui bloquait le *passage* et lui souriait.
« Excusez-moi, Monsieur, dit-elle. Mais ça *manque d'*air ici. Pourriez vous ouvrir la fenêtre, là, en haut ? Moi, je n'y (3.) viens/arrive pas. Mais vous, vous êtes si grand … »
L'inspecteur Cliquot regarda les *séduisants* yeux verts de cette femme.
« Mais bien sûr, Madame. Sans (4.) problème/arrêt. »
L'inspecteur sourit à l'inconnue et tendit les bras vers la fenêtre. Elle était vraiment très (5.) dressée/élevée. Il l'ouvrit et un *courant d'air* frais s'introduisit dans la pièce.
« Oh, merci beaucoup, *murmura* la femme. C'est très aimable (6.) à/de vous. »
L'inspecteur Cliquot *s'inclina* légèrement.
« Avec plaisir, Madame. Mais si vous voulez bien m'excuser, j'ai une affaire pressante à régler. »
Dommage, pensa l'inspecteur. Dans d'autres *circonstances*, il aurait *volontiers* (7.) discuté/parlementé un moment avec la femme aux cheveux roux. Mais là, il devait vraiment aller aux toilettes. Il *se précipita*, sans remarquer qu'elle le suivait des yeux avec un petit sourire.
L'inspecteur Cliquot entra dans le cabinet et *poussa* le *loquet*. Celui-ci se bloqua.
« Ce n'est pas vrai », *marmonna* l'inspecteur en *tentant* d'ouvrir la porte. Ce fut sans (8.) victoire/succès.
Il était enfermé.

« S'il vous plaît, cria-t-il. Il y a quelqu'un ? Je suis enfermé ! S'il vous plaît … »

Pas de réponse.

Entre-temps, on avait certainement déjà fermé le musée et l'inspecteur était le dernier (9.) client/visiteur.

L'inspecteur Cliquot leva les yeux. *Par chance*, il y avait assez de place entre la porte et le plafond pour pouvoir sortir.

Il *monta* sur la cuvette des toilettes et se hissa vers le haut. Mais le *passage* était (10.) maigre/étroit et l'inspecteur, pendant un moment, resta *coincé*. Il se dit d'ailleurs qu'à l'avenir, il devrait peut-être manger un croissant de moins au petit-déjeuner. D'un *geste brusque*, il essaya de se libérer. Il ne se passa rien tout d'abord, puis l'inspecteur tomba au sol en *poussant* un grand cri. Le choc sur le carrelage fut si (11.) violent/énervé que pendant un instant, l'inspecteur *manqua d'*air. Puis *à grand-peine*, il *se redressa*.

« Mon Dieu, dit-il. Quelle (12.) épreuve/*tentative* ! Mais bon, au moins je suis sorti de là. »

L'inspecteur alla au lavabo et se lava les mains. Puis il ouvrit la porte *donnant sur* la salle d'exposition.

Tout était *sombre*. La seule lueur *provenait des* éclairages de sécurité qui étaient accrochés aux murs.

Le musée avait *bel et bien* fermé. On avait *tout bonnement* oublié l'inspecteur, alors qu'il était au petit coin.

« *Pourvu qu'*il y ait un gardien de nuit qui me fasse sortir », pensa l'inspecteur Cliquot. Heureusement, il avait sa carte de police sur lui, pour prouver qu'il n'était pas un voleur. L'inspecteur avança à *tâtons*, prenant soin de ne pas heurter dans le noir une vitrine, ce qui aurait déclenché une alarme. Même s'il n'était pas sûr que ce vieux musée de deuxième catégorie soit *effectivement* muni d'un tel système de sécurité.

Peu à peu, ses yeux *s'habituèrent à* l'*obscurité*. La sortie devait se trouver quelque part sur la gauche. L'inspecteur allait donc prendre cette direction, lorsque du coin de l'œil, il vit quelque chose bouger sur le côté opposé. Il se retourna *brusquement*. L'inspecteur aurait *juré* avoir vu une *ombre*.
« Eh, qui est là ? » dit-il dans le noir.
Peut-être était-ce le *veilleur* de nuit qui faisait sa ronde.
« Je suis l'inspecteur Cliquot, je me suis fait enfermer ici par mégarde. Pouvez-vous m'aider ? »
Qui que ce fût, la personne ne répondit pas.
L'inspecteur *pénétra dans* la salle principale à pas *prudents*.
Ici aussi c'était *sombre*, mais un panneau de sortie de secours sur un mur *projetait* une lueur verte.

Übung 40: Tragen Sie die richtigen Endungen der Adjektive in Klammern ein!

Devant la vitrine au centre de la salle, il y avait quelqu'un. Malgré l'*obscurité*, l'inspecteur *reconnaissait* une silhouette (1. féminin) ____________. La forme de l'*ombre* parlait pour elle-même. La femme portait un vêtement (2. noir) __________ et près du corps. De (3. long) __________ cheveux (4. roux) _________ tombaient sur ses épaules. Elle portait un masque sur le visage. Mais l'inspecteur vit autre chose encore : la silhouette avait *percé* un *trou* dans la vitrine et avait volé le masque du Roi Soleil.

La silhouette (5. masqué) _________ porta la main à la *ceinture*. Elle sortit quelque chose que l'inspecteur ne put pas *distinguer* exactement.

« C'est donc vous, l'inspecteur Cliquot, dit la femme d'une voix (6. charmeur) ___________. J'ai beaucoup entendu parler de vous. Malheureusement, je n'ai pas le temps de m'entretenir avec vous, Inspecteur. »

En disant ces mots, elle lança une (7. petit) ____________ capsule sur l'inspecteur. La capsule se brisa sur le sol. Une fumée (8. épais) ________ et (9. caustique) ________ s'en *échappa*. En quelques secondes, l'inspecteur fut *entouré* de fumée. C'était un gaz lacrymogène. Les yeux de l'inspecteur commencèrent à pleurer. Il eut juste encore le temps de voir la voleuse s'enfuir par la fenêtre, fenêtre qu'il avait justement ouverte un peu plus tôt.

L'inspecteur Cliquot commença alors à y voir clair : la (10. beau) _________ jeune femme (11. roux) _________ et la voleuse n'étaient qu'une (12. seul) _________ et même personne. La femme avait *vraisemblablement* dû cacher sa combinaison noire sous sa *tenue* de ville.

L'inspecteur courut à la fenêtre en toussant. Mais c'était trop tard. La voleuse avait *disparu* dans la nuit. L'inspecteur *secoua* la tête et sortit son téléphone portable.

Le lendemain matin, il y avait encore une légère odeur de gaz lacrymogène dans le musée. Toute une équipe de police se trouvait déjà sur les *lieux*, autour de la vitrine, pour *relever* les *empreintes*. Nathalie avait été tirée de son sommeil par un appel téléphonique de l'inspecteur. À présent, elle était à ses côtés et tenait le journal du matin dans la main. L'inspecteur avait informé ses collègues, la *veille* au soir, de l'effraction. Et *apparemment*, les journaux avaient réussi à faire paraître cette histoire en première page, avant la *clôture* de la rédaction.

Nathalie observait les gros titres.

« Le chat a encore *frappé* ! La reine du *cambriolage échappe de justesse* à la police » lisait-on.

« Comment avez-vous su que ce ‹ chat › *frapperait* dans le musée, Inspecteur ? demanda Nathalie, *visiblement* impressionnée.

– Oh, pure intuition, répondit *modestement* l'inspecteur Cliquot. Au bout d'un certain nombre d'années dans la police, on sent ces choses-là. Je voulais lui *tendre un piège*, mais la garce a été trop *maligne*. Ce surnom ‹ le chat › lui va très bien, je trouve. »

Nathalie *acquiesça*.

« Mais que veut-elle faire avec le masque du Roi Soleil ? Peut-être ce masque est-il vraiment la clé du mystère. *Apparemment*, elle en sait plus que nous.

– C'est possible », dit l'inspecteur. Il était obligé d'*admettre* – tout au moins à lui-même – que cette affaire le laissait assez perplexe.

À ce moment, une voix *retentit* à travers la salle.

« Inspecteur, vous devriez venir voir ça ! »

L'inspecteur et Nathalie se retournèrent. Devant l'entrée des toilettes des dames, une collègue avait une veste légère à la main.

« J'ai trouvé ça dans les toilettes, Monsieur l'Inspecteur, dit la policière. Il se pourrait que cette veste appartienne à la voleuse, non ? »

L'inspecteur Cliquot réfléchit. Quand il avait vu « le chat », elle ne portait qu'une *tenue* noire. Mais la femme rousse *auparavant*, elle, portait une veste comme celle-ci.

« Ça en a tout l'air », répondit l'inspecteur. Il prit la veste et en fouilla *prudemment* les poches. Elles ne *contenaient* rien, à l'exception d'un petit papier imprimé. L'inspecteur le sortit. C'était un ticket, du *genre* de ceux qu'on vous donne dans les *blanchisseries*.
« Qu'est-ce que c'est que ça ? » demanda Nathalie avec curiosité. Elle *s'approcha* et regarda le petit papier.
« Ah, je connais ça. C'est ce qu'on reçoit quand on porte un vêtement au *pressing*.
– Les chats sont très propres », dit l'inspecteur. Puis il se concentra de nouveau sur le ticket.
« Nous avons de la chance, il y a une adresse dessus ! Le *pressing* n'est pas loin d'ici. Mettons-nous en route. »

! ÜBUNG 41

Übung 41: Wählen Sie die richtige ✔ Variante!

1. Quel est le surnom donné à la voleuse ?

☐ a) l'œil de tigre

☐ b) le chat

☐ c) la panthère

2. Qu'a trouvé la collègue dans les toilettes ?

☐ a) une tenue noire

☐ b) un sac à main

☐ c) une veste

3. Qu'y a-t-il dans les poches de la veste ?

☐ a) rien

☐ b) un ticket de blanchisserie

☐ c) un carnet d'adresses

4. Que font finalement l'inspecteur Cliquot et Nathalie ?

☐ a) Rien, ils sont perplexes.

☐ b) Ils appellent un taxi pour aller au pressing.

☐ c) Ils vont au pressing à pied.

5. Comment faut-il comprendre la remarque de l'inspecteur Cliquot :

« Les chats sont très propres » ?

☐ a) Les chats sont réellement très propres.

☐ b) L'inspecteur Cliquot aime beaucoup les chats.

☐ c) L'inspecteur Cliquot aime faire de l'humour.

Chapitre 6 : Une première piste

Après seulement une demi-heure de marche, Nathalie et l'inspecteur Cliquot *se tenaient* devant le *comptoir* d'une petite *blanchisserie*. Un Chinois d'un certain âge souriait aimablement aux deux policiers.
« Que puis-je faire pour vous ? » demanda-t-il.
L'inspecteur présenta sa carte de police.
« Nous sommes de la police, dit-il. Nous recherchons une dangereuse voleuse. Et vous pouvez peut-être nous aider.
– Oh, mais il n'y a pas de voleuse ici, Inspecteur, je suis *désolé*. »
Nathalie éclata de rire.
« Est-ce que cette veste vous dit quelque chose ? Vous souvenez-vous peut-être de la personne qui l'a apportée ? »
Le Chinois *se pencha* au-dessus du *comptoir* et *tâta* la veste.
« Ah oui, une très bonne qualité de *tissu*, mais très difficile à nettoyer.

– Et vous souvenez-vous de la personne qui vous l'a donnée à nettoyer ? » demanda Nathalie encore une fois.
Le Chinois fit un signe de la tête.
« Mais bien sûr. C'est Madame Ombre. Elle habite à quelques rues de là. C'est une femme très élégante. »
Le propriétaire de la teinturerie griffonna quelque chose sur un papier qu'il tendit à l'inspecteur. Puis son regard se posa sur la chemise de l'inspecteur Cliquot. La bataille du petit-déjeuner avait laissé quelques *traces*.
« Votre chemise *mériterait* bien un petit nettoyage, Monsieur. Voulez-vous me la laisser maintenant. Je vous fais un bon prix. Vous verrez. »
L'inspecteur Cliquot *secoua* la tête. Il aurait certainement pu faire une bonne affaire, mais malheureusement il n'avait pas apporté de chemise de rechange.
« C'est très aimable, mais non merci. Le *devoir* nous appelle. Nous devons attraper un chat voleur de masques. »

ÜBUNG 42 !

*Übung 42: Füllen Sie die Lücken mit der passenden Form von **faire** oder **laisser** (verwenden Sie dabei Präsens, Perfekt und die Infinitivform)!*

1. L'inspecteur Cliquot et son assistante ____________ une enquête difficile.
2. Voulez-vous me ____________ votre chemise maintenant ?
3. La voleuse n'a ____________ aucun bruit.
4. Elle n'a ____________ aucune trace derrière elle.

5. L'inspecteur Cliquot l'a malheureusement ______________ s'échapper.

6. Il ne l'a pas ______________ exprès.

7. Mais il ne compte pas se ______________ comme ça.

8. La prochaine fois, c'est sûr, il ne va pas la ______________ filer !

9. Veux-tu me ______________ tranquille ! ?

10. Cela me ______________ mal de te voir si malheureux.

11. Il ______________ généralement plus froid en février qu'en décembre.

12. Nous sommes de la police ! Veuillez nous ______________ passer, s'il vous plaît !

La *concierge* regarda par la fenêtre avec *méfiance*, lorsque l'inspecteur Cliquot et Nathalie *s'approchèrent de* la porte d'entrée.
« Que voulez-vous ? » demanda-t-elle sèchement. Dans le fond de la pièce, la télévision était allumée. La femme avait encore quelques bigoudis sur la tête.
« Euh, nous sommes des amis de Madame Ombre, répondit tout de suite l'inspecteur. Est-ce qu'elle est chez elle, *par hasard* ?
– Comment je le saurais ? demanda la *concierge*. Je ne suis pas le bureau des renseignements, à ce que je sache ! »
Puis elle s'éloigna de la fenêtre et *disparut*. Quelques secondes plus tard, la porte s'ouvrit automatiquement en grinçant.
L'inspecteur Cliquot et Nathalie entrèrent.
Nathalie observa tout d'abord les boîtes aux lettres dans le hall d'entrée.

L'une d'entre elles portait le nom « Ombre ». Et elle était vide.

« Notre amie la voleuse semble être chez elle, dit-elle.

– Ou bien elle reçoit peu de courrier », *répliqua* l'inspecteur.

La porte de la *concierge* s'entrouvrit.

« Troisième étage », *répliqua* la femme avant de refermer sa porte.

« Quelle charmante personne … » *murmura* Nathalie.

Puis ils *montèrent* les escaliers. Arrivés devant une porte portant une étiquette avec le nom « Ombre », l'inspecteur *frappa*.

« Madame Ombre, est-ce que vous êtes là ? Nous sommes de la police et nous aimerions vous poser quelques questions ! »

Il n'y eut aucune réponse.

ÜBUNG 43 !

Übung 43: Welche Wörter gehören zusammen?

1. bigoudis	☐ a) réponse
2. courrier	☐ b) ascenseur
3. question	☐ c) fermer
4. escalier	☐ d) minute
5. seconde	☐ e) boîte aux lettres
6. ouvrir	☐ f) tête

L'inspecteur attendit encore quelques secondes et *frappa* de nouveau.

Sans succès.

« Et maintenant ? demanda Nathalie.

– Et maintenant nous allons faire une chose qu'on ne vous a certainement pas enseignée à l'école de police. »

Le sourire aux lèvres, l'inspecteur sortit un petit couteau suisse de sa poche. Puis il s'agenouilla devant la porte et *enfonça* le tournevis dans la serrure.

« On y est presque, dit-il.

– Mais Inspecteur, est-ce que c'est légal ? demanda Nathalie, *préoccupée*. Nous n'avons même pas de mandat de perquisition.

– Mademoiselle Claudel, je vous en *prie*. Nous agissons là dans l'intérêt de la France. Ensuite, je n'abîmerai rien. Vous allez voir, je vais ouvrir ce verrou en un tour de main. »

Übung 44: Finden Sie das abgeleitete Adjektiv!

1. automate ______________________

2. hasard ______________________

3. bruit ______________________

4. école ______________________

5. France ______________________

6. ombre ______________________

7. loi ______________________

8. verrou ______________________

Vingt minutes plus tard, l'inspecteur était toujours à genoux devant la porte. Il transpirait.

« Il doit sûrement *s'agir d'*une serrure spéciale », dit-il.

Nathalie *plissa le front*.

« Pour moi, c'est une serrure tout à fait ordinaire, Inspecteur.
– Vous n'êtes pas une experte », *rétorqua*-t-il.
Tout à coup, on entendit comme un cliquetis. L'ensemble de la serrure tomba au sol.
L'inspecteur Cliquot toussota.
« Bon, cela peut arriver. Eh bien, regardons de plus près à quoi ressemble le refuge de notre chat. »
L'inspecteur Cliquot ouvrit *prudemment* la porte. Derrière, il y avait un petit couloir qui, de droite et de gauche, *donnait sur* des pièces. L'appartement de Madame Ombre était *aménagé* sobrement mais avec goût. Des tableaux et des objets d'art étaient accrochés aux murs.
« Mon Dieu ! dit Nathalie tout bas et avec de grands yeux étonnés. Ces œuvres d'art ont dû coûter une fortune.
– En supposant que Madame Ombre les ait payées, ce dont je *doute*.
» Les deux policiers *pénétrèrent dans* une petite bibliothèque. Les murs étaient *couverts* d'étagères remplies de livres. Les yeux de Nathalie se mirent à briller.
« Mon Dieu ! Tous ces livres ! »
La jeune policière *s'approcha de* l'une des étagères pour examiner les livres de plus près. C'étaient pour la plupart des volumes et des illustrés sur l'histoire de l'art.
« Madame Ombre *a l'air* d'être une véritable experte, dit Nathalie.
– Eh bien, en prison, elle aura tout le temps de *mener à bien* ses recherches, dit l'inspecteur. Continuons notre visite. »
L'inspecteur Cliquot et Nathalie entrèrent dans la petite cuisine. Sur la petite table de cuisine, il y avait aussi quelques livres. Ceux-ci *traitaient du* temps de Louis XIV.

Übung 45: Enträtseln Sie die folgenden Definitionen! Es handelt sich jeweils um ein Zimmer des Hauses.

1. On y prépare et on y prend parfois les repas :

2. Cette pièce est essentiellement occupée la nuit :

3. On y fait sa toilette :

4. C'est un espace souvent étroit, avec des portes donnant sur d'autres pièces de la maison :

5. Ce n'est pas une pièce d'habitation, et son occupante principale est la voiture :

6. Endroit souterrain et frais où peuvent se conserver certaines denrées alimentaires :

L'inspecteur Cliquot découvrit encore autre chose. Sur la table, sous un gros livre, il y avait un indicateur des chemins de fer.
« Ça alors, qu'est-ce que c'est que ça ? *murmura*-t-il. Des horaires de train ! Notre voleuse partirait-elle en voyage ?
– Et quelle destination a-t-elle choisi ? » demanda Nathalie.

L'inspecteur observa le feuillet.
« Une ville du nom d'Orange, dit-il. Du moins, c'est ce qui est écrit là. Où ai-je déjà bien pu entendre ce nom ? »
Nathalie sourit. Puis elle sortit la photocopie de la lettre royale.
« Mais enfin, Inspecteur, il *s'agit de* la petite ville où se trouve le cadeau que l'*ancêtre* de Madame Delacroix a reçu du roi : sa petite maison. »
L'inspecteur se *frappa* le front avec la paume de sa main.
« *Evidemment*, Mademoiselle Claudel. Où ai-je donc la tête ?
– Quand part le train de Madame Ombre ? » demanda Nathalie.
L'inspecteur consulta les horaires une fois encore. Il n'y avait là que les horaires des trains d'imprimés, et aucune note faite à la main.
Il *haussa les épaules*.
« Les trains partent toutes les heures. Elle doit être partie depuis longtemps, avec le masque du Roi Soleil dans ses bagages. Je vais *prévenir* les collègues d'Orange.
– Bonne idée », *soupira* Nathalie en se laissant tomber sur une chaise de la cuisine. La voleuse leur avait *échappé*, une fois de plus. Devant Nathalie, il y avait une tasse à café. La jeune policière la fixait sans y prêter *attention*. Elle fumait encore un peu. Nathalie *bondit*.
« Que se passe-t-il ? » demanda l'inspecteur Cliquot.
Nathalie prit la tasse dans ses mains.
« Inspecteur ! La tasse ! Elle est chaude ! »
L'inspecteur Cliquot lança un regard interrogateur à sa collègue.
« Et alors ? Est-ce que *par hasard* vous buvez votre café froid ? »
La jeune policière *secoua* la tête.
« Non, non. Je veux dire : la tasse est encore chaude. Madame Ombre a dû la boire il y a très peu de temps !
– Mais pourquoi ne le dites-vous pas tout de suite ? » *s'écria* l'inspecteur en courant vers la porte.

Nathalie le suivit, étonnée.
« Mais où allez-vous, Inspecteur ?
– Quelle question. À la gare, bien sûr ! »

Übung 46: Wie viel Uhr ist es? Schreiben Sie die Zahlen aus und verwenden Sie, wenn möglich ***et quart, et demie, moins (…)****!*

ÜBUNG 46 !

1. 13h10 ____________
2. 03h15 ____________
3. 01h30 ____________
4. 06h40 ____________
5. 00h00 ____________
6. 12h00 ____________
7. 04h45 ____________
8. 17h47 ____________

Chapitre 7 : Direction Orange !

Übung 47: Fügen Sie das passende Wort ein!
(hall de la gare, guichets, contrôleur, direction, départ, voie, destination, quai)

ÜBUNG 47 !

La voix dans le haut-parleur *résonna* dans toute la gare : « Voie 3, le train à (1.) ____________ d'Avignon est prêt à partir. (2.) ____________ : 12h37. »

L'inspecteur Cliquot et Nathalie couraient dans le (3.) ________.
Comme toujours, il y avait grande *affluence*. Il y avait là des *hommes d'affaires* qui *montaient* et descendaient des trains, des touristes qui *traînaient* de lourdes valises jusqu'à leur train. Certains s'achetaient de la lecture à un kiosque pendant que d'autres savouraient une boisson rafraîchissante ou un sandwich. L'inspecteur et Nathalie, quant à eux, n'avaient pas le temps pour tout cela. En courant, Nathalie jeta un œil sur la grande pendule au-dessus des (4.) ________.

Il était 12h36. Encore une minute.

« Vous êtes sûre que le train qui va à Avignon est le bon ? demanda l'inspecteur Cliquot, hors d'haleine.

– Oui, absolument sûre. Par contre, je ne suis pas sûre que nous l'ayons … »

L'inspecteur ne répondit pas, mais, *poursuivant* sa course, regarda son lacet avec inquiétude. Il *s'était défait*, et à chaque pas, il *traînait* sur le sol.

Mais il n'avait pas le temps de le rattacher.

« C'est là, devant nous ! dit Nathalie en haletant. (5.) ________ numéro 3. »

L'inspecteur Cliquot regarda dans la (6.) ________ qu'*indiquait* Nathalie. Le (7.) ________ était déjà presque vide. Seules quelques personnes ayant accompagné des voyageurs étaient là et faisaient des signes de la main en direction des fenêtres du train. Le (8.) ________, déjà, était à la porte et jetait un regard général sur le quai. Puis il donna le signal du départ. Le train encore immobile eut une *secousse*.

« Arrêtez ! Ne partez pas ! » *hurla* l'inspecteur.
De ses longues jambes, il avait *dépassé* Nathalie. Il n'était plus qu'à cinq mètres de la porte la plus proche. Quelques personnes regardaient les deux policiers avec *étonnement*. Mais ces derniers ne se souciaient guère des autres. L'inspecteur Cliquot n'avait d'yeux que pour la porte.
Celle-ci se ferma.
« Non », cria-t-il.
L'instant d'après, l'inspecteur sentit qu'on lui tirait les jambes. Il avait marché sur son lacet. D'un *bond* puissant, il fut *projeté* en l'air et retomba en plein dans la porte du train. Le système électronique de la porte automatique ayant enregistré une résistance, celle-ci stoppa aussitôt sa fermeture, non sans avoir *coincé* le cou de l'inspecteur.
« Formidable, *s'écria* Nathalie. Quelle performance sportive, Inspecteur ! »
L'inspecteur Cliquot ne put émettre qu'un gargouillement étouffé. Puis la porte se rouvrit, libérant ainsi l'inspecteur.
« C'est que … , dit-il après avoir repris son souffle, … ce qui est en jeu est si important qu'il ne faut pas hésiter à mettre jusqu'à son corps en péril.
– Est-ce que vous êtes fou ? » cria une voix très en colère.
Le contrôleur arrivait en courant, la tête rouge écarlate. De colère il *soufflait* lui-même comme une locomotive.
« Vous auriez pu vous tuer, espèce d'inconscient ! Pourquoi n'attendez-vous pas tout simplement le prochain train ? »

Übung 48: Welche Übersetzung stimmt?

1. Es steht eine Menge auf dem Spiel.

☐ a) Il y a énormément de choses en jeu.

☐ b) Il y a énormément de choses sur le jeu.

2. Was für eine sportliche Leistung!

☐ a) Que d'une performance sportive !

☐ b) Quelle performance sportive !

3. Vor Wut wurde er ganz rot.

☐ a) Il devint tout rouge devant la colère.

☐ b) Il devint tout rouge de colère.

4. Warten Sie auf den nächsten Zug!

☐ a) Attendez le prochain train !

☐ b) Attendez sur le prochain train !

5. Er war auf seinen Schnürsenkel getreten.

☐ a) Il était marché sur son lacet.

☐ b) Il avait marché sur son lacet.

6. Sein Leben in Gefahr bringen

☐ a) mettre sa vie en péril

☐ b) mettre sa vie dans le péril

L'inspecteur *se releva* avec *peine* et sortit sa carte de police.
« Je suis l'inspecteur Cliquot, de la police parisienne. Ceci est un cas d'urgence. Vous devez …
– Je dois avant tout faire en sorte que mon train parte à l'heure », siffla le contrôleur. Puis il *poussa* Nathalie et l'inspecteur à travers la porte ouverte. La porte se referma avant que l'inspecteur n'ait pu protester. Avec une forte *secousse*, le train démarra.
« Mais … mais nous roulons ! *s'écria* l'inspecteur.
– Quel sens de l'observation, mon brave, dit le contrôleur.
– Mais il y a une dangereuse criminelle à bord ! Vous devez …
– … contrôler, mon brave. Tout d'abord le train et les billets. Alors, vos billets, s'il vous plaît ! »

*Übung 49: Vervollständigen Sie den Text mit **nous** und **vous**!*

Le contrôleur tendit la main vers l'inspecteur.

« Je, euh … Je n'ai pas de billet, *balbutia* l'inspecteur. C'est que (1.) __________ ne voulions pas prendre le train, (2.) __________ !

– Alors pourquoi êtes-(3.) __________ dans mon train ? demanda le contrôleur.

– Parce que (4.) __________ (5.) __________ avez *poussés* dedans, *répliqua* l'inspecteur.

– Alors pourquoi (6.) __________ êtes-(7.) __________ donné tant de *peine* pour *rattraper* ce train, si (8.) __________ ne vouliez pas le prendre ?

– Parce qu'il y a une dangereuse criminelle à bord …

– Pour l'instant, je n'en vois que deux, des criminels, dit le contrôleur avec dureté. Deux voyageurs sans billet, si (9.) ____________ voyez ce que je veux dire … »

Le contrôleur sortit un carnet de quittances et un stylo à bille de sa poche. « Alors, (10.) ____________ disons donc : surpris sans titre de transport valable, ça (11.) ____________ fait 30 euros d'*amende,* plus 36 euros pour l'achat à bord d'un billet régulier à plein tarif, s'il (12.) ____________ plaît ! »

ÜBUNG 50

Übung 50: Unterstreichen Sie zehn Wörter, die einen Bezug zum Thema Geld haben!

L'inspecteur pâlit.
« En tout ? C'est vraiment très cher !
– Non, pas en tout, *ricana* le contrôleur. C'est le prix par personne ! Puis-je vous demander de payer ? »
L'inspecteur Cliquot sortit son porte-monnaie en *soupirant* et l'ouvrit. Puis il leva les sourcils, *haussa les épaules* et se tourna vers Nathalie.
« Ah, Mademoiselle Claudel, pouvez-vous régler la totalité de la somme ? Je n'ai que de grosses coupures sur moi. »
Nathalie lâcha un *soupir*. Elle avait plutôt l'*impression* que l'inspecteur n'avait pas de billets du tout dans son portefeuille. Mais ce n'était pas le moment de discuter. Toute cette histoire était vraiment trop pénible et le contrôleur semblait commencer à perdre patience. Nathalie compta son argent et le donna au contrôleur. En échange, elle obtint un reçu.

« Ah, voilà qui est mieux », dit le contrôleur, l'*air satisfait.*
Puis il se tourna pour partir.
« Eh ! Attendez un instant ! lui cria l'inspecteur Cliquot. Je vous ai dit que vous aviez une dangereuse criminelle à bord. Une femme rousse. Vous devez …
– Je ne dois rien du tout, dit seulement le contrôleur, hormis *veiller au* bon ordre dans mon train. Pourquoi ne cherchez-vous pas cette femme vous-même ? Mais je vous *préviens* : ne semez pas la pagaille dans mon train. Sinon, je vous mets dehors, et je ne vous garantis pas de faire arrêter le train avant … »
Sur ce, le contrôleur *disparut* dans le *compartiment* suivant. L'inspecteur Cliquot et Nathalie se regardèrent.
« Et que faisons-nous, maintenant ? » demanda Nathalie.
L'inspecteur *haussa les épaules.*
La recherche de la voleuse *s'avéra* plus difficile que *prévu*. Le train pour Avignon était plein à craquer. Même si l'inspecteur et Nathalie avaient cherché une place assise, ils n'en auraient pas trouvé.
Ils firent tous les *compartiments*, un par un, à la recherche du « chat », *questionnant* parfois un voyageur.
« Pardonnez-moi, dit l'inspecteur à une dame âgée. Je recherche une femme rousse … »
La dame lui lança un regard *indigné*.
« *Ai*-je l'*air* d'une *agence matrimoniale* ? De plus, votre *fiancée* est à côté de vous, espèce de pervers ! »
La dame *désignait* Nathalie, qui ne put s'empêcher de sourire. L'inspecteur se mit à *rougir*.
« Quoi ? Mais non, ce n'est pas ma *fiancée*, mais ma collègue. Nous sommes de la police et nous sommes à la recherche d'une personne aux cheveux roux. C'est purement professionnel, vous comprenez ? »
La vieille dame regarda l'inspecteur avec curiosité. Ses yeux se mirent à briller.

« Comment ? Il y a eu un crime ? Là, dans ce train ? Un *meurtre* même, *au fond du* train, c'est cela, non ? Comme dans ce livre ? »
La dame sortit un roman policier que, selon toute *vraisemblance*, elle venait de lire.
L'inspecteur *secoua* très vite la tête.
« Non, non, ce n'est pas si grave. Nous la recherchons juste à cause … »

! ÜBUNG 51

Übung 51: Sind folgende Aussagen zum Text richtig? Markieren Sie mit richtig ✔ oder falsch – !

1. Il n'y a presque personne dans le train. ☐
2. La dame répond très aimablement. ☐
3. L'inspecteur Cliquot prend la dame âgée pour une agence matrimoniale. ☐
4. La dame prend l'inspecteur Cliquot et Nathalie pour un couple. ☐
5. L'inspecteur Cliquot préfère les femmes rousses. ☐
6. Quelqu'un a été tué dans le train. ☐

! ÜBUNG 52

Übung 52: Unterstreichen Sie sechs Substantive, die die Unruhe bezeichnen!

« Un *meurtre* ? » demanda une autre vieille dame. *Apparemment*, les deux dames voyageaient ensemble. Jusque-là, la seconde avait somnolé *paisiblement*. Et maintenant, elle était terrifiée.

« Il y a eu un *meurtre* ? Ici, dans ce train ? demanda-t-elle hors d'elle.
– Non, *s'écria* l'inspecteur. Tout va très bien, pas de panique ! »
Mais c'était trop tard. En quelques secondes, ce fut l'*affolement* général dans le *compartiment*.
L'inspecteur et Nathalie *avaient* bien *du mal à* calmer les *passagers*.
« Tout ça n'est qu'un *malentendu* », répétait l'inspecteur en levant les mains en l'air, pour ramener le calme.
À ce moment, le contrôleur, *attiré* par le vacarme, entra dans le *compartiment*.
« Mais *bon sang*, que signifie tout ce désordre ? » cria-t-il.
Puis, *apercevant* l'inspecteur :
« Encore vous ! Ne vous ai-je pas déjà dit que je refuse formellement que ce soit la pagaille dans mon train ? Allez, *disparaissez* ! Et vite !
– Mais où voulez-vous que nous allions ? » demanda l'inspecteur.

ÜBUNG 53 !

Übung 53: Finden Sie sechs Wörter, die gar nicht zum Text passen und tragen Sie stattdessen die angegebenen Wörter ein!
(1. jambes, 2. inquiet, 3. train, 4. prochain, 5. arrivée, 6. valises)

Il regarda par la fenêtre, euphorique. Le train roulait au moins à 150 km/h à travers la campagne.
« Regardez. Là-bas entre deux *compartiments*, il y a un petit *passage* vide. Vous allez vous y installer, tous les deux, jusqu'à notre départ à Orange. C'est notre précédent arrêt. Et là, je vous *prierai* de bien vouloir quitter ce magasin.
– Super, dit Nathalie. C'est là que nous devons descendre de toute façon ! »

L'inspecteur Cliquot et Nathalie suivirent le contrôleur jusqu'au petit *passage* en question. Il y avait des carottes empilées.
« Et maintenant, je vous demanderai de rester ici », dit le contrôleur, d'une voix sans appel.
L'inspecteur Cliquot et Nathalie, dans un *soupir*, s'installèrent sur les valises. L'inspecteur avait *peine* à caser ses longues oreilles. Après plusieurs échecs, il *parvint* enfin à s'asseoir. C'est là qu'il *aperçut* une femme à la *chevelure* rousse.

ÜBUNG 54 !

Übung 54: Übersetzen Sie und enträtseln Sie das Lösungswort!

1. Verspätung _ _ _ _ _ ☐
2. Liegeplatz _ _ _ _ _ ☐ _ _ _
3. Sitz ☐ _ _ _ _
4. Ermäßigung _ _ _ _ _ ☐ _ _ _
5. Fahrkarte _ ☐ _ _ _ _
6. Schaffner _ _ ☐ _ _ _ _ _ _ _
7. Abteil _ _ _ _ ☐ _ _ _ _ _ _ _
8. Reservierung _ _ _ _ _ _ _ ☐ _ _ _
9. zweite Klasse _ _ _ _ ☐ _ _ _ _ _ _ _ _ _
10. entwerten _ ☐ _ _ _ _ _ _ _
11. Bordrestaurant _ _ _ _ ☐ - _ _ _ _ _ _ _ _ _ _

Lösung: _ _ _ _ _ _ _ _ _ _ _

Chapitre 8 : C'est elle !

« C'est elle ! » *s'écria* l'inspecteur en *bondissant*. Malheureusement, ses jambes étaient *coincées* sous des montagnes de valises, et il perdit l'*équilibre.*

La femme aux cheveux roux était sortie de son *compartiment* de première classe pour chercher un lavabo. Au bruit de la chute de l'inspecteur, elle prit peur et *rejoignit à la hâte* son *compartiment*.

Entre-temps, l'inspecteur tenait de nouveau sur ses jambes.

« Je la tiens ! » dit-il en *renversant* une autre valise qui lui bloquait le *passage*. Nathalie la *poussa* sur le côté et l'inspecteur fila.

« Arrêtez-vous ! » *hurla* l'inspecteur Cliquot en courant après la jeune femme. Ses longs cheveux roux flottaient derrière elle. Les *passagers* du *compartiment* de première classe levèrent les yeux. La plupart d'entre eux étaient des *hommes d'affaires* qui voulaient travailler dans le calme sur leur ordinateur portable. Ce tumulte les irrita alors particulièrement.

« Aidez-moi ! Il y a un fou derrière moi ! » cria la femme rousse.

« Ah, voilà autre chose ! » pensa l'inspecteur. Cette jeune femme n'avait vraiment peur de rien.

Mais sa stratégie était efficace. L'inspecteur avait presque *rattrapé* la voleuse, lorsqu'un homme surgit.

Übung 55: Übersetzen Sie die Wörter in Klammern!

Sous sa veste, on *devinait* de larges (1. Schultern) ____________ et de gros (2. Bizeps) ____________. Cet homme passait certainement son temps libre dans les salles de musculation.

« Pas si vite, mon ami », *grogna*-t-il.

L'inspecteur Cliquot essaya de *se faufiler* entre l'homme et la fenêtre. *En vain*. La (3. Brust) __________ musclée occupait presque toute la largeur du couloir.

L'inspecteur montra sa carte de police du bout des (4. Finger) __________.

« Je suis de la police, dit-il. Et vous faites *obstacle* alors que je suis en pleine *intervention*. Cette femme est une voleuse dangereuse ! »

L'homme *considéra* la carte et leva les (5. Hände) __________ en l'air en s'excusant.

« Je suis *désolé*. Je ne pouvais pas savoir !

– C'est bon, mais *laissez*-moi *passer* ! »

L'homme en costume s'aplatit autant qu'il put contre la vitre. Malgré cela, l'inspecteur Cliquot *eut du mal à* avancer dans cet étroit couloir. Il dut jouer des (6. Ellenbogen) __________. Une fois arrivé au bout, il put enfin respirer normalement.

Il *poussa* alors la porte du *compartiment* suivant. *Par chance*, le couloir était là aussi encombré de bagages, si bien que la dame rousse n'avait pas pu aller très loin. Son élégance féline ne lui servait pas à grand-chose dans ce train bondé.

« Arrêtez-vous, à la fin ! », cria l'inspecteur. Vous n'avez aucune chance de vous en tirer ! »

Mais elle continuait, sautant par-dessus les valises, sans se retourner.

Dans une telle situation, l'inspecteur était avantagé. Grâce à ses

longues jambes, il *évitait* les *obstacles* plus facilement que la fugitive. La distance les séparant diminuait de plus en plus.
« Maintenant, je te tiens ! » pensa l'inspecteur en tendant la main.

Übung 56: Vervollständigen Sie die Fragen mit einem passenden Fragewort!

1. ________________ vous connaissez cette femme ?
2. ________________ s'appelle-t-elle ?
3. ________________ habite-t-elle ?
4. ________________ est son métier ?
5. ________________ l'avez-vous vue pour la dernière fois ?
6. ________________ pensez-vous d'elle ?
7. ________________ de temps va durer cet interrogatoire ?
8. ________________ ne nous dites-vous pas tout de suite la vérité ?

D'un *geste* décidé, il empoigna la *chevelure* rousse.
« Ça va faire mal, se dit-il. Mais c'est toi qui l'as voulu. »
Les doigts de l'inspecteur se resserrèrent sur les cheveux, il tira d'un coup *sec*, et tous les cheveux lui restèrent dans la main.
C'était une perruque !
La voleuse se mit à rire et continua à courir, toujours sans se retourner. L'inspecteur Cliquot jeta la perruque en *jurant* et se remit à la *poursuite* de la jeune femme, une jeune femme qui avait *désormais* les cheveux noirs *coupés* très court.
Une fois encore, il la *rattrapa*. Elle n'était plus qu'à quelques

mètres, lorsqu'elle entra dans un nouveau wagon. L'inspecteur la suivit et fut assommé par du bruit, des cris, de la musique très forte et de la fumée de cigarettes. La femme rit une fois encore avant de *disparaître* dans la *cohue*.

« Il ne *manquait* plus que ça », pensa l'inspecteur.

Apparemment, tout le wagon avait été loué par un club de bowling ou une autre association de ce *genre*. Ses yeux commençaient déjà à pleurer, tellement la fumée était dense.

ÜBUNG 57 !

Übung 57: Unterstreichen Sie die Entsprechungen der deutschen Übersetzung in Klammern für die Ausdrücke im Text!
(1. machte ein gespielt trauriges Gesicht, 2. Der Mann lachte nur, 3. feierten, 4. Was machen Sie denn hier ?, 5. Der Inspektor kam nur drei Schritte weiter, 6. Ein dicker Mann strahlte ihn an, 7. Der Inspektor nickte)

Il y avait là 30 ou 40 personnes, toutes avec le même t-shirt, qui faisaient la fête, et qui semblaient déjà avoir bu plus d'un litre de vin chacune ! La voleuse *parvint* très rapidement à se noyer dans cette masse joyeuse. L'inspecteur, lui, ne fit pas plus de trois pas. Un gros monsieur, une bouteille à la main, lui fit un grand sourire.

« Eh, champion ! brailla-t-il. Tu n'as rien à boire. Tiens, bois donc un peu de mon vin ! » Là-dessus, il *renversa* la moitié de sa bouteille sur la chemise de l'inspecteur. Heureusement, ce n'était que du vin blanc.

« *Laissez*-moi *passer* ! » cria l'inspecteur. Mais la musique *couvrait* sa voix.

Furieux, l'inspecteur Cliquot montra sa carte de police *à plusieurs reprises*. Mais l'homme ne faisait que rire.

« C'est une fausse carte ! Moi aussi j'en avais une, quand j'étais

petit ! Dis, l'ami, tu ne crois pas que tu es un peu trop vieux pour jouer avec ça ?
– Je suis de la police ! » *hurla* l'inspecteur Cliquot. Il essaya de regarder au-dessus des têtes des fêtards.
La voleuse avait *disparu*.
« Inspecteur ! » appela Nathalie. Elle l'avait suivi depuis un bon moment et le *rattrapait* enfin.
« Que faites-vous donc ici ? Est-ce que le moment est bien choisi pour faire la fête ? Où est la voleuse ?
– Je crains fort qu'elle m'ait *échappé* ! Grâce à ces … à tous ces idiots ! »
L'homme à la bouteille fit une mimique toute triste.
« Oh, mon pauvre, nous t'avons *gâché* la fête ? Eh, mais qu'est-ce que c'est que ça ? » demanda-t-il, enthousiasmé, en voyant la perruque rousse que Nathalie avait dans la main.
« Je l'ai trouvée sur le chemin, dit-elle à l'inspecteur. Est-ce qu'elle appartient à la voleuse ? »
L'inspecteur fit signe que oui de la tête.

L'homme à la bouteille arracha la perruque des mains de Nathalie et se la mit sur la tête. Ses amis se mirent à *hurler*.
« Alors, comment je suis ? demanda-t-il avec la bouche en cœur. Est-ce que je suis belle ? »

Übung 58: Vervollständigen Sie die folgenden Redewendungen!
(gros, apprendre, d'or, pierre, ouvert, mal, sans, joli, la ville, roi)

ÜBUNG 58 !

1. mir ist übel = avoir ______________________ au cœur

2. scharwenzeln = faire le ______________________ cœur

3. herzloser Mensch = homme ________________ cœur

4. steinernes Herz = cœur de ________________

5. herzensgut sein = avoir un cœur ________________

6. auswendig lernen = ________________ par cœur

7. Herzkönig = ________________ de cœur

8. Stadtzentrum = cœur de ________________

9. mir ist das Herz schwer = j'ai le cœur ________________

10. frei von der Leber weg = à cœur ________________

Ses amis *hurlèrent* plus fort encore. Nathalie *tenta* de lui reprendre la perruque, mais l'inspecteur lui fit signe d'abandonner.
« Laissez tomber, Mademoiselle Claudel. Ici, dans le train, on ne l'aura plus, de toute façon. Nous allons attendre que le train s'arrête à Orange. Et là, on l'aura, cette voleuse. Je commence vraiment à m'énerver. On ne prend pas l'inspecteur Cliquot pour un idiot. »

Übung 59: Ordnen Sie die Buchstaben zu einem sinnvollen Wort!

Le train s'arrêta quelques minutes plus tard en (1. egar) __________ d'Orange. L'inspecteur Cliquot et Nathalie furent parmi les premiers *passagers* à sortir du train. Ils voulaient, du quai, observer tous ceux qui descendaient – et *intervenir* alors. Et parmi ces (2. saveogury) __________ qui descendaient à Orange, devait se trouver Madame Ombre. Mais ce plan se *conclut* par un (3. héecc) __________. Orange était une jolie (4. livel) __________ *chargée d'*histoire et de ce fait *attirait* les visiteurs en grand nombre.

« Ah, non, pas ça en plus », *soupira* Nathalie.

Elle *se tenait* sur le (5. iqau) __________ à côté de l'inspecteur et observait le train. En plus de tous les *passagers* voyageant seuls ou en petits groupes, c'étaient maintenant tous les membres du club de bowling qui *affluaient*, sortant par différentes portes. Dans cette *cohue*, il était impossible de *repérer* une (6. nopernes) __________ en particulier.

Malgré tout, Nathalie observait la foule avec *attention*.

« Vous ne connaissez vraiment pas le (7. gaisve) __________ de cette femme, Inspecteur ? » demanda-t-elle.

L'inspecteur Cliquot *secoua* la tête.

« Non, elle ne s'est malheureusement jamais retournée. Je sais seulement qu'elle avait les cheveux noirs et courts. Mais elle est *rusée*. Elle doit depuis longtemps avoir mis une autre (8. rerpquue) ________________.

– Tout cela n'a aucun sens, *grommela* Nathalie. Qu'est-ce qu'on fait, maintenant ? »

L'inspecteur *haussa les épaules*.
« Je propose que nous allions tout d'abord à l'hôtel.
– Bonne idée, dit Nathalie. Pensez-vous que le ‹ Chat › s'y *rendra* aussi ?
– C'est bien possible. Mais moi, pour le moment, j'ai faim. Il se fait tard. Comme nous allons devoir passer la nuit à Orange, nous devrions chercher un toit. »
Nathalie fit oui de la tête. Ensemble ils quittèrent la gare et se dirigèrent vers la station de taxis.
L'inspecteur Cliquot appela un taxi d'un signe de la main.
« Où allez-vous ? » demanda le chauffeur.
L'inspecteur Cliquot s'installa à l'avant, sur le siège *passager*.
« Connaissez-vous l'hôtel qui appartenait autrefois à la famille Delacroix, demanda-t-il. Je n'ai malheureusement pas le nom de la rue.
– Ah, vous voulez parler de l'hôtel ‹ Au Roi Soleil ›. Je le connais. Il n'y a pas de problème, Monsieur. »
Le taxi démarra. *Au cours de* ces dernières décennies, Orange était devenue un *carrefour* international important. Nathalie et l'inspecteur tombaient en pleine heure de pointe. On ne pouvait aller d'un feu à l'autre, d'un *croisement* à l'autre qu'au pas.
« Je suis *désolé*, dit le chauffeur. Je ne peux rien à la circulation. Chaque soir c'est la même chose. Mais au moins, vous pouvez profiter un peu du centre historique de la ville. »

Nathalie regardait par la fenêtre avec intérêt.
L'inspecteur par contre n'avait d'yeux que pour le *compteur* qui, contrairement à la circulation, lui, semblait tourner *à toute allure.*
Le chauffeur de taxi ne s'en laissa pas troubler pour autant. Tel un véritable guide, il vanta à ses deux *passagers* les charmes de sa ville.
« Orange était déjà une cité habitée avant l'arrivée des Romains, expliqua-t-il fièrement. C'est en 36 avant Jésus-Christ qu'elle devint colonie romaine. D'ailleurs droit devant, vous pouvez voir notre petit Arc de Triomphe qui fut construit *aux alentours de* l'an 20. Malheureusement, la circulation passe juste devant, et le monument en souffre beaucoup. »
L'inspecteur Cliquot n'observa la construction aux trois grandes portes qu'avec un intérêt modéré. Il n'était pas d'*humeur* à faire de la visite touristique.
« Est-ce que l'hôtel est encore loin ? » demanda-t-il, impatient.
Le chauffeur de taxi sourit.
« Ne vous faites pas de souci, Monsieur, le plus difficile est presque fait. Après le prochain *carrefour*, cela circulera très bien. Nous allons sortir du centre ville. L'hôtel ‹ Au Roi Soleil › se situe *par chance* un peu à l'extérieur de la ville. »
Le chauffeur avait dit vrai. *À peine* avaient-ils passé le feu, que la circulation commença déjà à se calmer. Cinq minutes plus tard, le taxi s'arrêta devant l'hôtel.

Übung 60: Finden Sie das Gegenteil zu den nachfolgenden Wörtern!

1. tard ____________________

2. à l'avant ____________________

3. devant ______________________

4. loin ______________________

5. vrai ______________________

6. impatient ______________________

7. difficile ______________________

8. bien ______________________

9. à l'extérieur ______________________

10. beaucoup ______________________

« Voilà, nous y sommes, dit le chauffeur en regardant le *compteur*. Ça fait 29 euros, s'il vous plaît. »
L'inspecteur Cliquot avala sa salive. Il se tourna alors vers Nathalie.
« Oh, Mademoiselle Claudel, pourriez-vous *vous* en *charger* ? Je n'ai que …
– … que des gros billets sur vous, je sais. Pas de problème, Inspecteur. »
Elle prit son sac à main et en sortit trois billets de dix euros.
« Tenez, gardez la *monnaie*. »
Le chauffeur fit un signe de tête. « Merci bien, Madame. Avez-vous besoin d'un reçu ?
– Oui, s'il vous plaît, répondit Nathalie. Après tout, ce *trajet* est un déplacement professionnel. »

Übung 61: Fügen Sie jede fehlende ***cédille*** *hinzu!*

1. Nous avons fait appel à un macon pour faire refaire la facade de notre maison que le gel de l'hiver avait abîmée.
2. Il est parfois impossible de couper certains morceaux de bois à la tronconneuse, alors il faut les scier à la main, comme autrefois.
3. Qui aurait soupconné notre voisin, un vieux garcon de plus de soixante ans, de chercher l'âme sœur dans les petites annonces ?
4. Marie a pris la sage décision de rompre ses fiancailles quand elle s'est apercue que son fiancé n'était pas sincère.
5. Notre professeur de francais commencait toujours par effacer le tableau que le cours précédent avait laissé.
6. Une chute de balancoire m'a laissé cette cicatrice, ici, près de l'arcade sourcilière.
7. Alors comme ca, on écoute aux portes ! En voilà des facons !
8. Nous sommes tous sortis décus du spectacle, sauf Marc qui n'a rien suivi du tout, littéralement fasciné qu'il était, par sa voisine.

L'inspecteur descendit de voiture et ouvrit la porte à Nathalie. Les deux policiers regardèrent autour d'eux. Ils se trouvaient devant un hôtel qui avait été à l'origine une maison de campagne.
« Pas mal, dit Nathalie, impressionnée. Ça *a l'air* très chic.
– Et très cher, dit l'inspecteur à voix basse.
– Ne vous en faites pas, inspecteur Cliquot, répondit Nathalie. J'ai mes cartes de crédit sur moi. »
Tous deux *pénétrèrent dans* le hall d'entrée de l'hôtel.
« Bonsoir, dit le jeune homme de la réception. Que puis-je faire pour vous ?
– Nous souhaiterions deux chambres simples. Est-ce qu'il vous en reste quelques-unes de libres ?

– Deux chambres simples ? Un instant, je vous *prie*, je dois regarder. »

Le jeune homme consulta un très gros cahier posé devant lui, puis il sourit.

« Oui, vous avez de la chance. J'en ai encore deux. Et elles sont même l'une à côté de l'autre.

– Formidable, nous les prenons, dit l'inspecteur.

– Avec plaisir », dit le réceptionniste.

Puis il posa deux feuilles de papier sur le *comptoir*.

« Si vous voulez bien remplir ces deux formulaires, s'il vous plaît ? » dit-il poliment.

! ÜBUNG 62

Übung 62: Welche berufliche Tätigkeit passt zu welchem Arbeitsplatz?

1. réceptionniste	☐ a) voiture
2. secrétaire	☐ b) préfecture de police
3. chauffeur	☐ c) salon de coiffure
4. préfet de police	☐ d) cuisine
5. contrôleur SNCF	☐ e) hôpital
6. caissière	☐ f) comptoir d'accueil
7. coiffeur	☐ g) supermarché
8. cuisinier	☐ h) bureau
9. infirmière	☐ i) train

Übung 63: Unterstreichen Sie die Entsprechung der deutschen Übersetzung in Klammern für die Ausdrücke im Text!
(1. einzeln, 2. jeweilig, 3. Name und Adresse, 4. unvorbereitet, 5. Sommerabend, 6. friedlich, 7. stetig)

Nathalie et l'inspecteur remplirent chacun le leur. Il fallait donner ses coordonnées. Le jeune homme attendait qu'ils aient terminé.
« Vous n'avez pas de bagages ? demanda-t-il un peu étonné.
– Non, nous sommes venus ici, euh, *à l'improviste* ! N'est-ce pas ? »
L'inspecteur *acquiesça*.
« Absolument. On peut dire ça comme ça. »
Le jeune *déposa* deux clés sur le *comptoir*.
« Voilà. Vos chambres se trouvent au deuxième étage. Elles portent les numéros 211 et 212. Pour la 212, la douche se trouve sur le *palier*. J'espère que ça ne pose pas de problème ?
– Absolument pas, répondit l'inspecteur. Je la prends.
– Très bien, dit le réceptionniste. L'escalier est juste en face de vous.
– Merci beaucoup », dit Nathalie en prenant déjà la direction de la cage d'escalier.
L'inspecteur demeura un instant encore près du *comptoir*.
« Je suppose que l'hôtel est quasi complet ? demanda-t-il.
– Oh, oui ! répondit le jeune homme en souriant. Vos chambres étaient les deux dernières, vous avez eu beaucoup de chance. Beaucoup de personnes arrivent aujourd'hui, individuellement ou en petits groupes. Si vous êtes venus en train, vous avez dû *croiser* certains d'entre eux.
– Ça, on peut bien le dire », dit l'inspecteur.
Après s'être rafraîchis dans leurs chambres *respectives*, Nathalie et l'inspecteur *se retrouvèrent* dans le hall de l'hôtel.
« Que diriez-vous d'une petite promenade avant le dîner ? proposa l'inspecteur.

– Très *volontiers* », répondit Nathalie. Après être restée assise au milieu des valises, un peu d'*exercice* ne lui ferait que du bien.
L'inspecteur Cliquot ouvrit la porte à sa collègue et ils sortirent. C'était une belle soirée d'été et le soleil brillait encore au-dessus des montagnes.
« Comme c'est *paisible* ici, dit l'inspecteur Cliquot. Cela n'*a* rien *à voir avec* le *brouhaha* continuel de Paris. »
Nathalie était bien de cet avis.
« On pourrait presque se croire en vacances …
– C'est vrai, dit l'inspecteur. Mais nous ne devons pas oublier que nous sommes sur les *traces* d'une dangereuse *cambrioleuse.* »
Puis il *désigna* un champ derrière le bâtiment.
« Allons-y », dit-il.

Ils laissèrent l'hôtel derrière eux.
« C'est tout de même étonnant que tout cela ait autrefois appartenu à la famille Delacroix, dit Nathalie. Tout ça parce qu'un garçon d'*écurie* avait sauvé la vie de son roi. Pensez-vous que nous trouverons une *trace* du *trésor* ici ? »
L'inspecteur *haussa les épaules.*
« Très honnêtement, je n'en ai pas la *moindre* idée, Nathalie. »
Nathalie fit une mine étonnée. C'était la première fois que l'inspecteur l'appelait par son prénom. Et d'une manière générale, ici, il était loin d'être aussi bizarre qu'à Paris.

ÜBUNG 64 !

Übung 64: Finden Sie die Synonyme im folgenden Textabschnitt!

1. plaire ______________________

2. suggérer ______________________

3. les fonds ______________________

4. propriété ______________________

5. illuminer ______________________

6. acquiescer ______________________

7. vieille ______________________

Chapitre 9 : Des apparences trompeuses

Ils arrivèrent bientôt prés d'une petite construction en briques à moitié en ruines.

« On dirait les anciennes *écuries*, dit Nathalie. C'est *curieux*, ces vestiges ne sont pas du tout dans le même ton que le reste du *domaine*.

– Nous n'avons, pour l'instant, pas encore trouvé les fonds pour restaurer les *écuries* », dit soudain une voix.

Un homme, un petit fox-terrier à ses côtés, sortit de l'*ombre*. Cliquot le *reconnut*. C'était le réceptionniste de tout à l'heure.

« Bonsoir », dit l'homme. Le petit chien *aboya en guise d'accueil* et *renifla* le bas de pantalon de l'inspecteur.

« L'hôtel marche très bien, mais la restauration du bâtiment principal a *englouti* une fortune. Nous allons devoir attendre encore des années, avant de pouvoir rénover aussi ces vieilles *écuries*. Heureusement, ces ruines sont *à peine* visibles, quand on arrive de l'autre côté. Mais un jour viendra où tout le *domaine brillera* de nouveau *de tous ses feux*. »

L'inspecteur Cliquot et Nathalie *approuvèrent*.

« C'est déjà très beau ici, dit la jeune policière. – Merci beaucoup, dit le réceptionniste. Cela me fait plaisir. Ce *domaine* appartient à ma famille, depuis que nous l'avons acheté à la famille Delacroix. Parfois je me demande comment peut bien se porter cette vieille Madame Delacroix aujourd'hui.
– Oh, elle va très bien, dit l'inspecteur. Pour ce qui est de sa santé, en tout cas. Nous l'avons rencontrée *par hasard* il y a peu de temps. C'est du côté des finances que ça n'*a* pas *l'air* d'aller particulièrement bien.
– Je suis *désolé* d'entendre ça, *répliqua* le réceptionniste. Je devrais peut-être l'inviter à venir passer un week-end ici, aux *frais* de l'hôtel. Peut-être cela lui plairait-il de revoir sa vieille propriété familiale. Mais avant toute chose, je vous suggère à tous les deux de retourner à l'hôtel avec moi. Il va bientôt être l'heure du dîner, et nous avons un cuisinier vraiment *exceptionnel.*
– Dans ce cas, n'attendons pas une minute de plus ! » *s'écria* l'inspecteur.

Nathalie et l'inspecteur s'assirent à une table libre. L'inspecteur jeta un *coup d'œil* sur la carte et son visage s'illumina.
« Regardez tout le monde qu'il y a déjà dans cette salle, dit Nathalie. L'hôtel doit être complet. »
L'inspecteur *acquiesça* et scruta les *alentours*.
« Parmi tous ces gens, il doit aussi y avoir notre mystérieuse Madame Ombre. Si seulement nous savions à quoi elle ressemble. »
Nathalie suivait le regard de l'inspecteur.
« Qui pensez-vous que cela puisse être ?
– C'est difficile à dire. À mon avis, nous pouvons déjà éliminer tout ce groupe de voyage organisé qui est là-bas », dit l'inspecteur en *désignant* une longue table occupée par des personnes âgées.

À d'autres petites tables, il y avait des couples avec enfants. Eux aussi pouvaient être éliminés.

« Que pensez-vous de la dame, là en face ? »

Nathalie *désignait* une jeune et belle femme blonde, assise seule à une table voisine.

L'inspecteur *plissa le front*.

« Oui, ça pourrait être elle … Non, attendez ! »

Un homme, en *tenue* à la fois décontractée et élégante, *s'approcha de* la table en souriant et s'assit en face de la jeune femme. Tous deux commencèrent tout de suite à discuter.

« *Apparemment*, ils sont ensemble. Alors nous pouvons rayer cette femme de la liste des *suspects*.

– Alors il ne reste que celle aux cheveux bruns, à la table près de la fenêtre, en face de nous. »

L'inspecteur observa la femme brune.

« C'est vrai ! dit-il. Cela pourrait être elle. Elle semble être seule ici. Et elle lit un livre. D'ici, je ne *parviens* pas à lire exactement le titre, mais on dirait bien quelque chose comme ‹ histoire de l'art ›.

– Ça cadre tout à fait ! dit Nathalie, tout excitée. Je crois que c'est notre chère Madame Ombre. Son appartement à Paris était plein de livres sur l'histoire de l'art !

– Je partage vos *soupçons*, Mademoiselle Claudel. Nous devons dans tous les cas bien l'avoir à l'œil. Mais pour l'instant, reprenons quelques forces. J'imagine que nous allons en avoir besoin. »

Affamé, l'inspecteur appela le serveur. Nathalie *soupira*. Elle se demandait quel pouvait bien être le solde de sa carte de crédit.

*Übung 65: Vervollständigen Sie folgende Sätze mit **à** oder **de**!*

1. En hiver, la nuit commence _____ tomber vers 4 heures de l'après-midi.
2. J'ai besoin _____ calme pour travailler.
3. Je ne parviens pas _____ me concentrer dans cette agitation !
4. Qu'as-tu pensé _____ ce film ?
5. Nous vous remercions vivement _____ vos conseils.
6. Est-ce que vous penserez _____ acheter du pain ?
7. Ton fils a l'air _____ bien s'amuser avec ses petits camarades.
8. Les participants ne sont pas autorisés _____ quitter la salle avant la fin de l'épreuve.

Le dîner était vraiment exquis. L'inspecteur avait commandé une cuisse de canard au muscat, Nathalie une salade au chèvre chaud. C'étaient des spécialités de la région. L'inspecteur s'essuya la bouche avec la serviette de table.
« Vous désirez peut-être encore un calvados ou un peu de fromage ? » demanda-t-il à Nathalie.
La jeune policière *secoua* la tête. Il n'était pas seulement question de l'état de son compte en banque. Elle n'était tout simplement pas habituée à manger beaucoup le soir.
« Non, merci, Inspecteur. Je n'en peux plus. Mais le repas était vraiment excellent. »
L'inspecteur leva les yeux.

« Oh, je crois que nous n'allons de toute façon pas avoir le temps de prendre un dessert. »

Übung 66: Welches Wort ist das „schwarze Schaf"? Unterstreichen Sie!

1. exquis, excellent, délicieux, immangeable

2. camembert, roquefort, saint-nectaire, saint-émilion

3. hors d'œuvre, plat principal, en-cas, dessert

4. serveur, maître d'hôtel, réceptionniste, sommelier

5. chaud, glacé, tiède, épicé

L'inspecteur Cliquot lui montra discrètement la femme aux longs cheveux bruns. Elle avait elle aussi fini de manger et elle se levait de table. Elle quitta la salle de restaurant et passa près de la table des deux policiers, sans leur prêter *attention*.
« Alors, c'est elle ? » *chuchota* Nathalie.
L'inspecteur *plissa le front*.
« Difficile à dire. Pour ce qui est de la taille et de la silhouette, cela se pourrait bien. Et les cheveux peuvent être une perruque. Mais malheureusement, je n'ai pas vu son visage.
– Alors il va falloir la suivre, dit Nathalie en se levant.
– De toute façon », dit l'inspecteur. Et il suivit sa collègue.
Quand ils repassèrent devant la réception, le réceptionniste sympathique était de nouveau derrière le *comptoir*.
« Ça vous a plu ? demanda-t-il.

– Et comment ! dit l'inspecteur. C'était aussi bien que vous nous l'aviez promis. Vous mettez le repas sur la note, s'il vous plaît ? Nous étions à la table 12.
– Naturellement, répondit le jeune homme. Au cas où vous cherchiez la jeune femme brune, elle vient de sortir.
– Et a-t-elle dit où elle allait ? demanda Nathalie, l'*air* de rien.
– Oui, elle voulait aller voir le vieux théâtre romain. Je ne saurais que vous le conseiller, il est vraiment admirable.
– Merci beaucoup, dit l'inspecteur Cliquot. Nous allons suivre votre conseil. »
Puis il suivit Nathalie dehors.
La jeune policière lui montra la jeune femme aux cheveux bruns qui venait de *disparaître* derrière un coin de rue.
« Venez, Nathalie. Il ne faut pas la quitter des yeux.
– Ne devons-nous pas l'*arrêter* dès maintenant ? demanda Nathalie.
– Non, il ne *vaut mieux* pas, répondit l'inspecteur Cliquot. Elle a peut-être découvert quelque chose qui nous mènera au *trésor* du Roi Soleil. »

ÜBUNG 67 !

Übung 67: Sind diese Substantive männlich oder weiblich? Ordnen Sie zu!
(œil, histoire, écurie, affaire, personne, visage, cheveu, liste, rue, nuit, couple, occasion, hasard, heure, pierre, groupe, art, cas, observation, chose, force, réceptionniste, collègue, ton)

Männlich	*Weiblich*

Männlich	*Weiblich*

L'inspecteur Cliquot et Nathalie suivirent discrètement l'inconnue. Ceci les conduisit en ville. Le trafic s'était calmé et Orange offrait une image très *paisible*. Peu avant le centre pittoresque, la femme s'arrêta et entra dans une droguerie. L'inspecteur Cliquot et Nathalie firent de même. Comme les deux policiers n'avaient pas eu le temps de préparer leur voyage, Nathalie profita de l'*occasion* pour acheter elle aussi quelques petites choses : du shampooing, une brosse à dents, du dentifrice et quelques affaires de toilette encore.

L'inconnue n'acheta, elle, qu'un déodorant en spray et reprit son chemin.

ÜBUNG 68

Übung 68: Wo findet man was?

1. shampooing	☐ a) chez l'antiquaire
2. pain	☐ b) dans une boutique de mode
3. timbres	☐ c) dans une boulangerie
4. steak haché	☐ d) au bureau de tabac
5. jeans	☐ e) dans une boucherie
6. bouquet de roses	☐ f) chez le fleuriste
7. vase ancien	☐ g) à la poste
8. cigarettes	☐ h) dans une droguerie

Quelques minutes plus tard, elle était devant l'impressionnant théâtre de pierre. Il *datait du* temps des Romains et *à l'époque,* il pouvait *contenir* plusieurs milliers de visiteurs. Aujourd'hui, c'était un *site* très visité. Les *gradins* formaient un demi-cercle devant la scène, comme dans les théâtres de l'antiquité grecque.

L'inconnue contempla tout d'abord la muraille extérieure. Puis elle entra à l'intérieur du théâtre.
Nathalie et l'inspecteur étaient impressionnés, eux aussi. Dans la droguerie, la jeune policière avait aussi acheté un petit guide. Suivant toujours la femme brune, elle se mit à lire à haute voix : « Le théâtre peut *contenir* jusqu'à 8000 spectateurs, vous auriez cru cela, Inspecteur ? Et sur la scène, on a sculpté une statue d'Auguste haute de 3,5 mètres. Il est écrit également que le roi Louis XIV a *qualifié* ce décor *de* scène comme étant ‹ le plus beau de France ›.
– Intéressant, dit l'inspecteur. C'est peut-être pour cette raison que Madame Ombre est ici. Peut-être même qu'un *indice concernant* le *trésor* est caché ici. »
Les deux policiers suivaient toujours *prudemment* la *suspecte*. Jusqu'à présent, son comportement était tout à fait normal et elle était très intéressée par le mur de pierre de la scène. Mais naturellement, ce petit jeu pouvait être *monté* de toutes pièces. *Par chance*, il y avait ici, dans cet ancien théâtre, *suffisamment* de *colonnes* derrière lesquelles l'inspecteur Cliquot et Nathalie pouvaient se cacher. La femme ne semblait pas remarquer leur présence.
« Regardez comme elle *a l'air* innocent ! » *murmura* Nathalie.
Mais à ce moment précis, l'inspecteur n'écoutait rien du tout. Il était fasciné par un petit relief sculpté dans le mur. Il représentait un légionnaire en train de *chasser* des guerriers gaulois. Très admiratif, l'inspecteur toucha le soldat romain du bout des doigts. Dans un craquement *à peine perceptible*, la tête cassa.
Nathalie se retourna.
« Qu'est-ce que c'est ? » demanda Nathalie.
L'inspecteur cacha la minuscule tête de pierre dans son poing.
« Oh, rien. Rien du tout. J'ai seulement dû marcher sur un caillou. »
Nathalie *haussa les épaules*. Puis elle continua d'observer la femme.

L'inspecteur *tenta* désespérément de *raccrocher* la tête sur le corps. *En vain.* Elle retombait à chaque fois.

ÜBUNG 69 !

Übung 69: Welche Präposition gehört wohin?

1. intéressé	☐ a) envers
2. satisfait	☐ b) contre
3. prêt	☐ c) de
4. fâché	☐ d) en
5. méfiant	☐ e) à
6. expert	☐ f) par

« Regardez ! dit Nathalie, d'une voix excitée. Là, elle est en train de prendre des notes ! »
L'inspecteur *glissa* la tête du Romain dans la poche de son pantalon. Cette diversion l'arrangeait.
« Elle a sûrement trouvé un *indice concernant* le *trésor*, dit-il. Allez, on *intervient* ! »

ÜBUNG 70 !

Übung 70: Fügen Sie das passende Wort ein!
(innocente, obligeance, recherches, stupéfaction, excuses, cachette)

Avant que Nathalie ait pu dire quoique ce soit, l'inspecteur sortit de sa (1.) ______________.

« Restez où vous êtes, Madame Ombre, dit-il d'une voix forte. Cette fois-ci, vous ne m'*échapperez* pas ! »

La femme brune regarda autour d'elle avec (2.) ______________.

Elle fit comme si elle ne connaissait pas l'inspecteur.

« Ne faites pas l'(3.) ______________ ! dit Cliquot. Nous savons qui vous êtes ! »

En disant ces mots, il *s'approcha de* la femme et lui arracha sa perruque. Du moins, il essaya. Les cheveux tenaient. La femme *poussa* un cri.

« Aïe, mais vous êtes fou ? Qu'est-ce que cela veut dire ? »

De *frayeur*, l'inspecteur fit un *bond* en arrière.

« Mon Dieu ! dit-il. Ce sont de vrais cheveux !

– Mais bien sûr que ce sont des vrais ! Auriez-vous maintenant l'(4.) ____________________________de m'expliquer ce que tout cela signifie ? »

Nathalie *déglutit*.

« Veuillez nous excuser, Madame. Nous sommes de la police.

Je crains fort qu'on vous ait *confondue* avec une autre

personne.

– Je le crois aussi, en effet, *répliqua* la dame.

– Puis-je vous demander ce que vous étiez en train de noter ? demanda l'inspecteur Cliquot, un peu *penaud*.

– Je ne vois pas en quoi cela vous regarde, mais si vous *tenez* vraiment *à* le savoir : j'enseigne l'histoire de l'art à l'université et je fais des (5.) ______________ ici en vue d'un nouveau livre. Du reste, le préfet de police de Paris est très ami avec mon mari. Je *me plaindrai* de vous auprès de lui, Inspecteur …

– Inspecteur Cliquot, dit-il *penaud* en baissant la tête.

– Nous vous présentons toutes nos (6.) ________________, dit Nathalie en *entraînant* l'inspecteur, complètement *abattu*, avec elle. Au revoir, Madame. »

« Il n'y avait rien du tout, *marmonna* l'inspecteur lorsqu'ils se furent éloignés de quelques mètres. J'étais pourtant si sûr de moi.
– Tout le monde peut se tromper, Inspecteur. »
Nathalie voyait bien que l'inspecteur était frustré. Alors elle essayait de le consoler. Tout à coup, alors que les deux policiers avaient atteint la sortie du théâtre, un homme en habit de gardien de nuit les interpella.
« Et toi, viens voir par ici ! » dit-il. On entendait à sa voix qu'il *valait mieux* ne pas discuter.
« Mais qu'y a-t-il donc ? » demanda Nathalie.
Le gardien de nuit s'adressa à l'inspecteur d'un ton autoritaire et *accusateur*.
« Je vous ai observé. Vous avez cassé la tête d'une statuette en relief et vous l'avez cachée sur vous. C'est certainement un souvenir de chasseur, n'est-ce pas ? Rendez-moi cette tête immédiatement ! Ça va vous coûter cher, l'ami !
– Mais … je n'ai pas fait *exprès*, je vous assure …, *balbutia* l'inspecteur Cliquot. Je ne voulais pas la prendre, cette tête, je l'ai seulement oubliée.
– Ça, c'est ce que vous pouvez faire croire à votre grand-mère. Et

maintenant, venez par ici avec la tête et vos papiers. Ça va vous *valoir* une belle *amende* ! »
Dans un *soupir*, l'inspecteur *remit* sa carte d'identité *au* gardien. Ce n'était pas son jour.

Übung 71: Vervollständigen Sie folgende Sätze mit einer Verkleinerungsform!

ÜBUNG 71 !

1. Une petite statue est une ______________________.
2. Une petite cloche est une ______________________.
3. Un petit garçon est un ______________________.
4. Une petite maison est une ______________________.
5. Une petite table est une ______________________.
6. Un petit jardin est un ______________________.
7. Une petite fille est une ______________________.
8. Un petit livre est un ______________________.

Übung 72: Übersetzen Sie die vorgegebenen Wörter!

ÜBUNG 72 !

Nathalie était assise au (1. Hotelbar) __________, seule avec sa frustration. Il était déjà tard et l'inspecteur *s'*était *retiré* dans sa chambre. Cette journée qui s'achevait par un (2. Niederlage) __________ l'avait totalement *anéanti* et il voulait se coucher tôt.

Nathalie avait de la *peine* pour lui. *Apparemment* il n'avait pas l'habitude de (3. verlieren) ________. Voilà ce que c'était de passer pour le meilleur policier de Paris. D'une affaire non *élucidée*, on faisait facilement une tragédie.

Nathalie avala une (4. Schluck) ________ de son cocktail. On entendait une musique douce en arrière-fond.

« Bonsoir. Vous *avez l'air* bien (5. traurig) ________, Mademoiselle. Acceptez-vous que je vous tienne compagnie ? »

Nathalie leva les yeux. Elle mit quelques secondes à *reconnaître* l'homme qui était devant elle.

Bien sûr. C'était l'homme qu'elle avait vu dans la salle de restaurant, assis à la table voisine avec sa (6. Verlobte) ________ blonde.

Nathalie lui adressa un sourire aimable, et un peu (7. skeptisch) ________ également. Après tout, que voulait-il d'elle, cet homme ? Est-ce qu'il voulait flirter avec elle ? Et cela, alors que sa *fiancée* se trouvait dans l'hôtel même ? Et qu'elle pouvait survenir à tout moment ?

Nathalie lui proposa malgré tout de prendre place à côté d'elle.

« (8. Warum nicht) ________ ? » se dit-elle. Au moins, elle ne boirait pas seule.

« Merci. »

L'homme s'assit et appela le barman.
« Je voudrais une bière, s'il vous plaît, dit-il. Et que puis-je vous offrir, Mademoiselle ? Un autre cocktail ? »
Nathalie *secoua* la tête.
« Non, merci. Une eau minérale, s'il vous plaît, gazeuse. Un cocktail suffira pour aujourd'hui. Je dois me lever tôt demain matin.
– Dommage, dit l'homme. J'avais espéré pouvoir passer un peu de temps avec vous, ici, à discuter. Et je vous imagine sans vos lunettes … »
« Oh ! pensa Nathalie. Mais c'est qu'il me drague. »
C'était même de la drague plutôt osée. Mais il fallait *reconnaître* que cet homme avait un certain charme avec son petit *air* d'adolescent, si bien qu'elle ne pouvait pas *lui en vouloir.*
« Est-ce que votre *fiancée est au courant* que vous êtes ici en bas, assis au bar en compagnie d'une femme que vous ne connaissez pas ? » lui demanda-t-elle quand même.
L'homme la regarda d'un *air* surpris.
« Ma *fiancée* ? Je ne comprends pas … »
Nathalie eut *à son tour* l'*air* surpris.
« Oui, la jeune femme blonde avec qui vous avez dîné ce soir.
– Oh, vous avez le sens de l'observation. Non, Mademoiselle, je peux vous tranquilliser sur ce point. Ce n'est pas ma *fiancée*. J'ai rencontré cette jeune femme dans le train qui m'a conduit jusqu'ici. Pour être plus exact, c'est elle qui m'a *abordé* et qui ne m'a plus quitté de toute la soirée. *Certes*, c'est assez flatteur pour moi, mais elle n'est pas du tout mon *genre*. Et elle l'a bien remarqué. D'ailleurs, quand l'homme qui vous accompagnait et vous avez quitté la salle, elle m'a *tout bonnement* laissé en plan. »
Il fallut quelques secondes à Nathalie pour *traiter* ces informations. Il l'avait rencontrée dans le train. Et elle avait fait comme s'ils étaient un couple. Le parfait *camouflage*. Nathalie *bondit*.

« Est-ce que *par hasard* vous connaissez le numéro de chambre de cette femme ? »
L'homme la regarda sans comprendre.
« 213, je crois. Pourquoi, que se passe-t-il ? demanda-t-il.
– Plus tard ! » cria Nathalie en détalant.
Le jeune resta là, seul comme une *âme en peine*, à regarder Nathalie partir en courant.
« De toute manière, aujourd'hui, je n'ai pas de chance avec les femmes ! » maugréa-t-il avant de *saisir* son verre.

ÜBUNG 73 !

Übung 73: Beantworten Sie die Fragen zum Text!

1. Que commande l'homme ?

2. Nathalie boit-elle un second cocktail ?

3. Pourquoi Nathalie n'est-elle pas fâchée contre cet homme qui la drague visiblement ?

4. Où l'homme a-t-il rencontré la femme blonde ?

5. Pourquoi la femme blonde a-t-elle soudain quitté la table et y a laissé l'homme seul ?

6. Qui est cette femme blonde ?

Übung 74: Unterstreichen Sie die Entsprechung der deutschen Ausdrücke in Klammern im Text!
(1. Madame Ombre hatte ihn und Nathalie an der Nase herumgeführt, 2. Das brennt vielleicht! 3. Er tastete nach der Tür, 4. ein totaler Schlag ins Wasser, 5. tat ihm gut, 6. die geringste Ahnung)

L'inspecteur Cliquot était sous la douche. Ce jet d'eau bien chaude lui faisait du bien. Là seulement, il *ressentit* une forte fatigue. Cette journée avait été un vrai fiasco. La voleuse, Madame Ombre, les avait menés, Nathalie et lui, par le bout du nez. Et il n'avait toujours pas la *moindre* idée du masque sous lequel elle se cachait cette fois-ci. Et que Nathalie devait-elle penser de lui ? Aux yeux de la jeune collègue, il devait être le parfait imbécile. Sans parler de l'incident de la tête cassée …
Et voilà que pour couronner le tout, il s'était mis du shampooing dans les yeux.
« *Bon sang*, mais c'est que ça brûle ! » cria l'inspecteur.
Il se frotta les yeux, mais ça ne fit qu'empirer les choses. Moitié aveugle, il *coupa* l'eau et chercha une serviette de toilette en *tâtonnant*. Les picotements dans les yeux *finiraient par* passer. Ce qu'il voulait maintenant, c'était regagner sa chambre. Il se sécha *à peine* et *enroula* la serviette *autour* de sa taille. Puis il se dirigea vers la porte, toujours *à tâtons*. C'était vraiment trop bête qu'il n'ait pas de douche personnelle dans sa chambre et qu'il soit obligé d'aller prendre sa douche sur le *palier*.

Nathalie Claudel courait *le long du* couloir. Arrivée à la chambre 212, elle *frappa* fébrilement à la porte de l'inspecteur Cliquot.
Aucune réponse.
« Inspecteur ? appela-t-elle. Vous êtes là ? »
Personne n'ouvrit. Nathalie *secoua* la tête. Puisque l'inspecteur

n'était pas là, elle devait attraper Madame Ombre seule. L'inspecteur Cliquot serait fier d'elle. Elle *inspira* alors profondément, et alla à la porte voisine *à pas de loup*, numéro 213.

Avec précaution, elle essaya de tourner la *poignée* de la porte. Elle n'avait pas d'arme sur elle, c'était trop bête. La porte s'ouvrit. Nathalie la *poussa prudemment*.

La chambre était dans la pénombre, parce que les *rideaux* étaient tirés. Il lui fallut quelques secondes pour que ses yeux *s'habituent à* l'*obscurité*.

Puis elle avala sa salive.

Sur une petite table au milieu de la pièce, il y avait l'original de la lettre volée, et à côté, le masque du Roi Soleil.

« Ce n'est pas possible ! dit Nathalie, *le souffle coupé* de *stupeur*.

– Je crains que si, ma jolie ! » dit une voix derrière elle.

Nathalie se retourna. Une femme qui devait avoir entre 30 et 35 ans, les cheveux noirs et courts, *se tenait* derrière la porte. On ne voyait pas son visage. Par contre, il ne faisait aucun *doute* qu'elle avait dans une main un pistolet braqué sur Nathalie. De l'autre main, elle tenait une perruque blonde.

« J'ai bien peur que votre chasse à l'homme ne s'arrête ici », dit Madame Ombre en *armant* son pistolet.

ÜBUNG 75 !

Übung 75: Schreiben Sie die Zahlen in Buchstaben!

1. 12 : ……………………

2. 21 : ……………………

3. 34 : ……………………

4. 70 : ……………………

5. 189 : ________________

6. 200 : ________________

7. 213 : ________________

8. 373 : ________________

9. 1015 : ________________

10. 2397 : ________________

11. 3636 : ________________

12. 5000 : ________________

13. 11.017 : ________________

14. 32.448 : ________________

L'inspecteur Cliquot traversait le couloir *à tâtons*, laissant derrière lui des *traces* de pas humides sur la *moquette*. Tout à coup il eut l'*impression* que quelqu'un appelait son nom. Mais lui ne voyait toujours rien, il n'avait toujours pas réussi à faire partir le savon qu'il avait dans les yeux, et cela le brûlait horriblement. Il *tâtonna* jusqu'à la porte qui était devant lui. Cela devait être la porte de sa chambre. Il était pourtant certain de l'avoir bien fermée. Il la *poussa* violemment. C'est alors qu'il y eut une détonation *assourdissante*.

Madame Ombre se trouvait juste de l'autre côté de la porte au moment où l'inspecteur Cliquot l'avait *poussée*. Le coin de la porte avait *frappé* la voleuse dans le dos, laquelle avait *poussé* un cri d'effroi. Un coup était parti de son arme. La balle avait filé droit dans le plafond, *provoquant* une pluie de *plâtre* dans la chambre.

L'inspecteur ignorait totalement ce qui lui arrivait. Toujours à moitié aveugle et *apeuré*, il se mit à *agiter* les bras dans tous les sens. Par

hasard, d'un revers de main il *frappa* le menton du « chat » *de plein fouet*. Madame Ombre gémit et laissa tomber le pistolet. Au même moment, l'inspecteur Cliquot donna un coup de pied dans l'arme qui fut *projetée* à travers la pièce.
« Aïe ! cria l'inspecteur. Mais que se passe-t-il ici ? »
Madame Ombre suivait son pistolet des yeux, et vit Nathalie faire un *plongeon* pour s'en *saisir*. Elle feula *littéralement*.

! ÜBUNG 76

Übung 76: Welche Tiere und Verben gehören zusammen?

1. chien	☐ a) meugler
2. chat	☐ b) rugir
3. cheval	☐ c) barrir
4. lion	☐ d) aboyer
5. éléphant	☐ e) hennir
6. vache	☐ f) miauler
7. oiseau	☐ g) gazouiller

Chapitre 10 : C'est magique !

« D'accord, Inspecteur ! Cette fois-ci, vous avez gagné. Mais même vous, vous ne réussirez pas à *résoudre* l'énigme du *trésor* caché, puisque j'ai moi-même échoué. Adieu ! »
En disant ces mots, Madame Ombre *s'élança* vers la fenêtre, sauta et *disparut* dans la nuit.
L'inspecteur Cliquot alluma la lumière. Le choc involontaire entre

son orteil et le pistolet lui avait tiré les *larmes* des yeux. Les *larmes* avaient lavé le savon et il voyait clair de nouveau.
Nathalie *se tenait* devant lui, l'arme à la main.
« Formidable, Inspecteur ! Vous m'avez sauvée et vous avez *chassé* le ‹ chat voleur ›. Merci ! » L'inspecteur ne comprit pas immédiatement les paroles de son assistante. Puis il réagit.
« Ah, oui. Bien sûr ! Je, euh, je ne pouvais pas laisser quelqu'un vous faire du mal. »
Puis il regarda en direction de la fenêtre, l'*air* frustré.
« Mais malheureusement, elle m'a *échappé*. Et je n'ai pas *résolu* non plus le mystère du *trésor* du Roi Soleil. Je commence à vieillir … », dit-il tristement.

Übung 77: Setzen Sie die Verben in der angegebenen Zeitform ein!

Sur ce, il (1. prendre, passé simple) ____________ le masque dans ses mains, l'(2. observer, passé simple) ____________ et le reposa sur la table, machinalement. Puis il (3. se laisser, passé simple) ____________ tomber sur une chaise. « Le pauvre », pensa Nathalie. Ils (4. être, plus-que-parfait) ____________ si près du but. Enfin au moins, ils (5. retrouver, plus-que-parfait) ____________ la lettre et le masque de très grande valeur. Le masque (6. être, imparfait) ____________ sur la table. Sans y *faire attention*, l'inspecteur l'avait posé sur la vieille lettre, de sorte qu'il (7. *recouvrir*, imparfait) ____________ la *majeure* partie du texte. Seuls les yeux laissaient transparaître quelques mots.

« Pas si vite ! pensa Nathalie. Qu'avait dit Madame Delacroix, déjà ? Celui qui (8. lire, futur simple) ____________ la lettre avec les yeux du Roi Soleil, (9. voir, futur simple) ___________ alors le *trésor* … »

Nathalie *se pencha* alors sur le masque et (10. lire, passé simple) ____________ les mots qui (11. ressortir, imparfait) _____________ par les *trous* des yeux.

Par la présente, nous, le Roi Louis XIV, offrons *de notre vivant* à notre dévoué palefrenier Pierre Delacroix une maison avec ***écuries*** près du village d'Orange, en Provence. Nous le remercions expressément pour ses services. Il a su prouver que son *adoration* pour le roi et sa fidélité envers lui **sont bâties** sur des bases solides. Un tel sujet est un sujet **en or**.

Signé :

Louis XIV, Roi par la Grâce de Dieu.

« Ça y est ! *s'écria* Nathalie. Vous (12. *résoudre*, passé composé) ____________ l'énigme, Inspecteur ! »

L'inspecteur Cliquot regarda la jeune policière avec *étonnement*.

« Pardon ? Que voulez-vous dire, Nathalie ?

– C'est là, (13. regarder, impératif) ____________ donc ! Si l'on pose le masque du Roi Soleil sur sa lettre, on ne (14. pouvoir, présent) ____________ lire que quelques mots : *écuries* … sont bâties … en or.

– Vous (15. vouloir, présent) ____________ dire que …

– L'or était sous nos yeux depuis le début ! Venez ! »

Quelques minutes plus tard, l'inspecteur Cliquot et Nathalie étaient devant les ruines des anciennes *écuries*. La lune *éclairait* le ciel et on pouvait *discerner* le *tracé* des vieux murs.
« J'espère que votre supposition est juste, Nathalie ! Ça ferait vraiment sensation !
– Essayons quoiqu'il en soit, répondit-elle. Nous verrons bien … »
L'inspecteur *saisit* une brique qui ressortait du mur, et il tira dessus jusqu'à ce qu'elle *se détache* et lui reste dans les mains. La brique était extraordinairement lourde. Cliquot *eut du mal à* la soulever et à la jeter contre une autre brique. La première brique tomba avec un bruit sourd. Un mince *éclat* de terre cuite *se détacha* de la brique, laissant *apparaître* en dessous quelque chose d'étincelant, malgré la pâleur de la luminosité de la lune. C'était un *lingot d'or* pur.
« Incroyable ! dit l'inspecteur Cliquot. Cette *barre* doit *valoir* une vraie fortune ! »
Nathalie observa tout autour d'elle.
« Oui, et toute cette ruine est faite de briques comme celle-ci. Il doit y en avoir des centaines ! »

Übung 78: Übersetzen Sie und enträtseln Sie das Lösungswort!

1. Mondschein _ ☐ _ _ _   _ _   _ _ _ _

2. Nacht _ ☐ _ _

3. Licht _ _ ☐ _ _ _ _

4. Blitz _ _ _ _ ☐ _

5. Funke _ _ _ ☐ _ _ _ _ _ _

6. Tag _ ☐ _ _

7. Dunkelheit _ _ ☐ _ _ _ _ _ _

8. scheinen _ _ ☐ _ _ _ _

9. Stern _ ☐ _ _ _ _

10. Tageslicht _ _ _ _ ☐ _ _ _ _ _ _

Lösung: _ _ _ _ _ _ _ _ _ _ _

L'inspecteur Cliquot et Nathalie durent s'asseoir un petit moment dans l'herbe pour *se remettre de* leurs émotions après leur découverte.
« Et à qui appartient tout cet or ? » demanda Nathalie au bout d'un moment.
L'inspecteur *haussa les épaules*.
« À l'État, je suppose. Mais comme les *écuries* font partie du *domaine* de l'hôtel, les propriétaires vont certainement en toucher une petite part. *Suffisamment* du moins pour *couvrir* les *frais* de restauration des *écuries*.
– Et la pauvre Madame Delacroix ? Il ne lui revient rien à elle ? »
L'inspecteur Cliquot *s'empara d'*un brique avec un sourire de connivence.

« Ce n'est pas de gaieté de cœur, dit le préfet de police, que je vais lui *remettre* une médaille. Je ne suis pas sûr qu'il l'ait *méritée*. L'inspecteur Cliquot a tout de même ruiné le Tour de France, *mis* un train *sens dessus dessous*, tiré les cheveux d'une femme dont le mari est l'un de mes plus proches amis, et pour finir, il a délibérément dégradé un monument qui *date de* l'Antiquité. »

Übung 79: Tragen Sie die passenden Pronomen ein!
(qui, que, quoi, dont, où)

1. Le vainqueur était si ému qu'il ne savait pas ______________ dire.
2. Voici le village ______________ j'ai grandi.
3. Fais-moi la liste des ingrédients ______________ tu as besoin pour faire ta charlotte au chocolat.
4. Quand nous sommes arrivés au cinéma, la salle du film ______________ nous voulions voir était déjà complète.
5. Est-ce que c'est toi ______________ as commandé une pizza ?

Le sous-préfet sourit doucement.
« Oui, mais il a aussi découvert un *trésor* d'une valeur inestimable. La France lui doit une *infinie reconnaissance*. Le ministre des finances a insisté personnellement pour que l'inspecteur Cliquot soit décoré. »
Le préfet *soupira*.
« Je me sentirais vraiment mieux si on pouvait l'enfermer, tout simplement, mais soit. »
Un bruit d'*éclats* de verre *retentit* soudain, *provenant de* l'*antichambre* où le préfet avait la *veille* posé un vase chinois de grande valeur.
« On dirait bien qu'il est arrivé », dit le sous-préfet.
Le préfet grimaça et appuya sur le *bouton* de l'*interphone*.
« Faites-le entrer, avant qu'il n'en fasse *de plus belles* ! »

La porte s'ouvrit aussitôt et l'inspecteur Cliquot fit son entrée, fier comme un coq. Le préfet et son *adjoint* le saluèrent.

! ÜBUNG 80

Übung 80: Welche Wörter gehören zusammen?

1. connu comme	☐ a) bonjour
2. têtu comme	☐ b) une plume
3. malheureux comme	☐ c) ses pieds
4. beau comme	☐ d) les pierres
5. libre comme	☐ e) une mule
6. simple comme	☐ f) le loup blanc
7. bête comme	☐ g) l'air
8. léger comme	☐ h) un dieu

« Je vous félicite pour votre succès, Inspecteur, dit le préfet. Et au nom de la France, je vous remets cette médaille. »
L'inspecteur Cliquot *s'inclina*. « Je suis très honoré, Messieurs. Mais j'aurais encore une requête personnelle. »
Le Préfet ouvrit de grands yeux.
« Ah oui, et elle serait ? »

Nathalie *se tenait* sur le pas de la porte de Madame Delacroix et sonna. Il se passa un petit moment avant que la vieille dame ne vienne ouvrir. Celle-ci *reconnut* tout de suite Nathalie, et son visage s'éclaira.
« Mon enfant ! M'apportez-vous de bonnes nouvelles ? Avez-vous retrouvé ma lettre ? »

Nathalie sourit et tendit une enveloppe rembourée à la dame. Il y avait la lettre historique de Louis XIV à l'intérieur.
« Oui, Madame, elle est dedans. »
La vieille dame ne put *contenir* sa joie.
« Magnifique. Vous ne pouvez pas savoir tout ce qu'elle représente pour moi. Mais entrez donc.
– *Volontiers* ! dit Nathalie. Mais je n'ai pas beaucoup de temps. Je dois retourner à la *préfecture de police*. L'inspecteur Cliquot est en ce moment même en train de demander au préfet à ce que je devienne son assistante permanente. J'ai le sentiment qu'il ne pourra pas le lui refuser.
– Je suis heureuse pour vous, dit Madame Delacroix. J'ai tout de suite eu le sentiment que vous collaboreriez *merveilleusement*, l'inspecteur et vous. Mais dites, que transportez-vous donc dans votre sac à main ? Cela semble terriblement lourd ! »
Nathalie ouvrit son sac et en sortit une vieille brique.
« C'est un petit présent de la part de l'inspecteur Cliquot, dit Nathalie en posant *délicatement* la brique sur la table. Elle *provient des écuries* de votre ancienne propriété. »
La vieille dame eut les *larmes* aux yeux.
« C'est une *attention* très touchante. Je la garderai toujours dans le plus grand respect, en souvenir du bon vieux temps.
– Oh, ça aussi, Madame, dit Nathalie en prenant congé. Cette pierre *vaut* vraiment … de l'or. Vous me comprendrez mieux demain, en lisant le journal. Au revoir, Madame ! »

Übung 81: Wie lautet die richtige Variante?

1. Nathalie rend visite à Madame Delacroix

☐ a) pour prendre de ses nouvelles.

☐ b) pour lui remettre la lettre de Louis XIV et une brique.

2. Pour Madame Delacroix, la lettre a une valeur inestimable

☐ a) car elle est dorée à la feuille.

☐ b) car elle est chargée de toute son histoire familiale depuis des siècles.

3. Nathalie doit retourner d'urgence à la préfecture de police

☐ a) car elle veut savoir si le préfet a accepté de la nommer assistante de l'inspecteur Cliquot.

☐ b) car beaucoup de travail l'attend aux archives.

4. Madame Delacroix est heureuse pour l'inspecteur Cliquot et Nathalie

☐ a) car elle trouve qu'ils forment un beau couple et elle leur souhaite beaucoup de bonheur.

☐ b) car elle trouve qu'ils forment une très bonne équipe tous les deux.

5. Madame Delacroix a les larmes aux yeux en voyant la brique

☐ a) parce que désormais, elle est riche.

☐ b) parce que pour elle, cette brique a une grande valeur symbolique.

Nathalie tira doucement la porte derrière elle. Puis elle descendit les escaliers. Dans quelques heures, elle allait prendre ses nouvelles fonctions au côté de l'inspecteur Cliquot. Elle *se réjouissait* déjà, et elle n'allait sûrement pas s'ennuyer.

FIN

Abschlusstest

Übung 1: Übersetzen Sie die Ausdrücke in Klammern!

1. Comme il faisait beau, je (habe meine Arbeit im Stich gelassen) ______________________________ et je suis allée à la plage.
2. Des amis (sind unerwartet zu uns nach Hause gekommen) ______________________________, alors nous avons fait une omelette.
3. Tu (siehst aus) ______________ fatigué. Tu devrais aller dormir.
4. Si tu (etwas brauchst) ____________________, dis le moi !
5. Cette fois-ci, nous (haben es zu tun) __________________ à un cambrioleur professionnel !
6. Bois un verre d'eau fraîche, cela te (wird gut tun) ____________ __________.
7. Je (bin verabredet) __________________________ avec Monsieur le Directeur à 10 heures.
8. Nous avons engagé quelqu'un pour (Gesellschaft leisten) ______________________________ à notre vieille mère.

Übung 2: Füllen Sie die Lücken mit einer formal und inhaltlich passenden Verbform!

1. Avant de ____________ la rue, il faut bien regarder à gauche et à droite.
2. Quand il est perplexe, l'inspecteur Cliquot ____________ les épaules.
3. Cette veste est vraiment sale : je vais la ____________ nettoyer.
4. ____________ -je vous offrir quelque chose à boire ?
5. C'est une erreur ! Je ____________ désolé.
6. ____________ bien attention à vos porte-monnaie et autres choses de valeurs.
7. Je vous ____________ de m'avoir aidé. Sans vous, je n'aurais jamais réussi à tout faire.
8. La police a ____________ cet automobiliste pour excès de vitesse !

Übung 3: Welche Wörter stehen in Zusammenhang miteinander ?

1. lire	☐ a) pierre
2. blessé	☐ b) nourrir
3. brique	☐ c) vitesse
4. sourire	☐ d) livre

5. faim	☐ e) souffle
6. tasse	☐ f) sang
7. statue	☐ g) erreur
8. duper	☐ h) thé
9. coiffeur	☐ i) trésor
10. tirer	☐ j) écurie
11. respirer	☐ k) cheveux
12. cheval	☐ l) mur
13. or	☐ m) bouche
14. course	☐ n) pistolet

Übung 4: Vervollständigen Sie folgende Sätze!

1. La représentation du Français moyen avec le béret ______________ la tête, et la baguette ______________ pain à la main, sans oublier, la bouteille ______________ vin et le camembert, est vraiment une caricature !
2. Il avait neigé toute la nuit et la campagne était ______________ d'une épaisse couche ______________. C'était magnifique.
3. Le fils du ______________ de ma mère est mon cousin.

4. Comme je suis le seul ________________ connaître le chemin, je vais rouler ________________, et les autres n'auront qu'à suivre ______________.
5. Annie avait promis qu'elle serait ________________, mais une fois de plus, elle est ______________ retard !
6. En jouant au ballon, les enfants ont cassé un carreau chez le voisin qui, très énervé, leur a passé un ______________.

Übung 5: Finden Sie das gesuchte Wort und enträtseln Sie das Lösungswort!

1. Le matin, l'inspecteur Cliquot doit en boire deux pour être en forme : _ _ _ □ _
2. C'est le métier d'origine de Nathalie : _ _ □ _ _ _ _ _ _ _
3. Il donne les nouvelles tous les matins : _ _ □ _ _ _ _
4. Grande quantité d'argent : _ _ □ _ _ _ _
5. Ils frisent les cheveux : _ _ _ _ _ _ _ □ _
6. Manger avec voracité : □ _ _ _ _ _ _ _ _

Lösung: _ _ _ _ _ _

Lernkrimi Französisch

Aufbauwortschatz

L'ombre sur Mont-Parnasse

Ilse Arnauld des Lions

Inhalt

Story

Inspektor Cliquot ist der beste Mann der Pariser Polizei. Wenn die Fälle mysteriös werden, die Polizei nicht mehr weiter weiß, ist Cliquot derjenige, der sich in die Untiefen der Pariser Verbrecherszene wagt.

Ein verregneter Tag im November. Cliquot freut sich auf seinen freien Tag, als plötzlich das Telefon klingelt: ein Mord in der Rue Daguerre. Ein klarer Fall für Cliquot und seine Assistentin Nathalie. Kurz darauf zwei weitere Morde. Alle drei Opfer sind Männer, alle um die fünfzig, alle auf dieselbe Weise ermordet. Cliquot und Nathalie tappen zunächst im Dunkeln, bis sie durch eine ältere Dame auf die richtige Spur gebracht werden. Was hat die Vergangenheit der Opfer mit ihrem Tod zu tun? Und welches Motiv steckt dahinter? Eifersucht, Neid oder womöglich Rache? Werden Cliquot und Nathalie die mysteriösen Mordfälle aufklären und den Täter schnappen?

Chapitre 1 : La mort frappe deux fois

« Non, non, mille fois non ! Je vous le dis et vous le répète ! Allez-vous comprendre enfin ? Cet endroit est réservé à la police et vous n'êtes pas de la police ! Alors, *dégagez*, s'il vous plaît.
– Mais si, je suis de la police. Je suis même l'inspecteur Cliquot ! Le meilleur inspecteur de la police parisienne ! Je n'ai encore jamais connu d'échec ! Demandez donc au préfet ! »
L'inspecteur Cliquot chercha sa carte pour la montrer à l'agent de police. Il trouva sa *décoration* qu'il portait toujours sur lui. Le préfet de police la lui avait *remise* après l'affaire du *trésor* du Roi-Soleil.
Mais toujours pas de carte. Il décida de montrer sa *décoration*.
« Tenez, vous voyez ? C'est le préfet lui-même qui me l'a *remise* !
– Ah oui ? Et qu'est-ce que c'est ? »
L'agent de police semblait vraiment étonné. Il n'avait jamais vu ce *genre* de *décoration*. Il l'observait sous toutes les coutures. Il *fronçait les sourcils*.
« Non, jamais vu. Je vous dis de *dégager*. »
L'inspecteur Cliquot n'avait jamais vu tant de culot. Et puis, il avait une drôle de *tenue*, cet agent ! Surtout le chapeau. Il *datait* ! On n'en portait plus depuis au moins 20 ans ! Tout ici était bien bizarre.

Übung: Welche Bedeutung haben die folgenden Sätze? Kreuzen Sie an!

1. « Alors, dégagez, s'il vous plaît ! »
   a) ☐ Ne nous dérangez pas, s'il vous plaît !
   b) ☐ Partez d'ici, s'il vous plaît !
   c) ☐ Ne touchez à rien, s'il vous plaît !

2. « Je n'ai encore jamais connu d'échec ! »

a) ☐ Je n'ai jamais vu un policier si impoli !
b) ☐ J'ai toujours été respecté pour mes talents d'enquêteur !
c) ☐ J'ai toujours réussi à résoudre mes enquêtes !

3. Qu'avait-il bien pu en faire ?

a) ☐ À quoi lui servirait une carte de police ?
b) ☐ Où avait-il laissé sa carte de police ?
c) ☐ Etait-ce si grave qu'il n'ait pas sa carte de police ?

4. Il l'observait sous toutes les coutures.

a) ☐ Il regardait la décoration de tous les côtés.
b) ☐ Il admirait les dessins se trouvant sur la décoration.
c) ☐ Il regardait la décoration sans grand intérêt.

La tour Montparnasse se dressait au-dessus des toits.
Il faisait froid et les rues étaient plus *sombres* que d'habitude.
Tout à coup, une voiture de police fit son *apparition* au coin de la rue. Sa sirène semblait sortir d'un film des années quatre-vingt. Elle *hurlait*, *hurlait*, *hurlait* de plus en plus fort !
L'inspecteur Cliquot se réveilla en sursaut. Quel *cauchemar* ! Il appuya sur le *bouton* de son réveil pour l'éteindre. Il se demanda si c'était vraiment une bonne idée d'en avoir acheté un avec une *sonnerie* de voiture de police à l'ancienne.

Bah, simplement un mauvais rêve … Il avait certainement trop mangé hier soir, lorsqu'ils avaient fêté la découverte du *trésor* au restaurant, lui et Nathalie, son assistante.
Il était *curieux* de voir ce qui l'attendait aujourd'hui. Une journée de libre. Qu'allait-il faire ? Il se demandait si Nathalie se posait la même question. Il n'eut pas le temps de trouver de réponse. Il venait *à peine* de s'habiller que le téléphone sonnait déjà.

Übung 2: Sind die folgenden Aussagen richtig? Markieren Sie mit richtig ✔ oder falsch – !

1. Il n'y avait pas beaucoup de lumière dans les rues. ☐
2. L'inspecteur Cliquot a fait un rêve agréable. ☐
3. La sonnerie du réveil de l'inspecteur était douce. ☐
4. Le repas au restaurant avec Nathalie n'était pas bon. ☐
5. L'inspecteur Cliquot ne travaillait pas aujourd'hui. ☐
6. Le téléphone sonna alors qu'il était encore en pyjama. ☐

Le préfet savait bien que la catastrophe était proche.
Il aurait préféré demander à n'importe quel autre inspecteur de prendre cette affaire en main. Mais personne n'était libre en cette journée de novembre. *À part* l'inspecteur Cliquot : le seul inspecteur capable de *résoudre* tous les mystères et de *mettre* toute la ville *sens dessus dessous* par la même *occasion* !
Il avait donc décidé de l'appeler. Tant pis pour son jour de congé. Le *devoir*, c'est le *devoir* ! Et les *meurtriers*, eux, n'ont pas de vacances !
L'inspecteur Cliquot se dépêcha d'avaler son café. Une affaire très importante. Une affaire bien triste. Il *s'agissait d'*un *meurtre* ! À vrai dire, il n'avait encore jamais eu à *élucider* de *meurtre*. Mais il était sûr d'y arriver. Avec son assistante, ils faisaient de toute façon une équipe imbattable !
Il prit son imperméable et son *béret*, sortit sur le perron et referma la porte d'un grand coup.
Derrière la porte de l'appartement voisin, la voix d'une vieille dame *retentit* :
« Monsieur Cliquot, enfin !
– Oh pardon, Mademoiselle Rupin, j'ai encore oublié …
– Mais vous le savez pourtant ! Vous faites peur à mon perroquet … »

L'inspecteur Cliquot repartit sur la pointe des pieds. Il descendit l'escalier le plus rapidement possible. Cela ne lui était pas difficile. Il était si grand qu'il pouvait faire de longues *enjambées*.
Il partit à grands pas en direction de la station de taxis. Il n'avait jamais compris pourquoi on l'avait privé à vie de permis de conduire. Bien sûr, il y avait eu ce car bien malheureux. Mais il n'avait blessé personne et puis le car était dans son *tort* ! Il aurait dû *freiner* et ne l'avait pas fait. Malheureusement, le quartier avait été *plongé* dans le noir le plus profond pendant toute une nuit. Le car était *rentré* dans un *poteau électrique*.

ÜBUNG 3

Übung 3: Wie heißen die Wörter auf Französisch?

1. Führerschein ....
2. Stadtviertel ....
3. Papagei ....
4. Treppe ....
5. Richtung ....
6. Team ....
7. verletzt ....

Voilà qu'il arrivait dans le quartier Montparnasse. Il aimait bien ce quartier.
Bizarre, ce rêve, d'ailleurs … Le taxi passait devant la gare par la droite et allait bientôt tourner à gauche, dans la rue Froidevaux. De là, il descendrait encore un peu, *longeant* le cimetière Montparnasse. Puis, il tournerait à droite, dans la rue Gassendi pour arriver dans la rue Daguerre par le bas.
« Regardez, c'est là ! »

L'inspecteur Cliquot avait crié si fort que le chauffeur de taxi *sursauta*. Il regarda dans le *rétroviseur* ce que voulait son client. Le temps d'une seconde, il ne *fit* pas *attention* à la circulation et … trop tard ! Il venait de *rentrer* dans un stand de fruits et légumes. Les tomates *dégringolaient* de tous les côtés, suivies de près par les pommes, les oranges, les kiwis et les citrons. Le taxi était *recouvert* de concombres et de poireaux, les choux-fleurs et les choux rouges roulaient doucement en plein milieu de la rue.

Un liquide rouge et visqueux dégoulinait sur la vitre, à côté du chauffeur *ébahi*.

L'inspecteur Cliquot garda son calme. Après tout, si ce chauffeur ne savait pas conduire, il n'y pouvait rien !

« Vous avez eu de la chance. En été, les tomates se seraient *écrasées* sur votre nez ! »

Il paya les 8 euros 50 *indiqués* sur le *compteur* et sortit du taxi. Il devait penser à son *devoir*. De telles bagatelles ne devaient en rien le déconcentrer. Il avait un *meurtrier* à trouver. Le plus tôt possible ! C'est que ces gens-là étaient capables de tuer d'autres personnes encore. Il avait entendu dire qu'ils y prenaient même goût.

Übung 4: Finden Sie im folgenden Textabschnitt die gesuchten Wörter!

1. manteau qui protège de la pluie ____________
2. personne qui a tué quelqu'un ____________
3. petite pluie fine ____________
4. personne qui conduit un véhicule ____________
5. quelque chose qui a peu d'importance ____________
6. quelque chose que l'on doit faire ____________

En arrivant devant le café-restaurant « La Bélière », il *reconnut* son assistante, Nathalie Claudel, toujours aussi mignonne derrière ses grandes lunettes à monture noire. Elle l'attendait, se protégeant du crachin sous un chapeau de la même couleur et du même *tissu* que son imperméable. Toutes les lumières de l'appartement au-dessus de « La Bélière » étaient allumées. Les *ombres* qui passaient rapidement derrière les vitres *indiquaient* un grand remue-ménage. Nathalie lui expliqua qu'un homme avait été trouvé par sa femme de ménage, mort, couché sur le *divan* de son salon.
Ils *montaient* tous les deux le petit escalier jusqu'au premier étage de l'immeuble *recouvert* de grandes *dalles* blanches, typiques de ce quartier. L'appartement était petit, *prévu* pour une personne. Au bout du couloir, le salon. À gauche, la chambre à coucher. Les meubles étaient modernes et sobres. L'endroit était bien rangé. Quelques photos et reproductions étaient accrochées sur le mur, en face du lit et à côté de la table de nuit. En face de la fenêtre, l'armoire rendait la pièce plus grande : sa grande glace reflétait toute la pièce.
À droite, une petite salle de bains se trouvait à côté des toilettes. L'ensemble était tout aussi propre que le reste. Soigné, tout simplement. Pour aller dans la cuisine, il fallait traverser le salon. Une grande *arche* les séparait. Le *rideau recouvrait* seulement un tiers de l'*arche*. Au milieu du salon, la table était mise pour deux personnes. Les *coupes* à champagne laissaient *prévoir* un dîner de fête. Les bougeoirs anciens, en argent, en étaient la preuve :
« Un dîner aux chandelles ! »
L'inspecteur Cliquot se retourna vers Nathalie.
« Très bien observé ! Je voulais justement le dire. Il attendait donc une visite galante. »
Il se retourna vers le *divan*, derrière la table. Le corps d'un homme d'une cinquantaine d'années gisait inanimé sur le canapé. Ses yeux étaient grand ouverts. Son regard encore étonné. Tout autour de lui,

chacun s'affairait à trouver des *traces*, des *empreintes*, quelques cheveux, un *fil* … Toutes les personnes présentes, *à part* l'inspecteur et Nathalie, étaient habillées de blanc. Leurs chaussures *entourées* de sacs en plastique. De drôles de chapeaux, très légers, cachaient leurs cheveux. Ils portaient tous des gants en plastique et recueillaient tout ce qu'ils trouvaient dans de petits sacs, en plastique eux aussi.

Übung 5: Welches Wort ist das „schwarze Schaf"? Unterstreichen Sie das nicht in die Reihe passende Wort!

ÜBUNG 5

1. cheveux, chignon, gants, queue de cheval, peigne
2. divan, fauteuil, chaise, canapé, table
3. plastique, sac, bois, fer, verre
4. violence, gentillesse, brutalité, méchanceté, agressivité
5. dictaphone, interphone, téléphone, aphone, microphone

Une femme d'une quarantaine d'années, les cheveux retenus en un *chignon* sévère, inspectait le cadavre. Elle parlait doucement dans un petit dictaphone et semblait ne pas encore avoir remarqué l'inspecteur.
« Jusqu'ici, rien d'anormal. Il n'a pas de couleurs particulières. Je ne crois pas à un *empoisonnement*. D'autre part, il n'y a aucune *trace* de violence. Pas de vêtements déchirés. Pas de *bleus* au visage. Pas de *traces* de sang sur les vêtements. On pourrait penser à un infarctus. »
L'inspecteur n'avait jamais vu tant de policiers à la fois sur une même affaire. Au moment où il passa devant la table pour *s'approcher de* la victime, le *bouton* de la poche droite de son imperméable resta accroché à la *nappe*.

Übung 6: Unterstreichen Sie im folgenden Text die sechs Körperteile!

Avançant à grands pas, il ne s'*aperçut* de rien. Le bruit de la vaisselle qui se casse en tombant par terre lui fit tourner la tête. Il voulut *décrocher* la *nappe* de son imperméable, se prit les pieds dedans et *s'étala* de tout son long sur le cadavre. Celui-ci *dégringola* par terre devant le *divan*. Tout le monde était resté figé dans la pièce.

« Dites, vous aimez tant que cela flirter avec les cadavres ? »

La femme n'*avait* pas *l'air* commode du tout. Elle semblait *sur le point de* perdre *contenance*. Sa tête devenait de plus en plus rouge. Ses yeux lançaient des flammes. Sa voix devenait de plus en plus stridente. Elle fulminait, *littéralement* !

« Non, mais, qu'est-ce qu'il vous prend ? Ça ne va pas la tête ? Vous ne voyez pas que nous sommes en train de travailler ? Les touristes, dehors ! »

Elle montrait d'un doigt *ferme* et décidé la porte *donnant sur* le couloir.

L'inspecteur Cliquot décida de l'aider. Après tout, il n'y pouvait rien que cette *nappe* ait des *trous* … Mais il ne pouvait pas voir une jolie femme en colère sans vouloir l'aider. Il se baissa au-dessus du corps, prit le cadavre par les épaules et le retourna d'un coup *sec*. Il s'abaissa pour le soulever et le *remettre* sur le *divan* quand la femme l'arrêta de la main.

« Attendez ! »

Elle *se pencha* au-dessus de la chemise blanche. Une petite tache rouge venait d'*apparaître*. Une tache minuscule que même l'inspecteur Cliquot n'avait pas remarquée. La femme défit les *boutons* de la chemise et découvrit une toute petite piqûre, juste en plein cœur.

« Un travail de spécialiste ! Du beau travail ! En plein dedans ! Pas besoin de chercher plus loin. C'est bien un *meurtre*. Et un beau … »
Elle se retourna.
« Dites, il va venir quand, cet inspecteur ?

Übung 7: Übersetzen Sie die Begriffe und enträtseln Sie das Lösungswort!

1. Fleck _ ☐ _ _ _
2. Grund _ _ _ ☐ _ _
3. Profi _ _ _ _ _ ☐ _ _ _ _ _ _ _
4. Arbeit _ _ ☐ _ _ _ _
5. Mücke _ _ _ ☐ _ _ _ _ _
6. Werkzeug _ _ ☐ _ _ _ _ _ _ _
7. Hemd _ _ _ _ ☐ _ _
8. Knopf _ _ _ _ _ ☐

Lösung: _ _ _ _ _ _ _ _

– Inspecteur Cliquot, pour vous servir !
– Comment, c'est vous qui êtes *chargé de* l'affaire ?
– Oui, avec mon assistante, Nathalie Claudel. »
Nathalie *s'approcha* doucement, essayant de ne pas toucher quoi que ce soit.
« Et bien, nous sommes gâtés ! Docteur Jeanin. *Médecin légiste*. Votre *maladresse* nous a fait gagner quelques heures. Mais, ce n'est pas une raison pour recommencer ! »
L'inspecteur Cliquot préféra ne pas répondre. Il *valait mieux* ne pas *contrarier* une personne en colère. Même si elle était dans son *tort*.
« Bon. Regardez. Et surtout, ne touchez à rien ! Vous voyez ici, la

minuscule tache rouge. Elle marque l'*emplacement* d'un *trou* tout aussi discret. C'est du travail de professionnel. Un instrument très fin, très *aiguisé*. Un coup bien visé en plein cœur, très rapide. Et hop, le tour est joué ! Pas de *traces apparentes*. Si l'on réussit bien son coup, comme ici, on croirait à un *bouton* ou à une piqûre de moustique. Et *vu* l'âge de la victime et son embonpoint, nombreux sont ceux qui en arriveraient trop rapidement à cette conclusion. Un infarctus, voilà ce à quoi le *meurtrier* voulait nous faire croire ! Mais je ne suis pas née de la dernière pluie. »

ÜBUNG 8

Übung 8: Bringen Sie die Buchstaben in die richtige Reihenfolge!

1. hpuaeca ____________
2. mruahcaec ____________
3. vlieré ____________
4. uovdetécre ____________
5. ersédruo ____________
6. slreicae ____________
7. pmalebiérme ____________
8. lcuiroo ____________

Nathalie s'était rapprochée pour mieux entendre madame Jeanin dont la voix avait baissé. Elle observait le corps au teint blafard étendu devant elle. Elle n'aurait pas remarqué le point rouge si le docteur ne l'avait pas *désigné*. Même le cadavre était propre. Elle s'était imaginé que la chose serait bien plus difficile. Son premier cadavre ! Et elle n'avait même pas envie de vomir !

Ce qui n'était pas le cas de l'inspecteur Cliquot. Son visage était aussi *blême* que celui qui gisait par terre. Il lui fit un signe de la main. Direction la porte !

Arrivé sur le *palier*, l'inspecteur Cliquot respira très fort. Un agent vint le retrouver.

« Inspecteur, voulez-vous commencer l'*interrogatoire* des voisins ?

– Hein ? Quel *interrogatoire* ? Des voisins ? Ah oui ! Les voisins ! Bien sûr. Qu'attendez-vous ? Allez-y, commencez à interroger les voisins ! Il faut tout leur dire à ces jeunes, aujourd'hui … »

Nathalie venait de passer la porte.

« Vous avez remarqué la *trace* au mur au-dessus du *divan* ? On dirait la *trace* d'un tableau ou d'un calendrier. En tout cas, il *manque* quelque chose sur ce mur ! Aux archives, certains *classeurs* étaient là depuis si longtemps que la couleur du mur derrière eux était plus *pâle* que partout ailleurs. Comme si le mur en avait gardé la *trace*.

– Très bien observé, Nathalie ! Je me demandais si vous *vous en apercevriez* … Mais descendons et allons dans ce café en bas. Nous avons besoin de faire le point. Et je n'ai toujours pas pris de petit-déjeuner.

– À deux heures de l'après-midi ? »

Nathalie *n'en revenait pas*. Il pouvait vraiment manger à n'importe quelle heure du jour et de la nuit !

Übung 9: Beantworten Sie die Fragen zum Text!

1. Qui se sent mal en voyant le cadavre ?

....

2. À qui l'inspecteur Cliquot demande-t-il d'interroger les voisins ?

....

3. Que manque t-il au mur ?

....

4. À quelle heure se passe la scène ?

....

5. Où l'inspecteur Cliquot veut-il aller prendre le petit-déjeuner ?

....

6. Quelles sont les deux raisons pour lesquelles l'inspecteur Cliquot et Nathalie vont au café ?

....

Devant la porte, l'air froid leur *frappa* le visage comme une gifle. Tous les deux eurent le même réflexe de *relever* le *col* de leur imperméable. En bas de la rue, les étals du marché commençaient à *disparaître*. En effet, le marché dans cette rue ne commençait jamais après cinq heures du matin. Mais à deux heures, tout fermait. D'ailleurs, la plupart des gens du quartier venaient très tôt le matin, avant de partir au travail, chercher leur nourriture pour la journée. Et le lendemain, de même. *À part* le dimanche, c'était tous les jours jour de marché rue Daguerre ! Les habitants du quartier y venaient *volontiers*. Pas uniquement pour les *denrées* fraîches venues de toutes les régions que l'on y trouvait, pour les fruits et légumes et pour le pain; pas seulement pour le *charcutier traiteur* avec toutes ses spécialités toutes prêtes qu'il suffisait de réchauffer, pour le boucher dont les *bavettes* étaient les meilleures du quartier, pour le poissonnier qui aimait *attirer* les regards en présentant sur l'étalage un requin entier par exemple. Mais on y trouvait également des brosses en tous *genres*, des habits, des chaussures et des marchands de portables.

Chacun y trouvait ce qui lui convenait, mais aussi des choses à entendre, des gens à qui parler. Toutes les *rumeurs* du quartier passaient par le marché.
« Comment, vous ne le savez pas ? Mais si ! Monsieur Untel a quitté sa femme. Pour une plus jeune !
– Non ! ! ? ? Le *goujat* ! »

Übung 10: Fügen Sie die passende Präposition ein!
(à (2x), au, en (2x), dans (3x))

ÜBUNG 10

« Cela fait longtemps que je ne suis pas allé au marché. Je devrais y aller demain, tiens.
– Bonne idée, Inspecteur ! Je viens avec vous ! »
Ils *rentrèrent* rapidement (1.) ______ le restaurant « La Bélière ». Après la *bouffée* de froid, ce fut un grand nuage de fumée de cigarettes qui les fit tout d'abord suffoquer. C'était l'un des rares restaurants (2.) ______ ne réserver qu'une seule table aux non-fumeurs. Depuis la nouvelle loi qui interdisait de fumer (3.) ______ les lieux publics, les restaurants et cafés devaient réserver une partie de leurs locaux aux non-fumeurs. En général, (4.) ______ un endroit où ils ne pouvaient pas être dérangés par la fumée des autres. Mais à « La Bélière », il n'y avait pas de recoin. Le restaurant était petit. Un grand *comptoir* (5.) ______ coin faisait face à toute la pièce. À gauche et à droite, des tables et des chaises (6.) ______ bois

sombre. Toutes simples. Un peu comme (7.) _____ une cuisine. Les pieds droits reliés par un arc et le dos des chaises à *barreaux*. Bref, la *décoration* typique d'un café de quartier parisien. Celui où l'on *se retrouvait* pour *bavarder* pendant que les autres étaient (8.) _____ marché et où, chaque soir, les nostalgiques et les anciens du quartier venaient *se retrouver* pour un bœuf.

Le vieux piano au bout de la salle à droite du *comptoir* avait déjà bien servi et le petit *amplificateur* placé à côté laissait déjà supposer des soirées de musique improvisée qui devaient réunir, chaque soir, les anciens et les jeunes fanatiques de jazz, de swing, de chansonnettes de tout *genre*. Et lorsque plusieurs personnes jouaient ensemble un air inventé pour l'*occasion* ou repris pour le plaisir, on appelait cela un bœuf. Nathalie et l'inspecteur Cliquot s'assirent à la table la plus proche de la grande fenêtre et la plus éloignée du bar où la plupart des fumeurs étaient assis. Nathalie *éternuait à tout bout de champ*. Son allergie à la poussière semblait s'être étendue à la fumée de cigarettes.

Ils commandèrent tous deux un café. Un express pour l'inspecteur Cliquot et un crème pour Nathalie. L'inspecteur Cliquot *fronçait les sourcils* en réfléchissant à voix haute.
« Cette affaire est vraiment très grave ! Un *meurtrier* ! Et un spécialiste, de surcroît ! Nous devons absolument chercher dans les milieux artistiques. La disparition d'un tableau me paraît bien étrange … »
Nathalie faisait aussi une drôle de mine. À la fois triste et très réfléchie. Cela lui donnait un *air* extrêmement sérieux derrière ses grandes lunettes.

Übung 11: Welches Wort ist das „schwarze Schaf"? Unterstreichen Sie das nicht in die Reihe passende Wort!

1. table, chaise, porte, divan, étagère
2. crème, express, chocolat chaud, sirop
3. riche, pauvre, grand, petit, gris, blanc
4. mère, père, fille, tante, fils
5. bleu, rouge, jaune, vert, roux
6. clavier, piano, guitare, violoncelle, harpe
7. bien que, pour que, parce que, sans que
8. tour Eiffel, Notre-Dame, Louvre, Montparnasse

« Pourtant, ce n'est pas un quartier de riches, ici. L'appartement était bien rangé et propre, mais certainement pas celui d'un *collectionneur* ! Êtes-vous certain que ce tableau ait une valeur ? A-t-il vraiment été volé ? »

Que de questions … Ils n'en étaient encore qu'au début … Et l'*assassin* courait toujours quelque part dans Paris. Peut-être avait-il déjà *frappé* une nouvelle fois ? Non ! Il ne *valait mieux* pas penser à cette horrible éventualité !

Comme pour *chasser* cette pensée, l'inspecteur Cliquot fit un grand *geste* de la main, juste au moment où le garçon apportait les boissons sur un *plateau*. Le *plateau* vola au-dessus de la tête de Nathalie pour *s'écraser* sur la fenêtre avec fracas. Les tasses se cassèrent par terre, tout leur *contenu* gicla sur les chaussures des gens assis à la table voisine. Heureusement, Nathalie et l'inspecteur n'avaient rien. Et puis, ils avaient perdu assez de temps. Il leur fallait faire vite. Il fallait *éviter* à tout prix un nouveau *meurtre*.

Il *marmonna* un rapide « au revoir » au garçon, attrapa les deux imperméables au *passage*, tout en faisant signe à Nathalie de se lever. Il venait d'avoir une idée formidable !

ÜBUNG 12

Übung 12: Finden Sie das zum Adverb passende Adjektiv und schreiben Sie es in der männlichen Form auf!

1. immédiatement ....
2. malheureusement ....
3. vraiment ....
4. étonnamment ....
5. furieusement ....
6. complètement ....

« Au Louvre ! » ordonna-t-il au chauffeur de taxi. Il s'était heureusement arrêté de pleuvoir et la prochaine station de taxis n'était pas loin. Pendant qu'ils descendaient la rue de Rennes, l'inspecteur expliqua son plan à Nathalie.
« Si ce tableau a vraiment une grande valeur, notre *assassin* essaiera de le revendre. Et qui connaît mieux les filières de ventes des œuvres d'art que ceux qui, tous les jours, craignent de perdre leurs œuvres dans de telles filières ? »
Nathalie *n'en revenait pas*. C'était vraiment le plus grand inspecteur de Paris, il n'y avait aucun *doute* !

Cela n'était malheureusement pas si simple que ça. Quand ils furent arrivés au Louvre, la queue des visiteurs devant la pyramide semblait interminable. L'inspecteur voulait l'*éviter* et prendre une autre entrée. Il s'était donc dirigé tout droit vers les bâtiments du ministère de la Culture devant la pyramide, persuadé de *rentrer* au Louvre. À l'entrée, comme il ne trouvait pas la lumière, il essaya tous les *boutons* à sa portée. Jusqu'à ce gros *bouton* rouge en forme de champignon. L'alarme *retentit* immédiatement dans toute l'enceinte du ministère et du musée. Des gens *affolés* sortaient par toutes les *issues*. Grâce à la lumière qui s'était allumée à présent, on pouvait lire l'inscription à coté du *bouton* rouge : « Alarme en cas d'incendie ! » Ils ressortirent, *entraînés* par la foule. Au moment où ils arrivaient devant la pyramide, des voitures et des cars de pompiers *freinèrent* en faisant *crisser* les pneus.

L'inspecteur put *se frayer un chemin* à travers la foule et les pompiers et *entraîna* Nathalie derrière lui.

« Tout de même, arriver juste à ce moment ! Nous n'avons pas de chance, vraiment. Allons au bureau ! Nous trouverons certainement une *piste*. »

Übung 13: Ordnen Sie die Buchstaben zu einem sinnvollen Wort!

Effectivement, sur son (1. rebuau) ____________ et sur celui de Nathalie, qui venait d'être installé en face du sien, un tas de (2. sfeiulle) _______ les attendait. Nathalie commença à les *trier* :

- le rapport de la *médecin légiste*

- le rapport des *interrogatoires* des (3. siviosn) _________

- le rapport du service des *empreintes*

- le rapport du laboratoire.

« Et bien, ce n'est pas la (4. tulerce) ________ qui *manque* ! »

L'inspecteur Cliquot souriait bizarrement en regardant Nathalie.

« Vous qui avez l'habitude des documents, vous saurez sûrement démêler tout ça ! Quant à moi, je continue à suivre ma *piste*. *Nous*

nous retrouverons demain (5. tnima) ________ au bureau. »

Nathalie s'assit à son bureau. Après tout, elle aimait bien la paperasserie. Et puis ce cas commençait vraiment à l'intriguer …

À peine entré dans le bureau, le téléphone se mit à sonner. L'inspecteur Cliquot *décrocha* en *bâillant*. Il n'était pas encore tout à fait réveillé, malgré le bon petit-déjeuner qu'il venait de prendre.
« Allô ? Oui, je suis bien l'inspecteur Cliquot. Oui, c'est bien moi qui m'occupe de l'*enquête* de la rue Daguerre … Comment ? … Un nouveau *meurtre* ? Rue Deparcieux ? Mais c'est tout à côté ! Oui, oui … J'arrive tout de suite ! »
Il *se précipita vers* la porte. Ni la chaise, ni le bureau, ni aucun des meubles ou objets qu'il rencontra ne tomba par terre. Mesure spéciale de la *préfecture* de Paris. Pour qu'au moins à cet endroit il ne fasse pas de dégâts, tout avait été fixé avec des vis. Il n'y avait que le papier qui pouvait *s'envoler* dans son bureau. Mais Nathalie n'avait pas oublié de tout ranger avant de partir.
En sortant du bureau, il *faillit renverser* Nathalie qui voulait mettre la main sur la *poignée*.
« Nathalie ! Un nouveau *meurtre* ! Rue Deparcieux, dans l'arrière-salle d'un petit restaurant : « Le Clair de Nuit ». Avez-vous trouvé quelque chose d'intéressant, hier ?
– Oui, Inspecteur ! Le rapport d'autopsie a *révélé* une bizarrerie. Le *meurtrier* aurait gravé sur l'épaule de la victime l'esquisse d'une tour qui ressemble beaucoup à la tour Montparnasse. Il semble avoir utilisé pour cela la pointe d'un objet très *aiguisé* - probablement l'arme du crime. Sinon, aucune *trace*. Aucune *empreinte* autre que celle de la victime et de sa femme de ménage. Un homme qui devait vivre *retiré* … Aucune personne étrangère au

bâtiment n'a été remarquée avant-hier par les voisins. Le *meurtrier* semble *s'être envolé*.
– Quand même ! Aucune *trace* … Madame Jeanin a raison … C'est vraiment un pro ! »

Übung 14: Wie lauten die Sätze richtig? Tragen Sie diese mit Satzzeichen und richtiger Groß- und Kleinschreibung ein!

1. semble pas courant il ne au être

____

2. terre faillit par il tomber

____

3. à frère ressemble il beaucoup son

____

4. sortant maison de ferma il en la

____

5. révélé m' secret il a son

____

6. trouvé avez quelque d'original vous chose de

____

« Le Clair de Nuit » se trouvait au bout de la rue Deparcieux, à environ une minute à pied de l'appartement où avait eu lieu le premier crime. L'inspecteur Cliquot *monta* le premier les trois marches qui menaient au restaurant. À droite et à gauche, deux grandes vitres

entouraient la porte peinte en bleu. Deux lampes bleues, elles aussi, *éclairaient* l'entrée. Sur la droite un petit bar en bois *sombre*. En face du bar une série de cinq tables *alignées* les unes derrière les autres. Toutes pour quatre personnes au maximum. Au bout du bar se trouvait une porte à laquelle *pendait* un *rideau*. Elle masquait un petit escalier de pierre. Celui qui menait à la cave. A mi-hauteur de l'escalier une porte : les toilettes. La cave avait un plafond blanc *voûté*. Sur la gauche, un piano ouvert faisait face à la salle. La salle était un peu plus grande que celle d'en haut. Un banc en similicuir noir courait *le long du* mur. Des tables étaient placées devant le banc et au milieu de la salle. Les mêmes que celles d'en haut.
« Un petit restaurant, mais très sympathique … » *soupira* Nathalie.

ÜBUNG 15

Übung 15: Welches Wort ist das „schwarze Schaf"?

1. plafond, mur, toit, porte, hauteur
2. cave, toilettes, lampe, entrée, grenier
3. banc, piano, trombone, flûte, violon
4. bleu, violet, courbé, beige, brun
5. hauteur, largeur, couleur, profondeur, longueur

En retournant dans la salle du haut, elle *aperçut* le tableau noir *pendu* au mur. Le menu de la *veille* était encore écrit à la craie :
Casserole d'*escargots* à l'*ail*
Œuf poché au saumon
Pavé au poivre*
Escalope de veau à la Normande*
Mousse au chocolat
Gâteau Léo
**Accompagnement* au choix : haricots verts à l'*ail* ou frites

Übung 16: Sind die folgenden Aussagen richtig? Markieren Sie mit richtig ✔ oder falsch – !

1. La casserole d'escargots est faite à base de poisson. ☐
2. L'œuf poché au saumon contient de la viande. ☐
3. Le pavé au poivre est de la viande de bœuf. ☐
4. Il y a de la crème fraîche dans l'escalope de veau à la Normande. ☐
5. Il faut de la farine pour faire une mousse au chocolat. ☐
6. Le gâteau Léo est un dessert. ☐

Mmmmmh ! Cela *avait l'air* vraiment bon ! Mais l'heure du déjeuner était encore loin. L'inspecteur venait de *rentrer* par une petite porte à droite du tableau, Nathalie à sa suite. La cuisine était toute petite mais très bien équipée. Tout était propre et rangé. En la traversant, on entrait dans une petite cour par la porte opposée.
Un jeune homme *se tenait adossé au* mur. D'un *air* hagard, il regardait le bout de ses chaussures. « C'est vous qui avez trouvé la victime ? » Le jeune homme se retourna vers l'inspecteur Cliquot en *acquiesçant* de la tête. Ses mouvements étaient lents, sans entrain, son regard vide.
– Inspecteur Cliquot. Voici mon assistante. Nathalie Claudel. Et bien … racontez-nous comment !
– Je suis venu comme tous les jours préparer la cuisine. Je m'appelle Frank Sidan. Je suis cuisinier. Le patron m'a engagé lorsqu'il a acheté le restaurant à un de mes amis qui voulait partir ailleurs. Comme j'avais l'habitude de la petite cuisine et que la clientèle était contente de mes plats, il a préféré me garder. Ce matin, j'ai d'abord été voir dans la cour quels légumes avaient été livrés, comme toujours. C'est là que j'ai remarqué la porte *entrouverte*. Vous voyez, là ! »
Il montrait du doigt une porte de l'autre côté de la cour.

Übung 17: Tragen Sie die Adjektive in Klammern mit den richtigen Endungen ein!

« Ça appartient au « Clair de Nuit ». Il y a deux (1. petit) __________ pièces. Celle par laquelle on entre sert à conserver les boissons. Vous savez, nous sommes connus pour nos bières, même d'origine (2. allemand) __________ ! Mais cela prend de la place. Dans la (3. petit) __________ pièce à côté, il y a un lit et un lavabo. Quand il est vraiment trop tard ou que le patron a trop fait la fête avec les clients, il dort ici. C'est plus (4. pratique) __________. Bref, ce matin, quand j'ai *aperçu* la porte (5. *entrouvert*) __________, je me suis dit que ce n'était pas (6. normal) __________. Le patron ne se lève jamais avant midi quand il dort ici. Alors, je suis allé voir. On a déjà été *cambriolé* plusieurs fois … En *poussant* la porte, j'ai senti quelque chose qui bloquait. J'ai passé la tête dans l'*entrebâillement* de la porte … Et c'est là que j'ai vu le patron. Couché derrière la porte. Les yeux grand (7. ouvert) __________. Il n'y avait aucun *doute*, il était … »

Il ne put prononcer le mot et essaya de se retenir pour ne pas *sangloter*.

« C'est vous qui m'avez appelé ?
– Oui. Dans le quartier, tout le monde sait que vous êtes venu hier, rue Daguerre. Alors j'ai demandé à vous parler. C'est tout de même pas normal, non ? Deux amis tués en deux jours !
– Deux amis ?
– Oui, Monsieur Sylvain, celui de la rue Daguerre, et mon patron se connaissaient déjà depuis leur enfance. Monsieur Sylvain venait

souvent au « Clair de Nuit ». On avait même baptisé un gâteau du nom de son chien, mort il y a deux ou trois ans : le gâteau Léo. C'était son gâteau préféré. Et le patron, hier, il n'arrêtait pas de parler du gâteau Léo après avoir appris la nouvelle de la mort de son ami. D'ailleurs, il n'a pas ouvert longtemps. Et pourtant, il ne faut pas fermer trop souvent. Par les temps qui courent ...

– Ah bon ... Pas longtemps ?

– D'habitude, on ne ferme pas avant quatre heures du matin. Tout le quartier sait qu'ici, on peut encore bien manger à n'importe quelle heure de la nuit ou presque. Or, hier le patron a fermé à dix heures !

– Dix heures du soir ?

– Bien entendu ! Nous ne sommes jamais ouverts le matin !

– A-t-il dit pourquoi il voulait fermer si tôt ?

– Non. Au début, j'avais plutôt l'*impression* qu'il voulait travailler le plus possible pour se changer les idées. Mais d'un seul coup, il a changé d'avis.

– Qu'est-ce qui a bien pu lui faire changer d'avis comme ça ?

– Attendez ! C'était juste après le coup de téléphone ! Lorsqu'il a pris l'écouteur, il est devenu blanc. Tout *pâle*. Comme si quelque chose l'avait *frappé* ... Ensuite, il n'a plus eu qu'une seule idée en tête : fermer ! Il a dit à tout le monde qu'il ne pouvait pas continuer ce soir. Juste le lendemain de la mort de son ami. Il a remercié tous les clients et les a *renvoyés*. Gentiment, mais *fermement*. Je lui ai bien proposé de rester seul au restaurant et au bar. Cela n'aurait pas été la première fois. Mais il a refusé catégoriquement. Il semblait *avoir hâte*. Il regardait toujours par la vitrine et sur sa montre. Comme s'il avait attendu quelqu'un.

Quand je suis sorti, il devait être dix heures pile. D'ailleurs, c'est facile à vérifier. Dans le couloir, en sortant, j'ai *croisé* un médecin habillé tout en blanc. Il portait une *valise de secours* et avait même un masque sur la bouche. Vous savez ? Comme les chirurgiens. J'ai

été étonné, car je ne l'avais pas entendu venir. Et puis, c'était la première fois que j'en voyais un habillé de la sorte. Mais la voiture du *SAMU* était garée devant la porte. Encore un problème de couple chez un voisin, certainement. Dans l'immeuble, ce n'est pas rare ! »
En voilà un jeune homme qui a le sens de l'observation !
Nathalie *n'en revenait pas*. Si tous les *témoins* de la terre étaient comme lui, les *meurtriers* auraient la vie dure !

Übung 18: Wählen Sie die richtige Alternative!

1. Comment s'appelait le chien de l'ami du patron ?
   a) ☐ Sylvain
   b) ☐ Léo
   c) ☐ Daguerre

2. À quelle heure « Le Clair de Nuit » ferme-t-il d'habitude ?
   a) ☐ vers 4 heures du matin
   b) ☐ vers 10 heures du soir
   c) ☐ vers 4 heures de l'après-midi

3. Pourquoi le patron est-il devenu tout blanc ?
   a) ☐ parce que le gâteau Leo qu'il a mangé avait été empoisonné
   b) ☐ parce qu'il a reçu un coup de fil qui l'a troublé
   c) ☐ parce que quelqu'un l'a frappé

4. Le serveur a pensé qu'un médecin était venu à cause :
   a) ☐ des voisins qui s'étaient disputés
   b) ☐ du patron qui ne se sentait pas bien
   c) ☐ du chien Léo qui était malade

L'inspecteur Cliquot se frottait les mains. Après avoir remercié le jeune homme, il s'était rapproché de la porte.
Par l'*entrebâillement*, il *aperçut* le docteur Jeanin qui observait minutieusement tous les détails du corps *allongé*. La victime devait bien avoir une cinquantaine d'années. Il était impossible de ne pas remarquer son embonpoint. Son ventre était si gros qu'il fallait faire une très grande *enjambée* pour passer par-dessus. Le docteur Jeanin leva la tête et vit l'inspecteur en train de *se faufiler* par la porte *à peine entrouverte*.
« Ah non ! Surtout, ne faites pas un pas de plus ! N'avancez pas, vous dis-je ! Avec vous, c'est le chaos ! Alors attendez devant la porte !
– Mais, il faut bien que j'examine les *lieux* !
– Pas tant que je n'ai pas fini ! Après, cela m'est égal. Je n'en ai d'ailleurs plus pour longtemps … Alors, patientez un peu ! »

*Übung 19: **Un, une, le** oder **la**? Setzen Sie den passenden Artikel ein!*

L'inspecteur Cliquot se retourna vers Nathalie.

Elle regardait par (1.) _____ fenêtre, dans la salle.

« Ne *manque*-t-il pas là aussi (2.) _____ tableau ? »

Elle *désignait* du doigt (3.) _____ mur d'en face. Dans le dos du docteur Jeanin.

« C'est vrai ! Là aussi il y a (4.) _____ tache claire … »

Il se dirigea vers le cuisinier, qui les regardait sans bouger.

« Monsieur Sidan, dites-moi, avez-vous remarqué si quelque chose *manquait* dans (5.) _____ pièce ?

– Je n'y suis pas *rentré*. Je ne sais pas.

– Pouvez-vous jeter (6.) ____ *coup d'œil* par la fenêtre ? Regardez ! Là ! »

Nathalie lui montrait de la main l'*emplacement* plus clair au mur. « *Effectivement*. Vous avez raison. C'est son *ombre* qui *manque* … Mais qui peut bien avoir un intérêt à *dérober* cette photo ? Elle n'a absolument aucune valeur …

– Une *ombre*, une photo ? Pourriez-vous être plus précis ?

– En fait, c'est une photo. La photo d'un modèle de la tour Montparnasse. Il en était fier. Il m'avait raconté qu'ils avaient tous fait la même photo. Semblable et différente à la fois … Il avait, avec des amis, fait une reproduction en trois dimensions de la tour Montparnasse. Ils venaient tous du quartier. Ils avaient pris chacun leur *ombre* en photo projetée sur ce modèle. Si bien que chaque photo était la même, prise sous le même *angle*, le même jour, à la même heure … et différente à la fois. Ils avaient trouvé l'idée très bonne. *D'autant plus qu*'ils s'étaient donné un nom : « l'*ombre* sur la tour Montparnasse ». Ou quelque chose du *genre*.

Übung 20: Übersetzen Sie die Wörter und enträtseln Sie das Lösungswort!

1. Fenster _ _ _ _ ☐ _ _
2. Kindheit _ _ _ ☐ _ _ _
3. Zeuge ☐ _ _ _ _ _
4. Schatten ☐ _ _ _ _
5. Hut _ _ _ _ _ _ ☐
6. plaudern _ ☐ _ _ _ _ _ _
7. Gesicht _ _ _ _ ☐ _
8. befragen _ _ _ ☐ _ _ _ _ _ _

Lösung: _ _ _ _ _ _ _ _

– Savez-vous qui étaient les autres ? Combien étaient-ils ?
– Tout ce que je sais, c'est que monsieur Sylvain en faisait partie. Et le patron, bien sûr. Mais ils ne devaient pas être les seuls. Lorsqu'ils parlaient de leur enfance ou de leur adolescence, ils parlaient souvent « des autres » … Je suppose qu'il devait au moins y en avoir deux de plus. Mais qui ? Impossible de vous le dire ! Vous devriez demander à madame Bergros, la petite dame du premier. Elle habite le quartier depuis toujours. Elle a toujours salué mon patron, mais ne s'est jamais arrêtée. Elle *avait* même *l'air* bizarre, quand il a repris « Le Clair de Nuit. » Comme si elle avait eu peur de quelque chose …
– Madame Bergros, dites-vous ? Merci. Nathalie, pouvez-vous prendre les coordonnées de monsieur Sidan ? Permettez-moi une dernière question. Votre patron avait-il des ennemis, avez-vous été *témoin* d'une éventuelle querelle ?
– Non. Pas que je sache. Mais vous savez, mon patron était un peu impulsif … il avait tendance à vite se mettre en colère. Mais il n'*en voulait* finalement *à* personne. Non, je ne vois vraiment pas qui pourrait vouloir lui faire du mal. »

Chapitre 2 : Une leçon d'histoire

L'appartement de madame Bergros, au premier, était petit et confortable. Elle fit entrer l'inspecteur Cliquot et Nathalie dans son salon, juste en face de la porte d'entrée. Une table ronde *entourée* de quatre chaises, un petit fauteuil à oreilles sur la gauche. Devant lui, une télévision d'un modèle ancien. Probablement en noir et blanc. Les *rideaux* aux fenêtres étaient déjà *jaunis*. Sur le napperon au milieu de la table, une *coupe* offrait ses *berlingots* multicolores aux yeux des *gourmands*.

Übung 21: Übersetzen Sie die vorgegebenen Wörter!

« Vous en voulez ? Je vous en *prie*, asseyez-vous ! Puis-je vous offrir une tasse de thé ?

– Avec plaisir ! » Ils avaient de nombreuses (1. Fragen) __________ à poser à la vieille dame et Cliquot commençait à avoir (2. Durst) __________.

Nathalie se souvenait trop bien de l'épisode de la tasse de thé restée collée par l'*anse* au (3. Finger) __________ de l'inspecteur. Il avait dû finalement casser la tasse pour se sortir de ce problème.

« Serait-il possible de boire le thé dans des (4. Schalen) __________ ? Nous n'avons pas bu depuis plusieurs heures et je suis sûre que votre thé est très bon …

– Ma foi, si vous voulez. Je vais donc faire une grande (5. Teekanne) __________ et vous servir le thé dans des bols. Un instant, s'il vous plaît ! »

Elle *disparut* par une petite porte derrière le fauteuil. La cuisine, sans *doute*. On entendait des bruits de vaisselle à travers la porte. L'inspecteur Cliquot n'avait pas pu résister à l'invitation de la vieille dame et *plongeait* déjà sa main dans le bol de *berlingots*. Ah ! Les *berlingots* ! Ces bonbons de couleurs *vives* et rayés de blanc ! Ces triangles en trois dimensions. Du sucre pur ! Aromatisés à la fraise, au citron, peu importe, *pourvu qu'*ils soient multicolores et très sucrés ! Les *berlingots* étaient une spécialité traditionnelle à Paris, comme la *guimauve*. La vraie. Celle qui coule des bras de la machine. Celle qui ne s'arrête jamais de couler. Elle est aussi très sucrée. Mais à pâte molle. Au jardin d'acclimatation, au jardin des plantes et dans tous les petits kiosques à bonbons dans les jardins de Paris, on trouvait souvent des *berlingots* et de la *guimauve*. Depuis quelques années, la *guimauve* ne se trouvait plus qu'au jardin d'acclimatation. On voyait de loin ces roues qui tournaient inlassablement, la *guimauve enroulée autour* des trois bras à la manière d'une pelote de laine. Rien *à voir avec* la *guimauve* des bureaux de tabac !

Übung 22: Beantworten Sie die Fragen zum Text!

1. Quel est l'ingrédient de base du berlingot ?

....

2. Où pouvez-vous acheter de la vraie guimauve à Paris de nos jours ?

....

3. Où peut-on acheter de la « fausse » guimauve ?

....

4. Quel bonbon évoqué dans le texte est mou ?

....

5. Combien de bras a la machine à guimauve ?

....

Le problème des *berlingots* est qu'ils collent. Cliquot l'avait oublié. Il voulut prendre le rouge *vif*, celui qui se trouvait sous les autres. Il ressortit une main sur laquelle des *berlingots* collaient de tous les côtés. Il attrapa le rouge avec les dents et essaya de *remettre* les autres dans la *coupe*. De la main gauche, il essaya de les décoller. Les *berlingots* passèrent d'une main à l'autre, sans se *déposer* dans la *coupe*. Il essaya une nouvelle fois de la main droite. Même problème. Il *secoua* la main. Un *berlingot se détacha* en partie. *Par* petits *à-coups*, il le fit retomber dans la *coupe*. Il tourna son regard très fier vers Nathalie. Elle observait le tout, très étonnée de la nouvelle *adresse* de son patron.

À ce moment, madame Bergros sortit de la cuisine portant devant elle un *plateau* et les bols. L'inspecteur Cliquot se leva pour l'aider. Avant que Nathalie ne réalise ce qui se passait, il prit le *plateau* des mains de son *hôtesse*. Il sentit les *berlingots* qui le gênaient, *secoua* la main de toutes ses forces pour les *détacher*, oubliant qu'il tenait le *plateau*. Le *plateau glissa*, les bols tombèrent sur la *moquette*.

ÜBUNG 23

Übung 23: Fügen Sie in den idiomatischen Redewendungen das passende Wort ein!
(mains, oiseau, tête, éléphant, plat, nuages, lune, pompes, air)

1. être tête en l'__________

2. être une vraie __________ de linotte

3. mettre les pieds dans le __________

4. avoir deux __________ gauches

5. être dans la __________

6. être à côté de ses __________

7. avoir la tête dans les ___________

8. être comme un ___________ dans un magasin de porcelaine

9. avoir une cervelle d'___________

« Ne *vous inquiétez* pas, ils sont incassables ! Mon défunt mari était très *maladroit*. Je connais le problème ! J'ai pris l'habitude de verser le thé dans les tasses uniquement à table. Vous voyez ? Aucune casse !
– Pardonnez-moi, madame … Nous avons appris que vous étiez dans le quartier depuis longtemps …
– Depuis toujours, depuis toujours … Je suis même née en 1925 dans cette maison. Au rez-de-chaussée, dans ce qui sert de restaurant, maintenant … J'ai vu le quartier se transformer *au fil du* temps, des guerres, de l'histoire … Que voulez-vous savoir ?
– Vous avez certainement eu vent de ce qui s'est passé dans l'arrière-salle du « Clair de Nuit ? »»

Übung 24: Setzen Sie die Verben in die entsprechenden Lücken ein!
(pendus, aurait, connaissiez, reprenait, regardait, rendait, lire)

La vieille dame *blêmit*. Son regard devint fuyant. Elle (1.) ______________ ses mains et son sourire *accueillant s'*était *figé*.

« Il est mort, n'est-ce pas ?

– Oui. Le (2.) ______________-vous bien ?

– Oh, vous savez, tout le monde se connaît dans le quartier. C'est comme partout. On voit toujours passer les mêmes personnes, on se dit bonjour et le tour est joué. Mais de là à tout savoir sur quelqu'un, il y a un gouffre ! »

Elle (3.) ________________ des couleurs. Son visage rond redevenait *jovial*. Ses cheveux gris coiffés en *chignon* lui donnaient un *air* de grand-mère sortie d'un conte de fées. Elle avait un peu d'embonpoint, était vêtue d'un costume noir, simple et classique. Un aspect qui *échappait* au temps et qui (4.) ________________ son âge indéfinissable. Avec ses grandes lunettes rondes et ses fines lèvres en forme de cœur, on l'imaginait très bien au coin du feu, une tasse de thé à la main, dans un grand fauteuil bien douillet, en train de (5.) ________________ un conte à ses petits-enfants assis sur des coussins par terre et (6.) ______________ aux lèvres de leur grand-mère. Avec un bon gâteau au chocolat, le tableau (7.) ______________ été parfait.

Quelque chose lui faisait peur ; oui, mais quoi ? Nathalie posa son bol sur la table.

« Il est *délicieux*, votre thé, madame. Exactement comme il faut ! Vous n'êtes donc jamais partie de ce quartier ?

– Oh, vous savez, moi, les voyages ! Et puis, de mon temps, cela n'était pas aussi facile qu'aujourd'hui. *D'autant plus que* Montparnasse avait bien des choses à offrir. Tout le monde venait à Montparnasse ! Alors, pourquoi aller ailleurs ?

– Comment cela ? Tout le monde ?

– Vous n'êtes pas du quartier, mademoiselle. Et puis bien trop jeune pour avoir connu tout cela. Et bien voilà :

Montparnasse, contrairement à ce que tous les touristes croient, est le vrai quartier des artistes à Paris. Lorsqu'un touriste pense à la peinture, il va à Montmartre. Et bien, il a *tort*. C'est à Montparnasse que la tradition des arts plastiques est la plus forte. Figurez-vous qu'*à l'époque* des mes parents, le quartier était en pleine ébullition artistique. Des jeunes artistes du monde entier venaient s'installer à Montparnasse. C'était la grande époque du cubisme. Ces artistes ont formé ce que l'on appelle l'Ecole de Paris. Tout le monde se connaissait. Il n'y avait pas de porte fermée. On venait se rendre visite. Le Douanier Rousseau, qui habitait avenue du Maine, et Modigliani, le « Roi des Montparnos », ont rendu le quartier célèbre dans le monde entier. Modigliani, vous savez, c'est ce peintre-dessinateur et sculpteur italien qui réalisa à Montparnasse une grande partie de son œuvre, sans connaître de succès, malheureusement. Tenez, si vous voulez avoir une bonne idée de la vie que l'on menait au début du XXe siècle à Montparnasse, allez voir le film « Montparnasse 19 » de Jacques Becker. Vous y *reconnaîtrez* Gérard Philipe incarnant Modigliani avec un très grand talent, comme toujours.

Übung 25: Wie heißt das Wort auf Deutsch ? Setzen Sie die richtige Ziffer ein!

1. peintre	☐ Künstler
2. célèbre	☐ Friedhof
3. loyer	☐ Papierkram
4. cimetière	☐ blass
5. blême	☐ berühmt
6. artiste	☐ Maler
7. paperasserie	☐ Miete

Une grande partie des artistes immigrés venaient d'Europe centrale et même d'outre-Atlantique. À « La Closerie des Lilas », une fois par semaine, de jeunes écrivains se réunissaient autour de Paul Fort, le roi des poètes. Aujourd'hui encore, d'ailleurs, c'est le rendez-vous des écrivains. À « La Rotonde », des artistes de toutes les nationalités rencontraient des personnalités russes en exil. Certains, comme Blaise Cendrars, par exemple, s'y attardaient pour jouer aux machines à sous. Même Trotski y avait sa table. De l'autre coté, les artistes allemands préféraient aller au « Dôme ». Les architectes avaient eux aussi choisi Montparnasse comme laboratoire pour leurs nouvelles idées. Avez-vous déjà vu la maison de l'architecte Sauvage, au 26 rue Vavin ? Une toute nouvelle idée pour l'époque. Du style « Art déco ». Elle est *couverte* de céramique et construite sous forme de *gradins* qui servent de terrasses-jardins. Cette nouvelle manière de construire, qui doit apporter le plus de lumière possible dans l'habitation, a été à l'origine d'une nouvelle formule architecturale qui fut très souvent reprise, dans le monde entier, pour les constructions après la guerre. Promenez-vous sur les boulevards Montparnasse et Raspail ! Et surtout, regardez vers le haut ! Observez tous ces immeubles : vous y *reconnaîtrez* de nombreuses *tentatives* qui évoqueront à vos yeux les idées folles des architectes du siècle dernier.
Et la Ruche ! Vous n'allez tout de même pas me dire que vous ne connaissez pas la Ruche ! La Ruche avait été fondée par Alfred Boucher, un sculpteur à la mode *à l'époque*. Il faisait les bustes des gens du monde et les vendait très cher. Avec cet argent, ce philanthrope avait eu une idée fameuse qui correspondait aux tendances de l'époque. Il acheta un terrain et y fit construire une grande maison. Il rajouta quelques vestiges qu'il avait rachetés de l'Exposition universelle de 1900, comme par exemple la Rotonde des Vins, un bâtiment polygonal en forme de *ruche* - d'où le nom de l'ensemble -

qu'il divisa pour en faire des ateliers. Il *accueillait*, dans cette sorte de cité des arts près des *abattoirs* de Vaugirard, les artistes peu fortunés et leur offrait logis et atelier pour un loyer très *modeste*.

Übung 26: Beantworten Sie die Fragen zum Text!

1. Paul Fort était-il un poète ou un musicien ?

2. Henri Sauvage était-il un architecte ou un écrivain ?

3. Blaise Cendrars était-il d'origine allemande ou russe ?

4. D'où vient le nom de la Ruche ?

5. Quel est l'avantage du style « Art déco » ?

6. À quel endroit se rencontraient les artistes allemands ?

Sans la Ruche, le monde n'aurait certainement jamais connu les œuvres de grands peintres et sculpteurs de ce siècle : Zadkine, Soutine ou Chagall, qui venaient des pays de l'Est; Fernand Léger, Modigliani aussi, pour n'en *citer* que certains. Ils *attiraient* à leur tour d'autres artistes, virtuoses des lettres, comme Apollinaire ou Max Jacob. L'endroit déclina cependant entre les deux guerres et lorsque, dans les années soixante, le tout fut menacé de destruction, de nombreux artistes célèbres décidèrent de sauver la Ruche. Avec l'argent de René Seydoux, ils fondèrent à leur tour une association qui *accueille* encore aujourd'hui dans la Ruche des artistes de tous *genres*, mais surtout des plasticiens et des musiciens. Les ateliers sont *classés* monuments historiques et l'idée a fait recette. D'autres « Ruches » sont nées à Paris.
De grands artistes ont vécu à Montparnasse. Picasso, par exemple. Savez-vous qu'il avait un appartement très luxueux, rue Schoelcher ?

ÜBUNG 27

Übung 27: Nennen Sie ein Synonym für die folgenden Wörter!

1. bâtiment ....
2. figure ....
3. tout à coup ....
4. vue ....
5. assassin ....
6. regarder ....
7. docteur ....
8. modifier ....

Du côté de Denfert-Rochereau, certains, comme Van Dongen, avaient leur atelier *aux alentours du* lion de Belfort. On y organisait de grandes fêtes dans lesquelles se rencontrait le tout Montparnasse artistique et populaire. Entre les deux guerres, le quartier se transforma beaucoup. Le quartier n'*attirait* plus seulement les artistes du monde entier, mais tous ceux qui jouissaient d'une certaine renommée et qui voulaient en jouir. Il fallait se « montrer » à Montparnasse pour entretenir sa célébrité. Le quartier devenait de plus en plus riche. Les bistrots dans lesquels les artistes venaient autrefois boire un verre à bon prix et philosopher sur le monde se transformaient petit à petit en grands cafés chic. On décorait les intérieurs de *cuir* rouge. Les cafés s'agrandissaient, prenaient des proportions énormes, avec de grandes salles. Allez donc voir à « La Coupole », Boulevard Montparnasse ! On y danse encore au sous-sol. Vous y verrez encore un bon exemple de la folie des grandeurs de cette époque. On y faisait des fêtes qui sont restées célèbres. À n'importe quelle *occasion* ! C'était le début du cinéma. Deux grandes salles célèbres étaient installées dans le quartier. La première était spécialisée dans les films soviétiques et dans les œuvres de producteurs juifs polonais, tandis que la deuxième passait des films américains. Bien plus tard, la tradition du « Vavin » fut reprise par le « Cosmos », rue de Rennes, qui, *à son tour*, ne passait que des films soviétiques.

Übung 28: Finden Sie das zum Adjektiv passende Substantiv!

1. célèbre ______________________
2. vieux ______________________
3. beau ______________________
4. haut ______________________

5. tranquille ______________________

6. fidèle ______________________

Juste à côté d'ici, la rue de la Gaîté portait bien son nom. On y trouvait par exemple des marchands d'accordéon, des restaurants, des bistrots devenus célèbres. « Bobino » était devenu le temple de la chanson populaire. Chevalier, Fréhel, Piaf, Gréco … tous des noms liés pour toujours à la rue de la Gaîté. Le vieux théâtre Montparnasse était un haut lieu de l'art dramatique. Il y avait même un magicien très célèbre qui enchantait le Tout-Paris, Gaston Baty. Dans l'atelier 17, un immeuble bâti *exprès* pour offrir des ateliers à des artistes sur quatre étages, avec de grandes fenêtres en arc, rue Campagne-Première, de grands noms des arts *se retrouvaient* : Miro, Max Ernst, Kandinsky, pour n'en *citer* que quelques-uns.
Au moment de l'occupation, le quartier fut envahi par les troupes allemandes. De nombreux artistes s'en allèrent. La plupart était d'origine juive. Ils étaient contraints de *disparaître*, de s'en aller vers des lieux plus tranquilles. Et à Montparnasse, dans les grands cafés, ce sont les uniformes verts qui ont remplacé la foule mondaine d'avant-guerre.
Savez-vous que c'est par l'avenue d'Orléans et le boulevard Montparnasse que le général Leclerc est entré dans Paris le 14 août 1944 lors de la Libération ? Et oui, encore notre quartier ! D'ailleurs, Leclerc choisit de s'installer dans la gare de la place de Rennes avec son *état-major*. Une gare qui a ensuite été rasée sous de Gaulle. Mais le quartier avait déjà dû abandonner son trône. *Au profit de* Saint-Germain.
À partir de cette époque, tout a changé. *À part* deux ou trois grands cafés, comme « La Coupole », « La Rotonde » ou « Le Dôme », qui sont toujours restés fidèles à eux-mêmes, tout se transformait.

Seules les vieilles rues entre le boulevard Montparnasse et le Luxembourg n'ont pas été touchées. On y trouve encore les hôtels des années 1890, à l'architecture typiquement parisienne.

Übung 29: Welche Wörter gehören zusammen? Setzen Sie die richtige Ziffer ein!

1. gare	☐ appartement
2. immeuble	☐ trottoir
3. rue	☐ quai
4. cheminée	☐ voiture
5. garage	☐ toit

De nouveaux immeubles modernes ont pris la place des anciens quartiers à l'esprit bohème. Le premier ensemble qui transforma tout le quartier fut celui de la gare Montparnasse avec sa grande tour qui ressemblait à un building américain de l'époque. Sa construction commença en 1969, d'après des plans de Raoul Dautry, élaborés en 1934. Georges Pompidou avait jugé *à l'époque* les tours de Notre-Dame « trop basses » et avait *qualifié de* « rétrograde » la répulsion des Parisiens pour les constructions en hauteur. La tour fait 200 mètres de haut et a 58 étages. Elle est construite en acier et en verre fumé. On peut y aller encore de nos jours pour admirer, du haut de la tour, un panorama *exceptionnel* de la ville.

Dans les années quatre-vingt, la transformation continua. *À l'époque*, la rue de l'Ouest était encore un vestige des quartiers où la vie artistique s'était épanouie. Elle était *sombre*. De nombreux « squatteurs » - vous savez, ces jeunes qui s'installent dans un appartement sans payer de loyer et y restent *à leur guise* - s'étaient installés dans cette rue aux immeubles délabrés. Sur les trottoirs, ils vous *accostaient*, prononçant à toute vitesse, en vous lançant un regard *furtif*, le mot « shit ». Ils vendaient de la drogue aux passants. Pour mettre un terme à cette délinquance, la mairie de Paris, représentée par Jacques Chirac *à l'époque*, décida de continuer la « modernisation » du quartier et de les faire partir avec l'arrivée des grues des travaux publics. La zone Guilleminot-Vercingétorix, qui se trouve près de la place de la Catalogne, fut « revalorisée ». Deux immeubles furent construits en 1988 en harmonie avec l'ensemble immobilier que Ricardo Bofill avait fait ériger en 1983. Vous savez, avec deux *îlots* de constructions de chaque côté d'une allée centrale : les *Colonnes* et l'Amphithéâtre. Ce projet était très controversé *à l'époque*. De nombreux habitués du quartier sont partis, ne *reconnaissant* plus du tout « leur » Montparnasse.

ÜBUNG 30

Übung 30: Übersetzen Sie die vorgegebenen Wörter!

Il y a bien eu un joaillier, Cartier, qui a essayé de faire revivre la tradition (1. künstlerisch) ______________ de Montparnasse. Il a créé en 1994 une fondation pour l'art (2. zeitgenössisch) ______________, boulevard Raspail, à l'*emplacement* de l'ancien Centre culturel américain. Mais ce n'est plus la même chose. Vous savez, on ne peut pas faire revivre une époque. Ou bien suis-je trop vieille pour y croire ? Mais allez donc faire un tour au (3. Friedhof) ______________ Montparnasse, juste à côté, au bout de la rue, en bas. Vous y verrez les grands noms des arts qui vous rappelleront ce que je viens de vous raconter. Il a d'ailleurs été créé en 1824 et c'est le deuxième cimetière de Paris par sa taille. Vous y trouverez par exemple Charles Baudelaire reposer aux côtés de bien d'autres personnalités célèbres. Lisez les noms, passez d'un (4. Künstler) ____________ à l'autre et vous revivrez intérieurement la grande époque de Montparnasse. »

Nathalie et l'inspecteur Cliquot étaient fascinés par la culture de cette vieille dame. Ils restèrent encore un moment silencieux, *plongés* en pensée dans le Montparnasse des artistes.

Übung 31: Setzen Sie die Verben in der angegebenen Zeitform ein!

ÜBUNG 31

« (1. vouloir, présent) ____________-vous encore un peu de thé ?

– Non, merci bien. Il est *délicieux*, mais nous ne voulons pas vous *importuner* trop longtemps.

– Vous ne m'*importunez* nullement ! C'est un peu une marotte, l'histoire de Montparnasse, voyez-vous. Lorsque l'on (2. naître, présent) ____________ dans un quartier et y passe toute sa vie, il est difficile de penser à autre chose.

– Maintenant que nous avons, grâce à vous, une idée de la vie de Montparnasse au cours du siècle dernier, (3. pouvoir, conditionnel) ____________-vous, s'il vous plaît, revenir sur la période des années soixante-dix à quatre-vingt. C'est l'époque qui nous intéresse en fait. Voyez, tout porte à croire que la clé du mystère se trouve dans l'enfance des deux victimes. Or, ils (4. avoir, imparfait) ____________ tous les deux environ cinquante ans.

– Ma foi, ces années-là étaient celles de ma vie active. Or, lorsqu'on travaille, il reste bien peu de temps pour s'intéresser vraiment au reste. Vous devez certainement en savoir quelque chose, n'est-ce pas ? Dans le quartier, nous n'étions, en fait, *concernés* que de loin par toutes ses transformations. Bien sûr, *dès que* l'on sortait de la rue Froidevaux, on *tombait sur* le grand chantier de la tour, les bâtiments autour de la gare. Vous savez comment nous les avons appelés dans le quartier ? « La cage aux lapins » ! Ils sont longs, très hauts, les plafonds sont bas et ils sont tout en verre. On voit l'intérieur des appartements. D'ailleurs, les pièces que j'ai vues ne sont pas très grandes non plus. Ils *donnent sur* l'arrière, directement sur la gare. Dans les années quatre-vingt, un toit a été construit au-dessus de la gare pour les protéger du bruit des trains qui partaient et arrivaient. J'ai une amie qui y a habité pendant un moment. Tout moderne, la cuisine, la salle de bains, les chambres : carré, tout était carré ! Bien sûr, les appartements sont plutôt clairs. Ils sont tout vitrés, devant et derrière. Mais je trouvais cela bizarre - et mon amie aussi. Nous étions assises à la table de la cuisine, devant la fenêtre qui allait jusqu'au sol et les gens passaient dessous, dans la rue. Ils auraient pu voir chacun de nos mouvements. On se sentait un peu observées. Même si ce n'était pas le cas. Mais ce qui m'a épatée, *à l'époque*, c'est la solidarité qui régnait parmi les habitants de cet immeuble. Cela le rendait sympathique, malgré tout.

ÜBUNG 32

Übung 32: Unterstreichen Sie die richtige Alternative!

Ces années étaient des années mouvementées, de transformation. Notre génération travaillait. L'argent devenait de plus en plus (1.) rare/*accessible*, car le quartier se « revalorisait », comme ils disaient. La vie devenait de plus en plus (2.) tranquille/stressante.

Mais ici, autour de la rue Daguerre, heureusement, c'était comme un *îlot* de (3.) vacarme/paix dans tout ce tohu-bohu. Pas de travaux, pas de bruit, toujours les mêmes personnes et les mêmes cafés. « Le Clair de Nuit » a ouvert ses (4.) portes/fenêtres vers la fin des années soixante-dix. Au début, il ne faisait pas trop de bruit. J'y allais même de temps en temps avec mon mari. À la sortie du théâtre ou du (5.) lycée/cinéma, c'était pratique, ils proposaient toujours à manger, même juste avant la fermeture ! Puis, c'est devenu plus bruyant, ou c'est nous qui avons vieilli. Lorsqu'ils ont reçu la (6.) permis/permission d'ouvrir jusqu'à quatre heures du matin, il nous était plus difficile de nous endormir. Trop de musique, trop d'allées et venues.
– Comment étaient les jeunes dans le quartier ? Les connaissiez-vous aussi ?
– Les jeunes ? »

Chapitre 3 : Le journal

Elle sembla absente pendant un moment. Son regard s'était tourné un court instant vers une étagère *couverte* de livres. L'inspecteur et Nathalie suivirent son regard.
Sur l'étagère se trouvait une *rangée* de livres de toutes les tailles. Tous sur le quartier et sur Paris. Au milieu, trois livres sans *indication* sur la reliure. Trois livres à la couverture rouge. Assez volumineux, au dos en *cuir*. Nathalie *reconnut* tout de suite la couverture. Elle en avait déjà *classé* de nombreux de ce *genre*. Des ouvrages trouvés dans des appartements délaissés que la ville avait finalement vidés. Les meubles étaient vendus ou *récupérés* par Emmaüs, tandis que les livres étaient *triés*. Au *rayon* histoire, une grande étagère était réservée à ces « livres » sans titre. Des

journaux. Écrits par des quidams. Chaque *journal* était d'une importance particulière pour les historiens. C'est fou ce que l'on peut trouver comme renseignements dans un *journal* ! Sur la vie quotidienne des gens d'un pays, d'une ville, d'un quartier. Sur l'impact des événements sur leur vie. Tous des *témoignages* précieux pour essayer de comprendre une époque. D'ailleurs, celui d'Anne Frank était un bon exemple.
Nathalie aimait les lire et ne s'en était pas privée aux archives. Elle en était sûre. Ces trois livres-là étaient des journaux écrits de la main de madame Bergros. Elle aurait donné gros pour savoir ce qui y était écrit …
« Les jeunes … »

ÜBUNG 33

Übung 33: Welche Bedeutung haben die folgenden Sätze? Kreuzen Sie an!

1. Madame Bergros était plongée dans ses pensées.
   a) ☐ Madame Bergros ne savait pas quoi penser.
   b) ☐ Madame Bergros n'écoutait plus à force de penser.
   c) ☐ Madame Bergros cherchait de nouvelles pensées.

2. Ces jeunes n'ont pas une once de méchanceté.
   a) ☐ Ces jeunes ne sont pas du tout gentils.
   b) ☐ Ces jeunes ne sont pas du tout méchants.
   c) ☐ Ces jeunes ne savent pas ce qu'est la gentillesse.

3. Je n'ai pas grand-chose à voir avec cela.
   a) ☐ Je ne vois pas très bien cela.
   b) ☐ Je n'ai pas l'intention de voir cela.
   c) ☐ Je ne suis pas du tout concerné par cela.

4. Cela fait 20 ans qu'elle est là.
   a) ☐ Elle est arrivée il y a 20 ans.
   b) ☐ Elle est arrivée quand elle avait 20 ans.
   c) ☐ Elle est arrivée 20 ans plus tard.

5. Son visage était blême.
   a) ☐ Son visage était animé.
   b) ☐ Son visage était immobile.
   c) ☐ Son visage était pâle.

Madame Bergros répéta ces mots d'un *air* absent, puis *se reprit* d'un seul coup, en faisant un petit mouvement de la tête, comme si elle voulait se réveiller.
« Les jeunes étaient comme partout et toujours. Tête en l'air, prêts à faire des bêtises et sans une once de raisonnement. C'est comme partout, les jeunes croient toujours qu'ils sont immortels ! Eh oui, c'est comme ça !
Les années soixante-dix avaient vu de nombreuses bandes parcourir les rues de Paris. Montparnasse n'en était pas épargné. C'était surtout des bandes de rockers. Ils se rencontraient dans les stations de métro et parfois même se *tapaient* dessus. Et oui, comme dans les films ! Mais, en général, ils laissaient les gens du quartier en paix. Il y avait certains codes à respecter entre eux. Mais nous n'*avions* pas grand-chose *à voir avec* eux. Vous devriez demander à ceux qui ont été jeunes dans le quartier. Demandez donc à « La Bélière ». La patronne est là depuis au moins vingt ans. Elle pourra certainement vous en dire plus sur les jeunes. Elle l'était, à cette époque, en tous cas plus que moi ! »
Son regard retourna se poser sur l'étagère de livres. Son visage était redevenu *blême*. Quelque chose la *tourmentait*. Mais quoi ?

ÜBUNG 34

Übung 34: Finden Sie das passende Substantiv!

1. trembler ______________________
2. hésiter ______________________
3. effrayer ______________________
4. décider ______________________
5. frissonner ______________________
6. craindre ______________________
7. douter ______________________
8. reprendre ______________________
9. mouvoir ______________________

La main de madame Bergros tremblotait. Nathalie la prit doucement.

« Si quelque chose vous inquiète, n'hésitez pas à nous le dire … Nous sommes là pour ça. Nous pouvons aussi vous protéger.

– Et vous pouvez nous appeler à tout moment. Nous viendrons immédiatement ! »

L'inspecteur Cliquot lui tendit sa carte. Madame Bergros se retourna vers lui, les yeux remplis de *larmes*. Elle fit un signe de remerciement de la tête. Elle semblait vouloir retenir ses *larmes*, son visage avait pris une expression de tristesse *infinie*.

D'un seul coup, elle se raffermit, se leva, se dirigea droit vers les trois livres rouges, les prit et les tendit à Nathalie.

« Tenez. Trouvez-les. Et que justice soit enfin rendue ! »

Elle ne semblait plus avoir peur, au contraire. Sa voix était *ferme* et son regard décidé.

Übung 35: Wie lauten die Sätze richtig? Tragen Sie diese mit Satzzeichen und richtiger Groß- und Kleinschreibung ein!

1. l'avait fort que le de taxi sursauta Cliquot inspecteur crié si chauffeur

2. venir va cet quand inspecteur il dites

3. le des toujours collent qu' est ils problème berlingots

4. donc partie ce vous jamais êtes n'de quartier

5. s'à du entier artistes monde des Montparnasse installer venaient jeunes

6. par vieille de culture la étaient Cliquot et l' Nathalie fascinés dame cette inspecteur

7. une de les étagère sur l' trouvait se rangée de tailles toutes livres

....

....

L'inspecteur Cliquot et Nathalie remercièrent la petite dame et retournèrent dans la cour. Nathalie tenait précieusement les trois cahiers.
« Vous avez remarqué comme elle a hésité avant de *nous remettre* son *journal* ?
– Un souvenir l'oppresse à chaque fois que le mot « jeune » est prononcé. J'aimerais bien savoir ce que c'est.
– Nous le saurons bientôt. *Dès que* j'aurai fini de le lire. Permettez-moi de les emporter chez moi, j'aurai plus rapidement terminé. J'en suis toute retournée. Quel peut bien être le terrible secret de cette gentille dame ?
– Prenez-le, bien sûr. Et faites-en un résumé. Je compte sur votre *perspicacité* ! »
Au moment où ils arrivèrent dans la cour, le docteur Jeanin sortait l'*air satisfait* de l'arrière-salle.
« Il est à vous ! Si vous voulez le voir. Sinon, je le fais emporter immédiatement …
– Prenez-le, prenez-le … C'est votre travail. Nous préférons *enquêter*. Qu'avez-vous donc trouvé ?
– Il est mort de la même manière que le premier, celui de la rue Daguerre. Du très beau travail ! Un objet très fin, long et très bien *aiguisé* en plein cœur. Pas une hésitation, pas un tremblement, rien. Cette fois encore mieux, sans une seule goutte de sang !
– Mais comment est-ce possible ?
– C'est simple. L'objet étant très fin et très affûté, le *meurtrier* n'a besoin que d'un coup très bref. La personne meurt sur le coup, mais la blessure n'est pas assez grande pour laisser s'écouler le

sang. L'hémorragie est interne. C'est vraiment du travail de professionnel ! À propos, nous avons retrouvé le même « tatouage » que sur le mort de la rue Daguerre. Cela ressemble énormément à la tour Montparnasse.

Übung 36: Sind die folgenden Aussagen richtig ? Markieren Sie mit richtig ✔ oder falsch – !

ÜBUNG 36

1. Nathalie lira le journal de madame Bergros au bureau. ☐
2. La visite chez madame Bergros a ému Nathalie. ☐
3. L'inspecteur et Nathalie ont déjà une idée de ce qui se trouve dans le journal de madame Bergros. ☐
4. L'inspecteur ne veut pas voir le corps de la victime. ☐
5. Le meurtrier n'a pas frappé sa victime au bon endroit. ☐
6. La victime est morte après un long moment. ☐
7. L'arme du crime est très fine, longue et trés bien aiguisée. ☐

– L'« *ombre* sur la tour Montparnasse » … venez, Nathalie, allons voir la tour Montparnasse. Peut-être y trouverons-nous une *piste*. »
Ils sortirent par le couloir. La nuit commençait déjà à tomber. Ils étaient restés longtemps dans l'immeuble et ne s'étaient pas rendu compte du temps qui passait.
Relevant le *col* de leur imperméable pour se protéger de la brise glaciale, ils se dirigèrent vers le cimetière, le *longèrent* jusqu'à l'entrée et ne purent s'empêcher d'y jeter un *coup d'œil*. En hiver, le cimetière Montparnasse fermait ses portes plus tôt, si bien qu'ils ne purent y entrer.
« Dommage !
– C'est vrai, moi aussi j'aurais bien jeté un *coup d'œil* dans ce cimetière. »

ÜBUNG 37

Übung 37: Finden Sie in diesem Gitternetz die sieben Begriffe zum Wetter!

N	P	L	U	C	E	B
U	A	M	N	R	L	R
A	M	U	E	A	S	O
G	G	L	A	C	E	U
E	N	E	I	H	P	I
S	O	L	E	I	L	L
M	A	O	L	N	U	L
P	G	A	E	C	I	A
H	E	X	Y	E	E	R
S	N	E	I	G	E	D

Ils marchaient à grands pas pour arriver plus vite *à l'abr*i. Au grand carrefour, une fois qu'ils eurent passé la rue de la Gaîté à droite, il traversèrent pour arriver juste derrière la gare, devant « la cage aux lapins ». Ils *longèrent* la gare et *se retrouvèrent* sur la petite place entre la gare et la tour. Comme souvent en hiver, une patinoire provisoire avait été installée sur une estrade. Les enfants et les jeunes du quartier *s'en donnaient à cœur joie.* Près de là, un manège animait la scène de sa musique et l'odeur des bonbons, des chocolats et des chouchous gagnait toute la place. L'inspecteur Cliquot se rappela soudain qu'il avait faim. Quelle histoire ! Son premier *meurtre* à *élucider* et il n'arrivait pas à prendre un seul repas correct à une heure normale. Est-ce que ce serait le cas pour tous les *meurtres* ? Il se tourna vers Nathalie.

« N'avez-vous pas faim ?

– Si, *évidemment*. Le petit-déjeuner est bien loin déjà …

– Tenez, je vous invite pour une fois ! Que désirez-vous ? Des sucreries ou un hot-dog au stand derrière la patinoire ?

– Ma foi, un hot-dog serait le bienvenu. Les bonbons ne nourrissent pas aussi bien. »

Il *s'approcha du* stand, commanda deux hot-dogs, les paya et en tendit un à Nathalie. Comme ils étaient tous deux *curieux* de ce qui les attendait dans la tour, ils ne s'attardèrent pas. Ils se dirigèrent vers la tour, leur hot-dog enveloppé dans une serviette. Ils essayaient de manger et de marcher à la fois, ce qui n'était pas si facile. Lorsqu'ils entrèrent dans la tour, tout semblait tranquille. Quelques touristes en sortaient, d'autres discutaient devant des affiches à droite et à gauche de la porte d'entrée. L'inspecteur Cliquot et Nathalie *s'approchèrent de* l'ascenseur.

Übung 38: Übersetzen Sie und enträtseln Sie das Lösungswort!

1. essen ☐ _ _ _ _ _
2. Aufzug ☐ _ _ _ _ _ _ _ _
3. Koffer _ _ ☐ _ _ _
4. Hand _ ☐ _ _
5. Befehl _ _ ☐ _ _
6. Tourist _ _ _ ☐ _ _ _ _
7. Pistole _ _ _ _ ☐ _ _ _
8. Wurst _ _ _ _ ☐ _ _ _
9. fallen ☐ _ _ _ _ _

Lösung: _ _ _ _ _ _ _ _ _

Un groupe de touristes américains venait de *rentrer* et *s'approchait de* l'ascenseur. Une sonnette mélodieuse *retentit*. Les portes de l'ascenseur s'ouvrirent. Un homme de petite taille en sortit, une valise à la main, suivi de plusieurs personnes *pressées*. L'homme se mêla au groupe de touristes et laissa tomber sa valise. L'autre ascenseur s'ouvrit *à son tour*. Une femme en sortit et *s'approcha de* l'un des hommes *pressés*.
« Vous l'avez ? »

L'inspecteur Cliquot vit la valise devant l'ascenseur. Il la prit, se retourna vers l'homme *entraîné* par le groupe. L'homme *prit ses jambes à son cou*. L'inspecteur le *poursuivit*.
« Votre valise ! Monsieur, vous avez oublié votre valise ! »

Il se rapprochait à grands pas du petit homme qui venait de passer la porte, toujours mêlé à la foule de touristes. Tout autour, des gens *s'agitaient*. Des hommes, des talkies-walkies à la main, lançaient des ordres.

ÜBUNG 39

Übung 39: Lesen Sie weiter und ordnen Sie die Buchstaben in Klammern zu einem sinnvollen Wort!

« Suivez-le, suivez-le ! Mais enfin, ne le perdez pas de vue ! »

Certains avaient sorti un (1. tpilseot) ...., la foule paniquait et partait dans tous les sens. L'inspecteur Cliquot courait toujours derrière le petit homme, la (2. seliav) .... à la main et son hot-dog dans l'autre. Il passa à gauche du stand de

(3. csuasessi) ____________________, pendant que le petit homme passait à droite. Ils se rencontrèrent à l'autre bout du stand. Choc frontal ! Ils tombèrent, la valise s'ouvrit, une (4. dmtueutil) ____________________ de sacs *contenant* une fine *poudre* blanche se répandirent par terre.

L'homme *se releva*, son (5. olsbnou) ____________________ beige était *couvert* de sauce rouge à cause du hot-dog. Il n'y *fit* pas *attention* et repartit en courant. Des camions de *CRS entouraient* la place. Les *CRS* avaient créé un (6. rdonco) ____________ tout autour de la place. La femme arrivait à côté de l'inspecteur Cliquot. Elle parlait dans son talkie-walkie …

« Vous ne pouvez pas le *manquer* : il est petit, a un blouson beige et est *couvert* de ketchup ! »

Elle se retourna vers Cliquot et lui tendit la main pour l'aider à *se relever*.

« Monsieur ?

– Inspecteur Cliquot !

– Ah ? Inspecteur, c'est le ciel qui vous envoie. Votre idée du hot-dog est géniale ! Je la retiendrai. Sans vous, nous l'aurions perdu dans la foule des touristes. Quand je pense que cela fait des années que nous sommes sur ce coup-là : le plus grand *trafiquant* de drogue du monde ! Nous avions enfin toutes les preuves pour le mettre pour toujours en prison et, sans vous, il *se serait envolé* ! Merci, inspecteur, j'irai dire quelques mots en votre faveur au préfet. Il peut être heureux de vous avoir sous ses ordres ! »

Übung 40: Sind diese Substantive männlich oder weiblich? Ordnen Sie mit bestimmtem Artikel zu!
(examen, gaffe, interrogatoire, maladresse, blague, manège, blouson, guimauve)

Männlich	Weiblich
....	....
....	....
....	....
....	....

Alors que des hommes ramassaient la valise et son *contenu* sous les yeux *ébahis* des *badauds*, l'inspecteur Cliquot chercha à *repérer* Nathalie. Il l'*aperçut à* la porte de la tour, lui fit un signe de la main pour *attirer* son *attention*.

Il n'avait pas remarqué que la *toile* tendue au-dessus du stand tenait par deux ficelles et son large mouvement de la main *entraîna* au *passage* l'une de ces ficelles. Celle-ci sauta à la manière d'un élastique, emportant avec elle la *toile* qui retomba dans la grande *casserole* de sauce tomate que le vendeur de hot-dogs venait d'ouvrir pour *assaisonner* une saucisse. La *casserole se renversa* sur le gril qui tomba par terre. La foule recula rapidement de peur d'être brûlée par la braise. Dans l'*affolement* général, de nombreuses personnes étaient parties en courant en direction de la patinoire. Sur la glace, les glissades se répétaient, on se bousculait, tombait et *glissait* les uns sur les autres.
Les sirènes des ambulances *résonnaient* déjà. Heureusement, on apprit plus tard que personne n'avait été sérieusement blessé, mis à part quelques *bleus*. Cela n'empêcha nullement la presse de titrer le

lendemain sur le plus beau carambolage dans l'histoire de la patinoire parisienne et sur la responsabilité d'un inspecteur de police. Tous ces événements avaient fatigué nos deux *enquêteurs*, si bien qu'ils décidèrent d'un commun accord de rentrer chez eux et de *se retrouver* le lendemain au bureau.

Chapitre 4 : Une bande sème la terreur

Nathalie avait attendu ce moment avec impatience, depuis que madame Bergros lui avait donné son *journal*. Elle s'était fait une bonne tisane, s'était allongée sur son lit, avait placé sous son dos quelques oreillers bien confortables et *approché* sa lampe de chevet. Elle *se retrouvait* dans le Montparnasse que lui avait décrit la petite dame.

Übung 41: Lesen Sie die Definitionen und finden Sie die gesuchten Wörter!

1. coussin que l'on met sous sa tête pour dormir

____

2. boisson que l'on boit avant de dormir

____

3. chanson douce que l'on chante aux enfants pour qu'ils s'endorment

____

4. vêtement composé de deux pièces que l'on met pour dormir

____

5. lampe qui se trouve à côté du lit

Son enfance dans ce lieu bouillonnant d'idées. Elle avait dû être une jolie jeune fille. Souvent, elle se faisait arrêter dans la rue par des peintres qui désiraient faire son portrait. Elle décrivait alors les différents ateliers qu'elle avait visités. Elle avait même été à la Ruche, étant toute petite.

Jeune fille d'une famille sans grands moyens mais très respectueuse des règles de la société, elle avait été obligée de travailler très tôt. Elle avait trouvé une bonne place au service de la famille d'un membre du gouvernement. Elle servait de *bonne d'enfants*. Elle aimait son travail. Elle aimait aller au parc et rencontrer d'autres *bonnes d'enfants*.

Puis, il y avait eu la seconde guerre mondiale et le rationnement qu'elle *entraînait*. La famille l'avait gardée et elle se sentait plus *à l'abri* que beaucoup d'autres. Mais à la fin de la guerre, plus rien n'était comme avant. Le personnel domestique n'était plus d'actualité et c'est avec regret qu'elle dut quitter les enfants qu'elle avait appris à *apprécier*.

Elle trouva vite un emploi de femme de ménage dans plusieurs familles de la bonne société. Par ses anciens patrons, elle avait de très bonnes références. C'est chez l'une de ces familles qu'elle rencontra son mari. Elle venait de terminer son travail, il apportait un paquet de la poste et *s'apprêtait à* sonner lorsqu'elle sortit. Ce fut le coup de foudre. Il se marièrent rapidement. *À l'époque,* il fallait faire vite. Le travail ne *manquait* pas. Il fallait *remettre* tout en état et les hommes vaillants étaient rares. Il dansait *merveilleusement* la java et ils passaient leur fins de semaine à aller d'un bal musette à l'autre et à danser.

Übung 42: Beantworten Sie die Fragen zum Text!

1. Quelles ont été les deux professions de madame Bergros ?

2. Que faisait madame Bergros et son mari les fins de semaine ?

3. Quand a-t-elle quitté la maison où elle travaillait comme bonne d'enfants ?

4. Que lui ont fourni ses patrons lors de son départ ?

5. Où les peintres faisaient-ils des portraits de madame Bergros ?

Au début des années soixante, une petite fille *vit le jour*. Ils l'appelèrent Sylvie. Elle faisait la fierté de ses parents. Dans le quartier, les enfants jouaient tous ensemble. Tout autour, le rock and roll prenait la place de la java. Les jeunes circulaient en mobylette, avec les cheveux gominés et leur « banane », cette mèche qui se dressait artistiquement sur le front.

Übung 43: Tragen Sie die Adjektive in Klammern mit den richtigen Endungen ein!

Dans le quartier, des bandes s'étaient créées. Sylvie devenait de plus en plus (1. joli) ____________. Elle était bonne élève, entra au lycée et ses parents entrevoyaient déjà un avenir plus (2. rose) _________ que le leur, de plus en plus (3. fier) __________ de leur fille. Ils l'avaient élevée de manière stricte, si bien qu'elle ne connaissait pas tellement les (4. autre) _________ enfants du quartier. Elle n'avait pas le droit de rester aussi longtemps dehors et jouer dans la rue n'était pas bien pour une fille. Elle passait des heures à lire et à écouter de la musique.

Une (5. nouveau) _______________ famille s'était installée dans le quartier. On en parlait beaucoup au marché. La famille d'un industriel connu. Il avait acheté, dans un immeuble au coin de l'avenue du Maine, deux appartements l'un en face de l'autre. En fait, tout le dernier étage de cet immeuble ancien, avec de (6. grand) __________ fenêtres, d'où il voyait tout le quartier. Son fils aîné avait vite entrepris de faire la loi dans le quartier. Il se promenait dans la rue, toujours *entouré* des mêmes petits *voyous* : quatre enfants du quartier mal (7. élevé) ____________, mais qui jusque-là n'avaient pas fait trop de mal.

Ce fils d'industriel avait inventé des lois. Il fallait passer des tests pour être accepté dans le voisinage. Les enfants du quartier devaient par exemple sauter par-dessus les gros *bacs à fleurs* qui avaient été placés un peu partout par la mairie pour « enjoliver le quartier ». Ils étaient grands, en béton. Et souvent, les enfants se faisaient mal en retombant sur le bord. Mais lui, il riait *à tue-tête.* Cela l'amusait énormément. Tous ceux qui ne voulaient pas passer ces tests devaient s'attendre à des représailles. Il rançonnait les récalcitrants. Ses « *adjoints* », comme il les appelait, *tapaient* sur tous ceux et toutes celles qui osaient s'opposer à ses règles. Il avait *établi* des droits de douane. Quiconque voulait passer devait payer. Madame Bergros et son mari retenaient Sylvie de plus en plus chez elle. Elle ne devait pas sortir le soir. Les journaux *rapportaient* régulièrement des accidents de jeunes blessés par la bande. Madame Bergros voyait Sylvie, qui jadis avait un caractère *jovial*, se renfermer en elle-même, mais elle n'osait pas lui expliquer la raison de leur sévérité.

Übung 44: Welche Bedeutung haben die folgenden Sätze? Kreuzen Sie an!

1. Il rançonnait les habitants du quartier.
   a) ☐ Il agressait les habitants du quartier.
   b) ☐ Il insultait les habitants du quartier.
   c) ☐ Il exigeait de l'argent des habitants du quartier.

2. Sylvie se renfermait sur elle-même.
   a) ☐ Sylvie se repliait dans le silence.
   b) ☐ Sylvie s'enfermait dans sa chambre.
   c) ☐ Sylvie devenait de plus en plus agressive.

3. Il exerçait des représailles sur les enfants du quartier.
   a) ☐ Il menaçait les enfants du quartier.
   b) ☐ Il se vengeait violemment des enfants du quartier.
   c) ☐ Il faisait des farces aux enfants du quartier.

La bande continuait à faire les quatre cents coups, terrorisant tout le quartier. Elle avait noté les prénoms des quatre « *adjoints* ». Bertrand, Simon, René et Jean. Leur chef se faisait appeler « Ombre suprême ». Dans son *journal*, madame Bergros le *citait* toujours en écrivant « Il », avec un « i » majuscule.

Un jour, sa fille, partie passer le bac, n'était pas encore rentrée du lycée. Madame Bergros reçut un appel de la poste. Son mari avait eu un accident, il s'était fait *renverser* par une voiture. On l'avait transporté à l'hôpital ; on la priait de l'y *rejoindre*. Heureusement, le choc avait été plus grand que l'accident lui-même et, à son arrivée à l'hôpital, elle le trouva *remis de* ses émotions, un gros *plâtre* autour du bras et autour du pied, mais rien de vraiment grave. Il en était quitte pour plusieurs semaines de vacances forcées supplémentaires.

À leur retour à la maison, l'appartement était vide. Sylvie n'était toujours pas rentrée. Pourtant, il était déjà tard. Madame Bergros voulut téléphoner à la police, mais, au moment où elle prit l'écouteur, on sonna à la porte. Elle alla ouvrir. Un grand policier se présenta à elle.
« Madame Bergros ?
– Oui. Savez-vous où est ma fille ?
– Madame, pouvez-vous m'accompagner ? Votre fille a eu un accident. C'est l'hôpital qui nous a demandé de venir vous chercher. Vous n'avez pas répondu au téléphone.
– Qu'est-ce qu'elle a ? C'est grave ?

– Je ne sais pas, je suis simplement *chargé de* l'*enquête*. On a retrouvé votre fille sans connaissance devant une sortie de la gare Montparnasse, à côté d'un *bac à fleurs*. »

Madame Bergros avait noté le dialogue dans son *journal*. Elle semblait vouloir l'imprimer pour toujours dans sa tête. Arrivée à l'hôpital des enfants malades, un médecin l'amena auprès de sa fille. Elle était dans le coma. Les radios avaient *révélé* qu'elle avait reçu un gros choc à la tête. Elle ne s'était pas blessée, mais un grand hématome s'était formé dans son *cerveau*. On ne pouvait rien faire, si ce n'était attendre et espérer que cet hématome se résorbe. Sinon … Sinon, il faudrait *s'habituer à* l'idée qu'elle ne serait plus jamais comme avant. En général, ces accidentés deviennent épileptiques ou léthargiques, selon l'endroit du *cerveau* où se trouve l'hématome.

Übung 45: Vervollständigen Sie die Sätze mit ***à*** *oder* ***de****!*

ÜBUNG 45

1. On m'a chargé ______ t'informer.
2. Je ne suis pas au courant ______ l'accident.
3. Il ne s'est jamais habitué ______ cette idée.
4. Je n'ai pas envie ______ venir.
5. Il m'a obligé ______ mentir.
6. Tu n'es pas obligé _____ lui obéir.
7. La bande continuait _____ faire les quatre cents coups.

« Quelle horreur ! »
Nathalie n'avait pu empêcher ce cri du cœur. Elle essuya une *larme* de ses yeux et continua à lire. La jeune fille était devenue épileptique. Son père ne *se remit* jamais *du* choc qu'il avait eu à la nou-

velle de l'« accident ». Il s'était renfermé en lui-même et était mort quelques années après le début de sa *retraite*. Sa fille avait bien trouvé du travail. Elle n'avait cependant jamais pu étudier et, ses absences étant de plus en plus fréquentes, elle avait préféré *rentrer* dans une institution spécialisée. Elle n'avait pas vécu longtemps non plus et était décédée il y a quelques années.

L'*enquête* avait *conclu à* un accident. On avait vu le préfet de l'époque discuter avec l'industriel. Peu de temps après, l'industriel déménagea, avec toute sa famille. Son fils fut *chargé de* reprendre l'entreprise et fréquentait le beau monde. Les quatre « *adjoints* » avaient vite été oubliés. Ils n'avaient pas fait de grandes carrières et étaient restés dans le quartier. Vivotant chacun dans son coin. Madame Bergros avait loué un petit appartement dans sa maison natale, après la mort de son mari. Lorsque « Le Clair de Nuit » avait été vendu à René Grosjean, elle avait passé des nuits à faire des *cauchemars* et à revivre son passé. Mais ni le patron du café ni son ami Bertrand Sylvain d'ailleurs ne l'avaient jamais *reconnue*. Une vieille dame qui s'occupait de sa fille handicapée ne les intéressait pas. Elle avait *fini par s'habituer à* la présence de ces deux complices. Elle était persuadée que seul l'Autre était vraiment *coupable*.

ÜBUNG 46

Übung 46: Finden Sie die fünf Fehler, die im folgenden Text versteckt sind! Korrigieren Sie sie!

Nathalie se réveilla tot le lendemain. Elle voulait absolument vérifier ce qu'elle avait en tête. Lorsqu'elle ouvrat la porte du bureau, elle alla drois vers l'armoire à documents et *s'empara du dossier* « Montparnasse ». Elle était encore *plongé* dedans lorsque l'inspecteur Cliquot entra.

« Bonjour Nathalie. Vous êtes bien matinale, aujourd'hui !
– Inspecteur, j'ai trouvé quelque chose qui va vous intéresser ! »
Elle lui raconta ce qu'elle avait appris la *veille* en lisant le *journal* de la petite dame.
« Et bien, en voilà un bien triste destin … Je comprends maintenant pourquoi elle ne supportait pas d'entendre le mot « jeune ». C'est quand même incroyable !
– Mais il y a mieux encore … Monsieur Sylvain et monsieur Grosjean sont les deux victimes de ces derniers jours. Tous les deux faisaient partie de la bande. Vous souvenez-vous de ce que le cuisinier nous a dit à propos du tableau ? Une photo d'une *ombre* sur la tour Montparnasse. Et le chef de la bande se fait appeler « l'*ombre* suprême » …
– Le « tatouage » de la tour Montparnasse sur l'épaule des deux victimes ! Il n'y a aucun *doute*. Le *meurtrier* se trouve parmi les victimes de la bande. Il nous faut donc rechercher tout d'abord les trois autres de la bande. Le fils de l'industriel …
– Je peux m'en occuper, il va certainement être facile de retrouver sa *trace* dans les registres de la mairie. Les archives, je connais !
– Voyez aussi si vous trouvez dans le *journal* des *indications* sur d'autres victimes de cette bande. Avez-vous une idée de ce que font les deux autres ? Comment s'appellent-ils déjà ?
– Simon et Jean.

Übung 47: Welche Gegenteile gehören zusammen?

1. tôt	☐ vivant
2. jour	☐ monter
3. descendre	☐ premier
4. mort	☐ tard
5. dernier	☐ nuit

– D'après le *journal* de madame Bergros, le père de Jean devait être boucher dans la rue Daguerre. Il essayait de *remettre* son fils sur le droit chemin par des claques et des interdictions de sortir. Il aurait repris la *boucherie* de son père, mais sans grand succès. Personne ne voulait rien acheter chez lui, si bien qu'il *finit par* vendre sa *boucherie* pour s'installer ailleurs.
– Je vais aller voir le boucher de la rue Daguerre. Avec un peu de chance, il se souviendra du nom de la personne à qui il a acheté la *boucherie*. Si c'est encore lui.
– Quant à ce Simon, il semble *s'être engagé* dans l'armée. En tout cas, il n'a plus jamais *remis* les pieds dans le quartier. Mais là aussi, je peux vérifier. Des Simon qui *s'engagent* en 1972 dans l'armée et qui habitent à Montparnasse, il ne doit pas y en avoir des tas !
– Bien, Nathalie, vous vous *chargez de* retrouver le fils de l'industriel et ce Simon. Je m'occupe, quant à moi, du boucher, Jean, et vais faire une *enquête* de quartier pour trouver d'autres victimes de cette bande.
– Vous ne croyez pas, tout de même … ?
– Mais non ! Voyons, Nathalie ! Pouvez-vous vraiment imaginer la petite madame Bergros *enfoncer* d'une main sûre une longue *aiguille* dans le cœur de ses victimes ? Elle aurait tremblé, c'est certain ! Ah, et encore une chose, Nathalie !
– Oui, Inspecteur ?

– Je suis bien content de vous avoir comme assistante. Bravo !
– Oh ! Merci, Inspecteur ! »

Übung 48: Markieren Sie mit richtig ✔ oder falsch – !

ÜBUNG 48

1. Jean a vendu sa boucherie, car il n'aimait pas le métier de boucher. ☐
2. L'inspecteur pense que madame Bergros peut être coupable. ☐
3. Nathalie pense que peu de Simon venant de Montparnasse se sont engagés dans l'armée en 1972. ☐
4. L'inspecteur pense que le meurtrier est un des membres de la bande de Montparnasse. ☐
5. Le père de Jean voulait que son fils devienne quelqu'un de bien. ☐

Elle *rougit*, prit vite le *journal* et *s'approcha de* la porte le plus vite possible, à la fois *flattée* et *intimidée.*
Elle *trébucha* au moment de passer la porte et *faillit s'étaler* par terre. Mais l'inspecteur Cliquot l'avait *rattrapée* par le bras. Elle se retourna vers lui. Il était *visiblement* amusé. Et c'est avec un éclat de rire qu'ils se séparèrent pour vaquer à leur *enquête respective*.

Chapitre 5 : Sur les traces de la bande

L'inspecteur Cliquot décida de commencer par la *boucherie*. Elle était semblable à de nombreuses *boucheries* du quartier. Les murs *recouverts* de carreaux en céramique blanche, la *caisse* en face, tenue par la femme de la maison, une femme opulente aux cheveux roux foncés, réunis en queue de cheval. Ses doigts étaient *couverts* de bagues et un gros collier *doré pendait* sur sa gorge au décolleté en pointe. Elle parlait fort, demandait des nouvelles de chaque client qui venait payer et ponctuait toutes ses phrases d'un « n'est-ce pas, ma petite dame ? » bien haut et fort. Le boucher allait et venait derrière son *comptoir* garni de viandes de toutes sortes, *entourées* de branches de persil et de petits chapeaux de cuisinier en papier. Il *coupait*, tranchait, hachait avec une dextérité assez extraordinaire.

ÜBUNG 49

Übung 49: Übersetzen Sie die Wörter und enträtseln Sie das Lösungswort!

1. Aufgabe _ _ ☐ _ _
2. hoch ☐ _ _ _
3. Fleisch _ ☐ _ _ _ _
4. Mauer _ _ ☐
5. Metzger _ _ ☐ _ _ _ _
6. Theke _ _ _ _ _ _ _ ☐
7. Finger _ _ _ ☐ _
8. Schnelligkeit _ _ _ ☐ _ _ _ _
9. Frage _ _ ☐ _ _ _ _
10. Kunde _ _ _ _ ☐ _
11. weiß _ _ _ ☐ _
12. Petersilie _ ☐ _ _ _ _

Lösung: _ _ _ _ _ _ _ _ _ _ _ _

L'inspecteur Cliquot observait tous ses *gestes*, épaté par leur rapidité et par le fait qu'il ne se *coupait* pas une seule fois. Il était si concentré qu'il *sursauta*, lorsque le boucher s'adressa à lui pour lui demander :

« Et pour Monsieur ?

– Euh … À vrai dire, je ne viens pas pour acheter de la viande.

– Pour les cigarettes, vous vous êtes trompé ! Quant à ma *bavette*, si vous l'aviez goûtée, vous ne pourriez plus vous en passer, je vous le *jure* !

– Inspecteur Cliquot, de la *police judiciaire* parisienne. Je viens à propos des *meurtres*. J'ai quelques questions à vous poser.

– Oh ! Pardonnez-moi, Inspecteur ! Je ne pouvais pas savoir … Germaine ! Remplace-moi un instant, s'il te plaît. »

Il se tourna vers l'inspecteur.

« Suivez-moi, Inspecteur. Nous serons mieux dans l'arrière-boutique. »

Ce que le boucher appelait son arrière-boutique était une petite salle avec une table et deux chaises au milieu. Plusieurs *armoires réfrigérantes* de très grande taille étaient encastrés dans le mur. Sur chaque porte, une petite fenêtre permettait d'en *apercevoir* le *contenu*. L'inspecteur Cliquot *devinait* les bœufs, les moutons, les porcs accrochés à de grands crochets en S, par moitiés. Le tout était d'une très grande propreté et très froid. Ce boucher ne rigolait pas avec la qualité de son entrepôt. Sur chaque *armoire réfrigérante*, un thermomètre *indiquait* la température.

Übung 50: Finden Sie die richtige Antwort! Kreuzen Sie an!

1. Que faut-il pour conserver la viande ?
   - a) ☐ un four
   - b) ☐ une armoire réfrigérante
   - c) ☐ un radiateur

2. Quelle est la spécialité de cette boucherie ?
   a) ☐ le rôti de porc
   b) ☐ la rouelle de veau
   c) ☐ la bavette

3. Avec quoi sont accrochés les moitiés de bœufs ?
   a) ☐ des agrafes
   b) ☐ des crochets en S
   c) ☐ des harpons

4. Comment le boucher vérifie-t-il la température de stockage ?
   a) ☐ en entrant dans l'armoire
   b) ☐ en faisant un test
   c) ☐ en lisant la température sur le thermomètre

Le boucher proposa à Cliquot de s'asseoir.
« Que puis-je faire pour vous, Inspecteur ?
– Voilà, Monsieur … ?
– Petit. Claude Petit.
– J'ai appris que cette *boucherie* avait appartenu à un certain « Jean », dont nous ne connaissons pas encore le nom de famille.

ÜBUNG 51

Übung 51: Bringen Sie die Satzteile in Klammern wieder in die richtige Reihenfolge!

Il se peut que ce Jean, qui avait *hérité* de la *boucherie* de son père, il y a une vingtaine d'années, (1. à ait chose quelque voir) ______________________ avec les deux *meurtres* de ces derniers jours. Pouvez-vous me dire quel était son nom de famille ?

Savez-vous peut-être où il s'est installé ?

– (2. ce cela n'est que si) ______________________, pas de problème, Inspecteur ! Vous savez, nous nous connaissons tous plus ou moins, entre bouchers. Nous avons à peu près les mêmes sources et *nous nous retrouvons* souvent aux mêmes endroits. Il s'appelle Jean Séverin. J'ai (3. en gardé *mémoire* nom son) ______________________, car j'avais été surpris *à l'époque* qu'il veuille *se débarrasser d'*une *boucherie* si bien située. Rue Daguerre ! Vous vous rendez compte ! Cela *vaut* de l'or, un tel *emplacement* ! Mais lui, il voulait vendre (4. possible plus vite le) ______________________ et partir. Je n'ai jamais compris pourquoi. Il a bien dit qu'il n'avait aucune clientèle, mais je ne l'ai pas cru. Comment est-ce possible ici ? Je (5. clientèle *manqué* ai de jamais n'en) ______________________, moi ! Bref, il m'a vendu le tout pour un prix défiant toute concurrence. Vous pensez bien ! Je (6. pu n'aurais acheter jamais) ______________________ un *truc* pareil, sinon …

– Et vous savez ce qu'il est devenu ?

– Je l'ai revu tout à fait *par hasard*, il y a peu, au marché de Rungis. Il travaille pour une grande chaîne de *boucheries-charcuteries,* à Rungis. Il *avait l'air d'*aller bien. Mais je n'ai pas vraiment eu l'*impression* qu'il était heureux de me voir. À propos, c'était exactement il y a une semaine. Donc, il devrait y être aujourd'hui. Allez dans le secteur *boucherie*, juste après la porte de Thiais, tournez à gauche, dans la rue des Déchargeurs , continuez tout droit. Au bout

de la rue, vous *rentrez* dans la rue du Charolais. C'est là qu'il travaille. Vous ne pouvez pas le *manquer*, il se balade entre les bœufs.
– Merci pour vos renseignements précieux et bonne journée !
– Attendez, Inspecteur ! Je vous l'ai dit, ma *bavette*, c'est la meilleure … Permettez-moi de vous en offrir une pour vous le prouver … »
L'inspecteur sortit de la *boucherie*, sa *bavette emballée* dans un papier. Il se demandait s'il ne préférait pas tout d'abord passer par chez lui, avant de continuer sur Rungis. Après tout, il avait bien besoin de reprendre des forces.
Il traversa la partie piétonnière de la rue Daguerre et son marché et *s'approcha de* l'étal des légumes. Il avait besoin d'oignons avec la *bavette*. Une bonne sauce au vin blanc et aux oignons, voilà exactement ce qu'il fallait ! Voyons, il avait besoin de beurre pour faire revenir les oignons tout doucement, de vin blanc pour « *arroser* » la sauce, une fois que les oignons seraient légèrement *dorés* et bien tendres. Un peu de sel, de poivre et le tour était joué ! Avec cela, une bonne salade verte … Il s'en léchait déjà les babines …

ÜBUNG 52

Übung 52: Übersetzen Sie die Wörter in Klammern!

Deux dames (1. mittleren Alters) ______________________

discutaient devant les tomates.

« Non, mais franchement, quelle époque ! Deux hommes tués en

deux jours ! (2. Nichts mehr ist sicher) ____________________

aujourd'hui …

– Oh, vous savez ! (3. Es ist kein großer Verlust) ____________

____________ ! On voit bien que vous n'êtes pas du quartier,

Madame ! (4. Wenn Sie bloß wüssten) ______________________ !

– J'habite ici depuis dix ans et je me sens bien dans ce quartier ! Je suis sûre (5. dass Sie mir helfen werden zu verstehen) ____ … Qu'y a-t-il ? Pourquoi ne l'ont-ils pas volé ?

– Ces deux larrons faisaient partie, (6. in ihrer Jugend) ____________ ______________________, d'une bande de *voyous* qui a mis la pagaille dans le quartier et y a fait régner la terreur.

– Non ! ?
– Si !
– Mais comment ont-ils fait ?
– Oh, ils ne *manquaient* pas *d'*idées … Le fils de ma voisine devait entrer à l'*ENA*. Elle en était toute fière. Ils l'ont tellement embêté et *poursuivi* qu'il n'arrivait plus à se concentrer. Il avait tout pour réussir. Jusque-là, aucun examen n'avait été assez difficile pour lui. C'est le seul qu'il a raté et tout son avenir, il l'avait fondé là-dessus. Mais impossible d'apprendre avec tous les *tourments* qu'ils lui causaient. Il a *juré* ses grands dieux qu'il leur ferait payer un jour.
– Incroyable !
– Et ce n'est pas tout !
– Comment cela ?
– Figurez-vous que la fille du boulanger, vous savez, celui qui est juste en face, là …
– Ah ! Celui qui fait de si bonnes chocolatines !
– Oui, exactement. Et bien sa fille devait se marier avec un riche Hollandais. Elle se préparait au mariage, toute la famille en parlait.

Chacun voulait voir le *fiancé*, mais elle avait préféré se marier en Hollande. Elle avait raison, si vous voulez mon avis. Au moment où elle devait partir pour la cérémonie, ils l'ont empêché d'arriver à l'heure à son avion. Elle était infirmière. Elle n'avait pu se libérer qu'au dernier moment. La famille de son *fiancé*, qui l'attendait à l'aéroport pour partir directement à l'église, ne lui a jamais pardonné cet affront. Les parents ont interdit à leur fils de revoir une fille sur laquelle il ne pouvait pas compter et ont annulé les *fiançailles*. Elle ne s'est jamais mariée et est partie en Afrique aider la Croix-Rouge. Son père avait *juré* lui aussi qu'un jour, « il aurait la peau de ses gredins ».

– Mais, c'est ignoble ! Ces garnements !

ÜBUNG 53

Übung 53: Beantworten Sie die Fragen zum Text!
Kreuzen Sie die richtige Lösung an!

1. Qu'est-ce que l'ENA ?
   a) ☐ l'École Nationale d'Administration
   b) ☐ l'Édifice National de l'Armée
   c) ☐ l'École Normale des Arts

2. Que sont des tourments ?
   a) ☐ des bonbons
   b) ☐ des tracasseries
   c) ☐ des histoires

3. Que veut dire l'expression « jurer ses grands dieux » ?
   a) ☐ appeler les dieux
   b) ☐ promettre
   c) ☐ s'en prendre aux dieux

4. Que veut dire « avoir la peau de quelqu'un » ?
   a) ☐ avoir le même type de peau
   b) ☐ taper sur quelqu'un
   c) ☐ tuer quelqu'un

5. Qu'est-ce qu'un gredin ?
   a) ☐ l'arbre à grenadine
   b) ☐ un bandit
   c) ☐ un gentil garçon

– Et ce n'est pas tout ! Si vous saviez …
– Non ! Vous n'allez pas vous arrêter là. Je veux tout savoir, vous en avez trop dit … Par pitié !
– Bien, mais *faites attention*, ils étaient cinq et deux d'entre eux ne sont jamais revenus dans le quartier, alors n'en parlez pas devant tout le monde. On ne sait jamais !
– C'est promis ! Je ne le répéterai à personne. Si j'ai le *moindre doute*, je viendrai vous voir. D'ailleurs, pour vous remercier de me mettre en garde, je vous inviterais *volontiers* à prendre une tasse de thé à la maison.
– Avec plaisir ! Il *vaudrait mieux* continuer notre conversation chez vous, j'ai l'*impression* qu'on nous écoute. »
Elle regarda *furtivement* l'inspecteur Cliquot qui s'était rapproché.
« Et pour la petite dame, qu'est-ce que ce sera ?
– Un poireau, deux carottes, une livre d'oignons et trois tomates, une branche de céleri, un navet et un *bouquet* de persil, s'il vous plaît !
– Mmmmhhh, une bonne soupe de légumes pour ce soir, n'est-ce pas ?
– Décidément, on ne peut rien vous cacher !
– Il n'empêche que je suis sûr que votre soupe de légumes est bien meilleure que la mienne, ma petite dame !
– Voyons, grand flatteur ! »

Übung 54: Unterstreichen Sie die fünf nicht dazugehörigen Sätze!

Elle *s'apprêtait à* payer. L'inspecteur Cliquot *s'approcha d'*elle. « Permettez, Madame. Inspecteur Cliquot de la *police judiciaire* parisienne. Qu'est-ce que Nathalie aurait pu dire ou ajouter ? Je suis *chargé de* l'*enquête* sur les deux *meurtres*. Je n'ai pu m'empêcher d'écouter votre conversation et aurais quelques questions à vous poser. Vous semblez bien connaître ces deux hommes et l'histoire du quartier. Il pleuvait des cordes. Or, nous sommes actuellement à la recherche d'éventuels ennemis de ces deux personnes. »
La dame regarda l'inspecteur Cliquot d'un *air* inquisiteur.
« Et vous pouvez certainement le prouver.
– Prouver quoi ? Nathalie *secouait* la tête.
– Votre fonction d'inspecteur, en me montrant votre carte ! De nos jours, on ne sait jamais. N'importe qui peut dire n'importe quoi ! »
L'autre dame la regardait d'un *air* admiratif. Les enfants aiment le chocolat.
« Vous avez raison ! Il ne faut surtout pas se laisser faire. Qu'est-ce qui nous prouve que c'est vraiment un inspecteur ?
– Tenez, voici ma carte. » Cliquot se lavait les mains.

La dame examina la carte sous toutes les coutures.
« Bien, c'est une vraie. Mais je ne préfère pas parler de tout cela ici.
– Permettez, j'habite juste au coin ! Venez donc chez moi, je nous ferai une bonne tasse de thé ! » *s'écria* sa voisine.
– Eh bien, allons-y !
– Pardonnez-moi, ma petite dame, mais vous n'avez pas encore payé !
– Oh, pardon ! Avec tout ça, j'ai *failli* oublié ! Combien vous dois-je ?
– Quatre euros cinquante.
– En voici cinq.

– Et cinquante centimes en retour. Merci, ma petite dame ! Bonne journée ! »

Les deux dames emmenèrent l'inspecteur dans un immeuble qui faisait le coin entre la rue Daguerre et la place Denfert-Rochereau, juste au-dessus de la pharmacie.

Übung 55: Plus-que-parfait oder Imparfait? Setzen Sie die Verben in der richtigen Form ein!

Celle qui (1. habiter) ______________ depuis longtemps dans le quartier (2. s'appeler) ______________ Martine Carré, la deuxième Anne Delon. Madame Delon (3. entraîner) ______________ ses *hôtes* dans son salon, autour d'une table basse. Elle apportait des tasses et allait faire bouillir l'eau du thé, allant *constamment* du salon à la cuisine et de la cuisine au salon. Elle ne (4. vouloir) ______________ pas *manquer* une seule parole de la conversation.

« Me permettrez-vous de boire mon thé dans un bol ?

– Si vous voulez. C'est vraiment très spécial, mais pourquoi pas ? Je vous en apporte un tout de suite !

– Madame Carré, je suppose que vous connaissez très bien le quartier et ses habitants.

– Oh oui ! Je fais partie des anciennes. De celles que l'on ne déloge pas si facilement ! »

Elle (5. tenir) ______________ sa tête bien haute, toute fière de sa position. Son regard (6. laisser) ______________ *percevoir* une grande curiosité.

« Avez-vous une idée, inspecteur, de qui a bien pu faire le coup ?
– Madame, je suis là pour l'*élucider* avec vous !
– Inspecteur, je vous écoute ! Je vous aiderai avec plaisir. Puisque la justice a besoin de mon aide …
– Voilà, vous avez commencé tout à l'heure, devant les tomates, à *citer* quelques cas qui nous intéressent. Nous sommes certains que le *meurtrier* a un rapport avec le passé des deux hommes. Tout porte à croire qu'ils se sont fait de nombreux ennemis dans leur jeunesse. Probablement même des ennemis qui souhaitent leur mort …
Pourriez-vous me donner l'adresse et le nom de ce jeune homme qui a raté son examen et de cette jeune fille qui n'a pas pu *épouser* son riche *fiancé* hollandais ? Je vous en serais très *reconnaissant*, Madame.
– Bien sûr ! Le jeune homme, c'était le fils de mes voisins. Je ne sais pas ce qu'ils sont devenus, mais je peux vous donner leur nom. C'était la famille Breton. Le fils s'appelait Xavier, si mes souvenirs sont bons. Il a parlé, *à l'époque,* de *s'engager* dans la police. Il n'avait qu'une idée : empêcher d'une manière ou d'une autre de tels garnements de continuer à *sévir*. Je ne sais pas s'il l'a vraiment fait, mais il était hors de lui, c'est sûr.
D'ailleurs, j'ai bien l'*impression* que c'est à cause de lui que la famille a déménagé. J'ai surpris une conversation entre ses parents, une fois. Leur porte était mal fermée et je ne pouvais pas ne pas entendre. Comme vous, tout à l'heure, Inspecteur ! Et bien, ils parlaient de la haine que leur fils *ressentait* pour ceux qui l'avaient empêché de réviser. Ils avaient même peur qu'ils n'en viennent aux mains. Ils étaient *désolés* de l'impuissance de la police, mais voulaient empêcher leur fils de *gâcher* son avenir pour une histoire de *vengeance*.
C'est là qu'ils ont décidé de déménager.

Übung 56: Bringen Sie die Buchstaben in die richtige Reihenfolge!

1. btharei ______________________
2. irfinmèrei ______________________
3. ipouare ______________________
4. yesasre ______________________
5. ieamri ______________________
6. uovsnriees ______________________
7. sicuireni ______________________
8. pleuéa ______________________

Ses parents étaient *désolés*, car, jusqu'à présent, ce jeune homme avait toujours été tranquille et gentil. Ils avaient peur de le voir se transformer en monstre. Oui, Inspecteur, ce sont leurs mots : en monstre !

– Et vous ne savez pas dans quel quartier ils se sont installés ?

– Non. Ils n'ont voulu le dire à personne. Ils voulaient tirer un trait sur ce passé, ne plus y penser. Ils s'*en voulaient* déjà beaucoup trop de ne pas avoir déménagé au moment où tout avait commencé. Quand il en était encore temps. Ils se le reprochaient *constamment*. Ils n'arrêtaient pas de *soupirer* : « si j'avais su » ! Mais vous savez, c'est toujours plus facile de savoir ce qu'il faut faire après la bataille !

– Bien sûr. Et la jeune fille au mariage raté ?

– Elle, on ne la voit que très irrégulièrement. Elle voyage énormément. Tantôt en Afrique, tantôt en Inde … On ne sait jamais très bien où elle est. Plus question de mari, ni d'homme dans sa vie. Du moins, pas à ma connaissance. Elle *a l'air* de bien faire son travail. Elle est très *appréciée*, paraît-il. Dans tous les endroits où elle aide.

On dit même qu'on lui aurait proposé de succéder à la petite mère des pauvres. A Mère Teresa.

ÜBUNG 57

Übung 57: Lesen Sie weiter und übersetzen Sie die Wörter in Klammern!

– Donc, finalement, cela l'a plutôt aidé, non ?

– Ma foi, elle probablement. Je ne crois pas, à la voir courir le monde aujourd'hui, qu'elle serait (1. glücklich) ________________ mariée et au foyer. Mais allez dire cela à son père ! Lui, il la voyait déjà riche. Il s'imaginait déjà prendre sa (2. Rente) ________________ en Hollande. Il n'avait aucune envie de rester boulanger toute sa vie. Le père du (3. Verlobter) ________________ *à l'époque* avait une fabrique de moteurs pour avions qui marchait très bien. Le boulanger espérait obtenir un poste dans l'entreprise, qui serait bientôt celle de son « futur beau-fils ». Il aurait été (4. verantwortlich) ________________ de toute la cantine de cette grande usine. Pour lui, sans aucun *doute*, une *promotion*. Il se voyait déjà à la tête d'une grande cuisine, en train de donner des (5. Befehle) ________________ à toute une troupe de marmitons … Il ne l'a jamais oublié. Il en parle encore. Tenez, allez dans sa (6. Bäckerei) ________________ ! Et parlez-lui de la Hollande. Vous verrez ! On dirait que le temps s'est arrêté pour lui …

– Y a-t-il eu d'autres cas ? Connaissez-vous d'autres personnes susceptibles de (7. hassen) ________________ ces hommes ?

– Oh oui ! Ce n'était pas ce qui *manquait* ! Il y a eu ce jeune peintre, par exemple. Il avait tout pour être heureux. Une jolie femme, une enfant adorable et intelligente et un grand avenir devant lui. C'était *la* découverte du siècle. Tous les critiques ne parlaient que de lui. Il *accéda* rapidement *à* la renommée. Ses expositions étaient les plus courues de tout Paris. Les amateurs d'art s'arrachaient ses *toiles* à des prix exorbitants ! Un jour où il passait devant eux, ils l'ont obligé à payer « la douane », comme ils disaient. Il n'a pas voulu. Pour lui, ils étaient de mauvais garnements auxquels il ne fallait pas *faire attention.* Ils lui ont couru après, ils voulaient le *frapper*. Il a couru, couru, il a traversé la rue sans regarder. Un bus est arrivé. Il n'a pas pu s'arrêter. Il n'est pas mort, mais sa main est restée à jamais *paralysée*. Il n'a plus jamais pu prendre un pinceau en main. Comme il n'avait pas pris d'assurance, il est vite tombé dans l'oubli et dans la misère. Il a déménagé avec sa femme et sa fille. Mais il ne l'a pas supporté, et, un jour, alors qu'il se trouvait sur les bords de la Seine, il s'est jeté dedans. Il s'appelait Gustave Baron. Sa femme habite à présent dans un petit appartement au-dessus de la gare. Je l'ai vue *par hasard*, il y a peu, *rentrer* avec un panier de commissions. Elle semble ne pas *s'en être remise* : qu'est-ce qu'elle est maigre !

Übung 58: Ergänzen Sie und bilden Sie Wendungen, die bereits im Text vorgekommen sind!

1. avoir ______________ pour être heureux
2. ______________ à la renommée
3. Quelque chose est le plus ______________ de tout Paris.
4. Plusieurs passionnés s'______________ une chose.

5. acheter quelque chose à un __________ exorbitant

6. __________ dans l'oubli

7. se __________________ d'un événement

– Vous pensez au grand immeuble en verre qui surplombe la gare ?
– Oui, celui-là, exactement !
– Vous savez ce que fait sa femme aujourd'hui ?
– Elle *a l'air* plutôt malade. Si vous voulez mon avis, elle n'a certainement pas la force de tuer deux gros bonshommes *de cet acabit.*
– On ne sait jamais, j'irai la voir, elle aussi. En avez-vous encore d'autres ?
– Oui. Il y a encore le cas de la petite Sylvie Bergros. La pauvre …
– Ce cas-là, je le connais déjà en détail. D'autres encore ?
– Oh ! Il y a bien eu tous les autres petits « bobos ». De nombreux enfants blessés, mais rien de très grave. Des jeunes filles qui ne voulaient plus sortir seules. En fait, ils étaient surtout plus bêtes que méchants. Ils s'amusaient à jouer les gros durs, mais ne savaient pas ce qu'ils faisaient. Ils ne voyaient pas les conséquences de leurs actes.

Et lorsque tout cela allait trop loin, ils étaient les premiers à le regretter. Mais ils ne savaient plus comment se sortir d'affaire. Ils ont eu de la chance, à chaque fois, il a été impossible de prouver qu'ils y étaient pour quelque chose. Finalement, le fils de l'industriel est parti et les autres se sont calmés.
– Et vous ? Vous n'aviez pas peur ?
– Moi ? Peur d'enfants et d'adolescents ? Non ! Ce n'est pas mon *genre*. J'en ai attrapé un une fois et lui ai donné une bonne raclée. Depuis, ils me respectaient tous. Je n'ai jamais eu de problèmes avec eux. Puisque je vous le dis … Ils n'étaient pas vraiment méchants ! Simplement bêtes ! Et cela a tourné mal *à plusieurs reprises*. Dans le quartier, tout le monde les détestait, mais personne n'osait dire

quoi que ce soit. C'est pour cela qu'ils se sentaient imbattables. En fait, ils auraient eu tout simplement besoin d'une main *ferme*.
– Merci, Madame, pour vos renseignements utiles. Je vais pouvoir élargir mon champ de recherches.
– Vous ne croyez tout de même pas que quelqu'un du quartier les a tués ? À cause de ces accidents ? On aurait un *meurtrier* parmi nous ! Je me demande bien qui cela peut être … »
L'inspecteur Cliquot laissa madame Carré à ses réflexions. Il remercia madame Delon de son hospitalité et prit congé.

Un cas vraiment bizarre. Un quartier qui a tout pour qu'on y mène une petite vie tranquille. Quelques enfants mal élevés suffisent à semer la terreur. En fait, il aurait suffi de leur donner de meilleures occupations. Et tant de vies bouleversées par ces garnements ! La vie réserve bien des surprises, parfois. Que se serait-il passé, par exemple, si personne ne les avait pris au sérieux ?

Pendant que l'inspecteur Cliquot laissait son esprit errer librement, Nathalie en était arrivée à des choses concrètes. Il ne lui avait pas fallu longtemps pour retrouver la *trace* de l'industriel. Elle était allée consulter le registre du *commerce* et avait étudié à la loupe tous les changements d'adresse des chefs d'entreprise de la région parisienne dans les années soixante à quatre-vingt.

Übung 59: Tragen Sie die richtige Endung der Partizipien ein!

Un grand industriel de la région parisienne s'était (1.) install____ à Montparnasse dans les années soixante et en était (2.) part____ en 1974. Il était depuis longtemps à la *retraite* et avait (3.) laiss____ l'entreprise à son fils. L'histoire de l'entreprise était exemplaire. Le grand-père l'avait (4.) fond___ au début du XXe siècle. Il avait toujours été fasciné par les jouets et s'était (5.) spécialis___ dans les jouets à mouvements mécaniques. Il eut un grand succès jusqu'en 1914. Pendant la guerre, ses ateliers avaient été (6.) réquisitionn___ pour la réparation de matériel militaire et des bus parisiens qui transportaient les troupes et les malades entre l'arrière et le front.

Entre les deux guerres, son expérience acquise dans la réparation des moteurs de bus lui donna une idée : il se mit à construire des maquettes de bus, puis de voitures, de bateaux, de trains.
À partir des années cinquante, les découvertes et le perfectionnement atteint dans l'industrie du plastique lui permirent de réaliser des maquettes de plus en plus proches de l'original. Dans le monde entier, la marque RACA - du nom de son fondateur, Raymond Carmin - était devenue célèbre.
Bien sûr, les usines n'étaient plus dans l'enceinte de Paris. Mais les bureaux étaient restés proches de la ville. L'entreprise était depuis longtemps côtée en bourse et s'était installée à la Défense, *dès que* les premiers bureaux y avaient été construits.
Nathalie avait noté l'adresse et le nom : Raymond Carmin junior.
« En voilà encore qui n'ont pas beaucoup d'idées pour les prénoms. S'appeler Raymond de père en fils pendant trois générations, cela devait être pratique, tiens ! Je vois le tableau : la mère crie « Raymond ! » et trois personnes répondent … Quelle idée ! »
Nathalie *n'en revenait* toujours *pas* et *secouait* encore la tête en riant intérieurement pendant qu'elle *se rendait à* l'*état-major*, boulevard Saint-Germain.

Elle avait été *déçue* en apprenant l'adresse de l'*état-major*. Elle aurait *nettement* préféré les Invalides ; comme ça, elle aurait pu visiter le musée de l' Armée. Elle n'y était encore jamais allée. Pourtant, son grand-père lui avait raconté que les batailles de Napoléon étaient reconstituées avec tellement de détails que l'on pouvait *reconnaître* ses soldats et leur donner des noms ! Il avait certainement *exagéré*. Mais cela l'avait rendue *curieuse*.
Elle passa le premier *barrage*. Un soldat lui demanda d'attendre quelques instants. Il dit quelques mots au téléphone et un officier vint la chercher.

Übung 60: Sind diese Aussagen richtig ? Markieren Sie mit richtig ✔ oder falsch – !

1. Les usines RACA sont encore à Paris. ☐
2. Le logo RACA provient du nom du fondateur de l'entreprise. ☐
3. L'état-major est aux Invalides. ☐
4. Les Invalides sont un musée. ☐
5. Nathalie veut aller aux Invalides. ☐
6. Elle n'a encore jamais été au musée de l' Armée. ☐
7. Le soldat a le grade d'officier. ☐

« *Capitaine* Delanoë, bonjour Mademoiselle. Vous recherchez une personne, n'est-ce-pas ?
– Oui. Je suis Nathalie Claudel, assistante de l'inspecteur Cliquot de la *police judiciaire* de Paris. Nous avons deux crimes à *élucider* et tout semble *indiquer* qu'un certain Simon pourrait être une prochaine victime du *meurtrier*.
Il a passé son enfance à Montparnasse et faisait partie d'une sorte

de bande de gamins mal élevés qui s'amusaient à faire les quatre cents coups dans le quartier. Certaines de ces bêtises ont très mal tourné et deux de ses *acolytes* ont déjà passé l'arme à gauche. Tous deux tués de la même manière. L'*assassin* leur a laissé une sorte de « tatouage » finement gravé sur l'épaule. Une représentation de la tour Montparnasse. Or, d'après ce que nous savons, ils s'étaient appelés l'« *ombre* sur la tour Montparnasse ».
Nous sommes à la recherche des trois autres. Nous pensons trouver le *meurtrier* grâce au récit de leurs « aventures », si l'on peut appeler ça ainsi.
– Je vois. Mais des Simon, nous en avons certainement beaucoup ! Comment pensez-vous le retrouver ?
– Je suis archiviste de métier. Vous me rendriez un grand service en me montrant les archives des années 1971 à 1975 pour commencer. Vous avez certainement dû enregistrer les nouvelles recrues de cette époque. Il me semble logique que les adresses soient exigées au moment de l'inscription.
Or, je ne pense pas qu'il y ait beaucoup de Simon venant de Montparnasse à cette époque. Le prénom était déjà démodé dans les années soixante-dix.
– Vous avez raison. Venez dans mon bureau. Nous n'avons plus d'archives, au sens propre du terme, depuis environ dix ans. Tout se fait par informatique. Les grandes salles remplies de *classeurs* poussiéreux ont été remplacées par des bureaux. Un ordinateur par personne, on vous donne un mot de passe en fonction de votre grade. C'est lui qui vous permet alors de consulter certains *dossiers* ou d'en créer d'autres. Question d'efficacité. C'est vrai que cela va plus vite. Mais, parfois, je préfèrerais de loin aller demander aux archives. Rien ne remplace le contact humain. Surtout si toutes les archivistes sont comme vous !
– Oh, *Capitaine* ! »

Übung 61: Finden Sie das passende Adverb zu jedem Adjektiv!

Nathalie *rougit*. Elle remit ses lunettes en place. Elle n'en avait pas besoin, mais cela lui donnait un peu de *contenance*. Elle se concentra sur l'ordinateur et essaya de ne plus regarder le *capitaine*. Ce n'était pas si (1.) facile (__________) que cela. Elle le trouvait très charmant et il avait beaucoup de prestance. Elle *devinait* chez lui un caractère (2.) fort (__________) et (3.) juste (__________). Son regard (4.) franc (__________) et (5.) doux (__________) à la fois lui *inspirait* une très grande *confiance*. Elle essayait *toutefois* de ne regarder que l'écran de l'ordinateur.

Le *capitaine* venait d'entrer son mot de passe. Il naviguait au milieu de ces différentes pages innombrables avec une rapidité qu'elle admirait.

« Voilà ! J'ai ici la liste de toutes les (6.) nouvelles (__________) recrues de 1970 à 1975. Voyons donc, si j'entre comme prénom « Simon » … Il y en a encore pas mal ! 1243 ! Qui l'aurait cru ? »

Il se tourna vers elle en souriant. Elle *avait du mal à* garder son regard fixé sur la liste.

« Vous avez dit qu'il habitait à Montparnasse, c'est cela ?
– Malheureusement, nous n'avons pas plus de précisions, sinon, nous aurions pu le trouver sans venir ici.
– Et cela aurait vraiment été très dommage !

– Donc, domicile : PARIS XIV, XV, V et VI. Et voilà ! Il n'en reste plus que deux :
Simon Fange, 3 rue de l'Ouest et Simon Renaud, 43 rue Monge. Je suppose que c'est Simon Fange qui vous intéresse surtout ? Né en 1953 à Paris, il a donc maintenant 52 ans.
– Oui, et il vient du quartier Montparnasse. C'est exactement ce qu'il me faut ! Vous avez été très rapide. Mais où est-il aujourd'hui ?
– Attendez … Allons voir. Voilà sa fiche. Il *s'est engagé* en 1972 dans le 28e RT. C'est le régiment des transmissions. Celui qui s'occupe des messages radio. Il y a fait son chemin et est devenu sous-lieutenant. Il est actuellement en mission, en Afrique. Mais son régiment revient demain.
Vous avez de la chance. Donnez-moi votre numéro de téléphone et l'adresse de votre bureau. Il viendra se présenter *dès* son retour. C'est promis. »
Nathalie ne se fit pas *prier* deux fois. Elle écrivit l'adresse et le numéro de téléphone du bureau et ajouta le sien.
« On ne sait jamais, s'il devait s'*échapper* … *Prévenez*-moi en tout cas !
– C'est promis, Mademoiselle. Je n'y *manquerai* pas. »
Il lui présenta son imperméable pour l'aider à l'*enfiler*, lui ouvrit la porte et la raccompagna jusqu'au garde à l'entrée.
« Merci pour votre aide très précieuse, *Capitaine*.
– Tout le plaisir était pour moi, Nathalie. Vous permettez que je vous appelle ainsi ?
– *Volontiers*. Au revoir !
– Je m'appelle Patrice. Au revoir, à très bientôt. »
Elle repartit en direction du métro. Elle avait complètement oublié de lui demander l'adresse actuelle de ce Simon Fange … Et bien, il faudra revenir, alors. L'idée ne lui déplaisait pas et c'est d'un pas léger qu'elle entra dans la bouche de métro Saint-Germain.

Übung 62: Wie nennt man die Einwohner der folgenden Länder? Geben Sie die männliche und weibliche Form an!

1. Italie ....
2. Hollande ....
3. Chine ....
4. Allemagne ....
5. France ....
6. Brésil ....
7. Autriche ....

ÜBUNG 62

Chapitre 6 : Trop tard !

Au bureau, l'inspecteur Cliquot avait apporté une plaque de cuisson, une poêle, une assiette, une fourchette, un couteau, un verre et une demi-bouteille d'un bon Bordeaux.
« Puisque ce bureau est devenu mon deuxième domicile, il n'y a pas de raison que je ne m'y installe pas plus correctement, n'est-ce pas ? »

Übung 63: Fügen Sie die fehlenden Akzente ein!

L'odeur de bœuf grille donna faim a Nathalie qui courut chercher un croque-monsieur au bistrot du coin de la rue. Le pain de mie, la tranche de jambon et le fromage rape etaient places au gril pendant quelques minutes. Le tout en ressortait dore a souhait et chaud. Certains rajoutaient un œuf et l'appelaient croque-madame. Mais Nathalie preferait la recette originale.

ÜBUNG 63

Pendant quelques minutes, l'inspecteur Cliquot et Nathalie mangerent en silence, tous deux occupes a deguster leur petit repas. Puis, l'inspecteur Cliquot prit la parole.
« De mon cote, j'ai *rapporte* pas mal de nouvelles. Nous avons trois autres familles victimes des betises de cette bande. Je sais ou travaille le boucher, a Rungis. Et je connais son nom : Jean Séverin. Et vous, qu'avez-vous trouve ?

– Simon Fange *s'est engagé* en 1972 au 28e régiment des transmissions à Paris. Il est actuellement en mission et reviendra demain. Le *capitaine* Delanoë nous l'enverra *dès* son arrivée, il s'en occupe personnellement. Quant à l'industriel, il *s'agit du* directeur de la société RACA, qui fait des modèles. Raymond Carmin, troisième du nom, a repris l'entreprise de son père. Ses bureaux sont à la Défense. Je suppose que nous devrons prendre rendez-vous.
– Bon, prenez rendez-vous avec Carmin le plus rapidement possible. Nous allons commencer par Séverin, à Rungis. Il faut *arrêter* le *meurtrier*. Si nous avons raison, il y a encore trois noms sur sa liste … »
Nathalie pris rendez-vous avec le *PDG* de RACA. Ce ne fut pas facile, il lui fallut passer trois fois l'*obstacle* des secrétaires et elle n'aurait certainement rien obtenu si elle n'avait pas insisté sur le mot « police ».
À côté du téléphone, un *dossier* était posé sur le bureau. Elle se tourna vers l'inspecteur Cliquot.
« C'est vous qui l'avez posé là ?
– Non, il était déjà sur le bureau quand je suis arrivé. J'ai cru que cela venait de vous. »
Nathalie ouvrit le *dossier*. C'était le résultat de l'*enquête* de quartier menée par les policiers de Montparnasse. Ils avaient interrogé les gens du quartier sur les habitudes des deux victimes.

« *Impeccable* ! Prenez le *dossier* avec vous, Nathalie. Nous irons en RER et en métro. Cela ira plus vite et vous pourrez lire le *dossier* pendant le *traje*t. Vous me le résumerez ensuite. J'*ai mal au cœur* lorsque je lis quelque chose dans un moyen de transport … »
Il partirent donc pour Rungis. Alors que Nathalie lisait le rapport, l'inspecteur Cliquot se rappelait les dernières statistiques sur Rungis, dont il avait pris connaissance :

Übung 64: Setzen Sie die Verben im Plus-que-parfait ins Passé simple!

ÜBUNG 64

232 hectares, 727 000 mètres carrés *couverts*, dont 470 000 mètres carrés de bâtiments à usage commercial. Un Français sur cinq était desservi par Rungis. Rien que pour la région parisienne, le marché de Rungis représentait 50% des produits de la mer et d'eau douce, 45% des fruits et légumes, 35% de la viande et 50% des fleurs et des plantes. En 2004, le *chiffre d'affaires* (1. s'était élevé) _______________ à 72,4 millions d'euros avec 1 569 000 tonnes de produits alimentaires enregistrées à l'*arrivage*. Le marché *abritait* 1363 entreprises avec leur 12 162 employés. C'était énorme ! Et il (2. n'avait encore jamais vu) _______________ ce qui (3. avait succédé) _______________ aux Halles. Il était temps de voir ce qui remplaçait ces marchés traditionnels que Louis VI le Gros (4. avait placés) _______________ sur d'anciens marécages vers 1110.

Philippe Auguste les avait fait *couvrir* en construisant le premier pavillon des Halles en 1183, auquel Saint-Louis avait ajouté trois bâtiments en 1269. *Dès* cette date, un bâtiment avait été réservé aux poissons. François Ier avait rénové les Halles en 1543. Les travaux avaient duré 29 ans. Un ensemble de maisons à arcades avait été construit et ce n'est qu'en 1789 que le premier marché des fruits et légumes avait fait son *apparition* sur l'ancien Cimetière des Innocents. En 1811, Napoléon Ier avait voulu reconstruire les Halles. Le projet avait été repris sous la Restauration avec un seul bâtiment. De travaux en travaux, chacun y avait laissé sa signature.
Finalement, Baltard avait conçu un plan de huit pavillons métalliques qui avaient fait des Halles le plus grand marché de gros au monde.
Sa structure était *impeccable* pour l'époque. Mais la circulation se faisait de plus en plus difficilement, le marché devait être *accessible* plus facilement et surtout plus rapidement.
En 1953, le gouvernement décida de créer une chaîne de marchés d'intérêt national, ce qui enflamma la discussion sur les Halles. C'est le 13 juillet 1962 que Michel Debré prit la décision irrévocable - à la demande du Général de Gaulle - de transférer les Halles de Paris. Le terrain de Rungis fut choisi pour son *emplacement* favorable, très bien *accessible* par toutes les voies.

L'inspecteur Cliquot se souvenait encore vaguement de ses anciennes Halles qu'il avait *à peine* connues. Il se souvenait parfaitement de tous ces jeux placés dans une salle qui lui semblait immense *à l'époque*. Il avait deux ou trois ans et ce lieu semblait être le paradis des enfants. De tous les côtés, des toboggans, des buttes à *escalader*, des ponts de corde, des tremplins … Une multitude d'enfants qui jouaient, *se renversaient*, sautant, courant, criant, riant *à cœur joie*.

Sa mère le laissait toujours à cet endroit, une sorte de garderie à l'entrée des Halles. Elle allait faire ses courses tranquillement. Des adultes *surveillaient* le remue-ménage des enfants et aller au marché était toujours pour lui synonyme de grandes aventures. C'était le seul souvenir qu'il en avait. Mais il lui semblait encore très proche.

Ils arrivaient à Rungis et Nathalie venait de terminer de lire le rapport. « Rien de vraiment neuf. Les deux hommes étaient bons amis. Nous le savons déjà. Tous les deux du quartier. Personne n'a *aperçu* de *suspects* dans les environs juste avant les *meurtres*. Ils n'étaient pas très *appréciés*, mais de là à les tuer … On n'a remarqué aucun étranger. *À part* une ambulance devant l'immeuble de la rue Deparcieux, mais ça, ce n'est pas chose rare dans ce quartier. Avec toutes les personnes âgées et seules qui y habitent … Elles appellent souvent un médecin pour un oui ou pour un non. Pour parler tout simplement. »

ÜBUNG 65

Übung 65: Lesen Sie weiter und fügen Sie die Wörter in die entsprechenden Lücken ein!
(message, crochets, adresse, poste, employé, assistante, pavillon, aujourd'hui, tablier, connaisseur)

Ils étaient arrivés au (1.) __________ rue du Charolais. Il faisait froid. Les acheteurs circulaient au milieu des demi-bœufs *pendus* aux (2.) __________. Ils les inspectaient d'un regard (3.) __________. Ils *aperçurent* un homme avec un (4.) __________ blanc. Certainement un (5.) __________ de Rungis. L'inspecteur Cliquot *s'approcha de* l'homme.
« Inspecteur Cliquot de la PJ de Paris. Voici mon (6.) __________,

mademoiselle Claudel. Nous cherchons un dénommé Jean Séverin. Pouvez-vous nous dire où le trouver ?
– Normalement, il devrait être ici. Mais (7.) ______________, il n'est pas venu au travail. Je ne comprends pas. Il n'a encore jamais *manqué* sans appeler *auparavant*. C'est un bon employé, toujours fidèle au (8.) ________. C'est vraiment bizarre.
– Il n'a pas laissé de (9.) ________ ?
– Non, rien. Justement !
– Pouvez-vous nous donner son (10.) ________ ? Cela ne laisse rien présager de bon … »

Pour retourner en direction de Paris, l'inspecteur Cliquot et Nathalie prirent un taxi. Ils voulaient *aller droit au but*. Jean Séverin habitait avec sa femme une petite maison avec un jardin minuscule, en banlieue. Le taxi s'arrêta exactement devant la porte. Cliquot sonna à la porte. Personne ne répondit. Ils virent un *rideau* se soulever doucement. Impossible de voir qui c'était, il faisait trop noir dans la maison. Il sonnèrent à nouveau. La personne allait certainement leur ouvrir.
D'un seul coup, la porte s'ouvrit. Une personne sortit, toute habillée de blanc, un masque de chirurgien sur la bouche et une casquette blanche, qui ne *laissait passer* aucun cheveu, portant à la main une *valise de secours* en fer argenté et *bordée de* bandes jaunes *lumineuses*. Sur la valise, le mot « *SAMU* » en grosses lettres. Très rapidement, la personne passa devant l'inspecteur et Nathalie. Ses lunettes de soleil cachaient son regard. Elle se dirigea à grands pas vers l'ambulance et, sans un mot, démarra en trombe et partit à toute vitesse.
« Et bien, cela doit vraiment être urgent … Ils sont toujours sur le qui-vive, ces secouristes ! »

Une femme arrivait à la porte du jardin. Elle avait *aperçu* le *SAMU* et courait aussi vite qu'elle pouvait.
« Que se passe-t-il ? Mon mari est-il là ? C'était pour lui le *SAMU* ?
– Nous n'en savons pas plus que vous, nous venons juste d'arriver. Vous êtes donc madame Séverin ?
– Oui, mais *laissez*-moi *passer*, je veux savoir ce qui s'est passé !
– Attendez ! Inspecteur Cliquot, voici mon assistante, mademoiselle Claudel. Nous permettez-vous d'entrer en premier ?
– Vous me cachez quelque chose. Un inspecteur ! Ce n'est pas normal ! »
Elle *rentra* en coup de vent, *poussant* la porte d'un grand coup, et resta figée.
L'inspecteur Cliquot eut juste le temps de la *rattraper* lorsqu'elle *s'évanouit*.

Übung 66: Sind die folgenden Aussagen richtig? Markieren Sie mit richtig ✔ oder falsch – !

ÜBUNG 66

1. Jean Séverin habite un appartement à Paris. ☐
2. Jean Séverin est marié. ☐
3. C'est l'inspecteur qui rentre en premier à l'intérieur. ☐
4. Jean Séverin les accueille en personne. ☐
5. Le SAMU a été appelé pour la voisine. ☐
6. Le docteur du SAMU a une barbe. ☐
7. La personne du SAMU porte des lunettes de soleil. ☐

Ni l'inspecteur Cliquot ni Nathalie n'avaient parlé pendant le retour. Ils étaient tous les deux accablés. Le docteur Jeanin leur avait expliqué que Jean Séverin avait dû mourir au moment où ils arrivaient. Elle ne pouvait imaginer qu'ils n'aient pas vu l'*assassin*.
« Cela a certainement été une question de minutes ! Êtes-vous sûrs

de n'avoir rencontré personne ! Regardez, l'*assassin* a été dérangé, le dessin de la tour n'est pas complet. Comme s'il avait été pris en flagrant délit ! Or, vous me dites qu'*à part* vous, personne n'est venu sonner à la porte de cette maison dans l'heure précédente. Impossible ! Il est pratiquement mort sous vos yeux ! »
Nathalie et l'inspecteur s'étaient regardés, le visage *blême*.
« Le *SAMU* ! »
Pourquoi n'y avaient-ils pas pensé plus tôt ? C'était évident. Pour réussir un *meurtre* avec une telle précision, sans verser de sang, il fallait être du métier ! Un médecin, un secouriste du *SAMU* ! Voilà où ils devaient chercher !
L'inspecteur Cliquot avait immédiatement donné l'ordre d'arrêter et d'interroger tous les médecins et secouristes de la ville. Il voulait connaître l'alibi de chacun d'entre eux. Il ne le laisserait pas recommencer ! Trois *meurtres* suffisaient !

Arrivés au bureau, le préfet et son *adjoint* les attendaient et faisaient les cent pas devant leur porte.
« Ah, vous voilà enfin ! Vous rendez-vous compte du chaos dans lequel vous *plongez* tout Paris actuellement ? Plus un seul secouriste de libre ! Les lignes des postes de secours ne cessent de sonner. Personne ne peut se déplacer, tout ce qui porte une blouse blanche dans la ville est au commissariat ! Les pompiers essaient bien de parer au plus *pressé*, mais ils ne savent plus où donner de la tête ! Mais enfin, à quoi pensez-vous ? !
– Nous cherchons un dangereux *meurtrier* qui a déjà tué trois hommes. Toujours de la même manière. Il reste encore deux personnes sur sa liste. Nous en sommes certains. Comme nous savons aussi qu'il fait partie du *SAMU*, nous devons absolument le trouver avant qu'il ne recommence !
– Avez-vous déjà *prévenu* les autres victimes potentielles ?

– Nous allions le faire ! Nathalie, venez ! Allons *de ce pas* trouver monsieur Carmin. À la Défense !
– Mais notre rendez-vous est pour demain seulement.
– C'est une question de vie ou de mort. Sa secrétaire ne voudra sûrement pas qu'il se fasse *assassiner*. Allons ! Vous venez ? »
Le préfet les regardait, tout étonné.
« Vous ne parlez tout de même pas de Raymond Carmin, le *PDG* de la société RACA ?
– Si, monsieur le Préfet. Il est certainement le prochain sur la liste.
– Allez, dépêchez-vous et dites-lui que vous venez de ma part. Je connais bien son père, il me le fera payer cher s'il lui arrive quelque chose … »

Übung 67: Lesen Sie weiter und unterstreichen Sie das Gegenteil der folgenden Wörter!
(1. classique, 2. défaite, 3. récuser, 4. honte, 5. étage)

La Grande Arche de la Défense était visible de loin. Elle forme avec l'Arc de Triomphe et l'obélisque de la Concorde un grand axe que l'on appelle la grande perspective. Celle-ci s'arrête au petit arc du Louvre et à sa pyramide. Sur l'*emplacement* d'une forêt, dans laquelle Henri IV venait *chasser*, puis de petits villages, la Défense fut *dès* l'époque moderne un *site* sur lequel de grandes usines s'installèrent.
L'idée d'un nouvel axe vers l'ouest, d'une voie triomphale en l'honneur de la victoire de 1918 *date de* l'entre-deux-guerres. Celle d'en faire un quartier d'affaires fut adoptée en 1956 seulement. Le CNIT, ce bâtiment en forme de vague, le Centre des Nouvelles Industries et Technologies, connut son heure de gloire dans les années soixante-dix. Il fut même *qualifié de* « cathédrale des

temps modernes » par André Malraux. Avec ses 43 000 mètres carrés de surface d'exposition, dont 29 000 sont modulables, il *accueille* aujourd'hui des manifestations nationales et internationales dans ses trois amphithéâtres, trente-six salles de réunion et quatre halls. Il *abrite* également un hôtel, plusieurs restaurants et boutiques et un grand magasin.
La Défense fut construite sur une *dalle* de 440 hectares, capable de porter des immeubles de grande hauteur, des habitations et des *commerces*, mais surtout des bureaux. Tout ce qui *concerne* le transport, routes, parkings et *réseaux*, a été enfoui au sous-sol, sous la *dalle*.

Les premières tours étaient toutes identiques, d'une largeur *modeste*, d'une hauteur de cent mètres, elles *accueillaient* des bureaux. Mais elles *dépensaient* beaucoup d'énergie et, en 1976, plus de 100 000 mètres carrés de bureaux étaient vides à la Défense, alors que, partout ailleurs, les bureaux se louaient très facilement.
En 1978, le premier ministre, Raymond Barre, essaya de *relancer* la Défense par des mesures de construction de bureaux supplémentaires, d'*amélioration* de l'environnement. En 1981, le président François Mitterand fit de la Défense l'un de ses grands projets d'architecture. Le plus grand centre commercial d'Europe y *vit le jour*, de nouvelles tours furent bâties. Les bureaux devinrent de plus en plus nombreux et, bientôt, l'emploi avait doublé (de 51 700 en 1982 à 104 000 en 1990).

Les bureaux de la société RACA occupaient tout un immeuble. Lorsqu'ils entrèrent, ils furent *accueillis* par un groom en uniforme qui les conduisit à la réception. Là, ils durent inscrire leurs noms et adresses sur des fiches, comme dans un hôtel.
L'*hôtesse* leur demanda la raison de leur visite et l'inspecteur lui

répondit que le président de l'entreprise était en danger de mort et qu'ils venaient simplement le sauver.
Devant l'*air ébahi* de l'*hôtesse*, il se raidit, prit un *air conspirateur* et lui *souffla* tout doucement qu'elle pouvait aussi appeler le préfet, si elle ne le croyait pas.
Elle prit son téléphone et, après une très brève conversation, *indiqua* au groom qu'il devait les accompagner jusqu'au bureau du patron.
« Lui-même ?
– Lui-même ! »
L'inspecteur suivit le groom d'un *air* fier, Nathalie juste derrière lui. Le bureau de monsieur Carmin se trouvait au dernier étage de l'immeuble. Le page avait dû introduire une clé pour que l'ascenseur s'arrête à cet étage. Ils passèrent devant la secrétaire, qui remercia le groom et leur fit signe de s'asseoir un moment. Au bout de quelques minutes, une *sonnerie retentit* sur son bureau. Elle fit signe à l'inspecteur Cliquot et à Nathalie de la suivre. Elle ouvrit une porte large et très haute et les fit entrer dans le bureau en les présentant.

Raymond Carmin leur fit signe de s'asseoir. Il était assez grand, ses cheveux *coupés* court grisonnaient au niveau des *tempes*. Il n'avait pas d'embonpoint. Sa silhouette était sportive et son *aisance* laissait *deviner* un homme qui avait l'habitude du « grand monde ». Le bureau était vaste. Très peu de meubles. Tous très modernes. Une longue table en verre, avec simplement un *clavier* transparent et un bloc-notes *doré*, lui servait de bureau. En regardant mieux, on pouvait voir un téléphone minuscule incorporé dans la table. Une fresque immense *recouvrait* le mur à droite du bureau. On *devinait* une porte sur la fresque. Probablement un placard. Tout était très sobre et vide.

Übung 68: Sind diese Substantive männlich oder weiblich? Ordnen Sie zu und ergänzen Sie den bestimmten Artikel!
(groom, uniforme, fiche, hôtesse, visite, entreprise, danger, mort, air, conversation, talon, étage, clé, ascenseur, sonnerie, porte, cheveu, embonpoint)

Männlich	Weiblich

« Monsieur Cliquot ? Qu'est-ce qui vous amène ? »
L'inspecteur Cliquot raconta ce qu'ils avaient découvert jusqu'ici. La mort des trois hommes, toujours de la même manière. Raymond Carmin sembla tout d'abord ne pas comprendre. Lorsque l'inspecteur lui expliqua la raison de sa visite, il éclata de rire.
« Moi ? Me tuer ? ! Mais enfin, c'est impossible ! Comment voulez-vous qu'un tueur arrive jusqu'ici ?
– Vous n'êtes pas toujours dans votre bureau. L'*assassin* peut vous suivre, jusqu'à chez vous par exemple. Et nous savons *désormais* que c'est un médecin ou un secouriste du *SAMU*. S'il se présente en bas, vos employés le *laisseront* certainement *passer* !

– Mais non ! Nous avons tout *prévu* ici. Nous avons une infirmerie et un médecin dans la société. À la *moindre* petite *faiblesse*, il arrive. Personne n'aurait l'idée d'appeler le *SAMU*. Tous les employés le savent !

Übung 69: Ordnen Sie die Buchstaben zu einem sinnvollen Wort!

– *Evidemment*, dans vos (1. erubaxu) ______________, cela me semble difficile. Mais que dites-vous de votre vie (2. éverip) __________ ? Vous ne dormez pas dans vos bureaux, quand même ?

– Tous les soirs, je sors par une porte qui mène (3. tecridentem) ______________ à mon garage privé. Je suis le seul à en avoir la clé et il n'y a pas d'autre (4. tieros) ______________, *à part* celle que je peux ouvrir avec cette clé. Vous voyez, tout est *prévu* ! Une fois que je suis dans ma voiture de sport, comment voulez-vous me (5. arpartert) ______________ ? Personne ne connaît mon adresse personnelle. Je suis sur la liste rouge, et donc pas dans l'(6. rainaune) ______________. Ne *vous inquiétez* pas pour moi. Vous pouvez partir tranquille … et cherchez donc plutôt le *meurtrier*, sans perdre de temps ! »

Lorsqu'ils se dirigèrent vers la porte, Nathalie *aperçut* du coin de l'œil, derrière un grand écran accroché au mur, près de la porte, une photo de la tour Montparnasse. Elle s'arrêta et la montra du doigt à

l'inspecteur Cliquot. Il alla droit vers la photo, déplaça l'écran et l'observa. L'*ombre* d'un jeune garçon *se projetait* sur la tour.
« Votre *ombre* ?
– Oh, un souvenir d'enfance. Qui n'a jamais fait de bêtises quand il était petit ? Mais cela ne veut rien dire. Et puis, toutes ces choses ne sont pas toutes vraies. Il y a eu de nombreux accidents dans le quartier. Or, à chaque fois, tout le monde nous montrait du doigt. Chacun voulait nous rendre responsable. Tout cela, parce que nous étions différents. Nous nous amusions, des jeux d'enfants, rien de plus. Regardez-moi, Inspecteur ! *Ai*-je l'*air* d'un criminel ?
– Pouvons-nous prendre cette photo ?
– Si vous voulez. Je l'avais déjà oubliée … »

Chapitre 7 : La vérité

Au bureau, le lendemain, Nathalie entreprit des recherches par téléphone. Elle entrait et sortait, repartait, un bout de papier à la main. L'inspecteur Cliquot lui avait *remis* la liste des familles persuadées d'avoir été victimes de la bande de jeunes et l'avait *chargée de* les retrouver.

ÜBUNG 70

Übung 70: Adjektiv oder Adverb ? Unterstreichen Sie das passende Wort!

Madame Bergros n'avait pas d'autre famille et son âge ne lui aurait (1.) certain/certainement pas permis de *venir à bout des* trois hommes. L'inspecteur et Nathalie l'avaient rayée (2.) unanime/unanimement de la liste des *suspects*. Le boulanger était un homme corpulent, qui n'avait cependant jamais su manier un couteau,

même pour *couper* la dinde de Noël, c'était sa femme qui s'en occupait ! L'inspecteur et Nathalie le voyaient (3.) mauvais/mal réussir un si (4.) « beau/bien » *meurtre*, selon l'expression de madame Jeanin qui rêvait de rencontrer le *meurtrier*.
Restait donc le jeune homme qui avait raté l'examen et la femme du peintre. Le jeune homme avait *juré* de se venger un jour. Il devait avoir environ l'âge des jeunes de la bande et pouvait très (5.) beau/bien être devenu médecin ou avoir assez de notions d'anatomie pour réussir cette prouesse. N'était-il pas (6.) juste/justement bon élève ? La femme du peintre, madame Baron, semblait (7.) mauvais/mal convenir. Madame Carré l'avait rencontrée et l'avait décrite comme une petite femme frêle et (8.) fragile/fragilement. Cela dit, il *valait* (9.) meilleur/*mieux* quand même aller la voir. Ils espéraient que madame Baron n'aurait pas déménagé du logement où madame Carré la supposait. Nathalie continuait à courir, à téléphoner et à chercher.

« Vous savez quoi, Inspecteur ?
– Mmmh ?
– Ils auraient tout de même pu nous donner un ordinateur à la *préfecture* ! Avec cet outil, toutes les recherches vont bien plus vite. Hop ! Un clic de souris et voilà, tout est là !
– À condition que quelqu'un ait entré les données ! Et si vous voulez mon avis, il ne doit pas y avoir grand monde à faire ce travail …
– Alors c'est que l'État n'a plus de personnel … »
La *sonnerie* du téléphone lui *coupa* la parole. L'inspecteur *décrocha*.
« Inspecteur Cliquot, que puis-je pour vous ? … Oh, je vous la passe tout de suite. C'est pour vous, Nathalie !
– Pour moi ? Allô, oui ? Oh, *Capitaine* ! Oui, nous sommes au bureau. Non, je n'ai pas oublié. Bien sûr. Merci, avec plaisir. C'est très aimable de votre part. Oui, nous vous attendons. À tout à l'heure ! »

Elle *se précipita sur* son sac, en sortit une brosse à cheveux, un pinceau et une boîte de *poudre* et se dirigea à grands pas vers la porte.
« Nathalie ! Où allez-vous ? Cet appel a-t-il un rapport avec notre affaire ?
– Je reviens tout de suite ! Je vous expliquerai. »
Elle revint au bout de quelques minutes, son *chignon* refait, ses lunettes nettoyées, le teint rafraîchi.
« Vous vous souvenez de ma visite à l'*état-major* ? Je vous l'ai racontée hier … Et bien, le *capitaine* m'avait promis que Simon Fange, celui qui *s'était engagé* dans l'armée, viendrait nous voir *dès* son retour. Les troupes sont *rentrées*, il l'a fait appeler dans son bureau et nous l'amène dans une demi-heure.
– Et c'est pour recevoir ce Simon Fange que *vous vous précipitez aux* toilettes ?

ÜBUNG 71

Übung 71: Finden Sie im folgenden Text die 12 unterschiedlichen Verben im Passé simple und bilden Sie das Imparfait!

1. ______	7. ______
2. ______	8. ______
3. ______	9. ______
4. ______	10. ______
5. ______	11. ______
6. ______	12. ______

Nathalie *rougit*. L'inspecteur ne put s'empêcher de sourire en la voyant chercher rapidement un papier. Elle prit le *combiné* du télé-

phone, le reposa. Prit son crayon et son calepin, les reposa, essaya de lire la liste qu'elle venait de *rapporter* au bureau, mais ne cessait de regarder en direction de la porte.
Elle *sursauta* lorsque l'on *frappa* à la porte, *bondit* de sa chaise et se rua vers la porte pour l'ouvrir. Au moment de mettre la main sur la *poignée*, elle prit une grande *bouffée* d'air, *souffla*, baissa la *poignée* et laissa entrer le *capitaine* et l'homme qui l'accompagnait.

« Inspecteur Cliquot … *Capitaine* Delanoë, de l'*état-major*.
– Bonjour, Inspecteur ! Voici l'homme que vous cherchez : Simon Fange ! Je peux *me retirer*, si vous le désirez …
– Oh non ! Vous ne dérangez pas du tout !
– Enfin, Nathalie, il *vaut* peut-être *mieux* demander à monsieur Fange, s'il préfère être seul.
– Oui, oui, bien sûr ! »
Simon Fange assura que non. Le *capitaine* ne lui avait rien *révélé*, car il ignorait ce qu'il *était censé* savoir. Il avait préféré lui dire simplement que la police avait besoin de son *témoignage* dans une affaire urgente et qu'il avait promis de l'amener sans tarder à l'inspecteur, *dès* son retour.
Nathalie invita le *capitaine* et le sous-lieutenant à prendre place. Elle s'assit en face du *capitaine*, à côté de l'inspecteur Cliquot.
« Monsieur Fange, vous avez bien passé votre enfance et votre adolescence dans le quartier de Montparnasse, n'est-ce pas ? »
Simon Fange regardait l'inspecteur, l'*air* étonné.
« Oui, Inspecteur. Mais j'en suis parti depuis au moins vingt ans. Alors si vous voulez des renseignements sur le quartier, vous n'en aurez pas de très récents par moi !
– L'époque qui nous intéresse est celle de l'« *ombre* sur la tour Montparnasse », Monsieur Fange ! »
Simon Fange avait souri, étonné, en entendant ce nom.

« Bertrand Sylvain, René Grosjean, Jean Séverin … Des noms que vous connaissez, n'est-ce pas ?

– Oui, mais c'était il y a longtemps. Je ne vois pas ce que vous voulez, maintenant …

– Ils sont morts. Tous les trois de la même façon. *Assassinés* ! »

Simon Fange *faillit* tomber de sa chaise.

« Morts ! *Assassinés* ! Mais, pourquoi ? Comment ? Par qui ?

– Justement, c'est ce que nous voulons savoir. Nous avons appris vos écarts de conduite avec vos amis de l'époque. Ce n'était pas toujours très gentil, ce que vous faisiez là …

– Mais enfin, nous n'étions que des enfants. Nous ne savions pas ce que nous faisions ! Et puis, ce n'était pas vraiment méchant ! Nous n'avons jamais voulu faire de mal. Nous avons simplement fait les idiots. Rien de plus …

– Alors, pour vous, rançonner les personnes qui passent, empêcher une jeune fille de prendre l'avion qui l'emmène à son mariage, ne pas laisser un jeune homme tranquille, alors qu'il doit passer l'examen d'une grande école dans laquelle il a toujours voulu étudier, ou encore obliger une jeune fille à sauter par-dessus un *bac à fleurs* bien trop grand et l'abandonner sans aide lorsqu'elle se blesse, tout cela, ce ne sont que des bagatelles à votre avis ! ? »

Nathalie n'avait pas pu s'empêcher de lancer cette tirade. Elle regardait Fange dans les yeux, décidée.

ÜBUNG 72

Übung 72: Beantworten Sie die Fragen zum Text!

1. Depuis quand Simon Fange n'habite-t-il plus à Montparnasse ?

2. Qui est en colère contre lui ?

3. Quelle est sa réaction quand Simon entend parler de l'« ombre sur la tour Montparnasse » ?

4. Qui veut absolument que le capitaine Delanoë reste ?

5. Où se trouve Nathalie pendant l'interrogatoire ?

Comment appelez-vous ça ? Des bagatelles, des bêtises d'enfants ?
– Non, Mademoiselle. Je ne sais pas qui vous a raconté ces sornettes, mais c'était bien différent. La fille du boulanger est venue nous voir un soir, son père avait arrangé ses *fiançailles*. Aller vivre en Hollande, elle n'en avait aucune envie. D'accord, le « *fiancé* » n'était pas méchant, mais il ne lui plaisait pas. Il ne lui laissait aucune liberté. Elle devait partir avec sa famille le lendemain. Son père avait organisé le voyage de façon à ce qu'elle n'ait pas le temps de réfléchir. Plus elle voyait le jour arriver, plus elle avait peur. Elle ne pouvait pas le faire comprendre à son père qui ne voyait qu'une seule chose : la fortune que ce mariage apporterait à sa famille. Elle ne savait plus que faire. Elle est donc venue nous raconter son histoire et nous a fait part de son plan. Nous devions l'empêcher par tous les moyens de prendre l'avion. Elle devait rater l'avion, mais il ne fallait pas qu'elle *ait l'air*

de ne pas vouloir le prendre. Elle avait économisé 2000 francs et nous les a proposés, à condition qu'on ne révèle jamais à personne le contrat que l'on avait *conclu* avec elle. Que voulez-vous ? C'était facile !

ÜBUNG 73

Übung 73: Setzen Sie die Wörter in Klammern in den Plural!

Nous avons crevé les (1. pneu) __________ de la voiture qui devait l'emmener à l'aéroport, caché sa valise, volé sa robe (elle avait laissé la porte ouverte), nous l'avons *arrosée* pour faire partir tout son maquillage, qui était à refaire. Nous nous sommes amusés comme des petits (2. fou) __________. Elle aussi, d'ailleurs. Elle criait, nous insultait et – *dès que* son père avait le dos tourné - elle nous faisait des (3. *clin*) __________ *d'œil* et nous disait que nous étions (4. génial) __________. Vous devriez lui demander. Je sais, j'avais promis de ne rien dire. Mais, demandez-lui, elle comprendra certainement que je ne me taise pas dans de telles (5. *circonstance*) __________. *À l'époque*, celui qu'elle voulait vraiment, c'était Xavier Breton. Lui, ses parents ne le laissaient pas tranquille.

Ils voulaient en faire un singe savant ! Il aurait aimé devenir *vétérinaire*, mais rien à faire, ses parents le voyaient dans une grande école. L'*ENA*, Polytechnique, au moins. Chez lui aussi, rien à faire pour les en dissuader. S'il le leur avait dit, ils auraient été tellement *déçus* qu'ils auraient été capables de se suicider. Du moins, c'est ce qu'il croyait. Quand il a vu le succès que nous avions eu avec sa copine – ils se voyaient en *cachette*, sans que leurs parents ne s'en ren-

dent compte –, il nous a demandé *à son tour* un service. Il était plus facile de dire qu'il avait *manqué* l'examen d'entrée à cause de nous que de dire qu'il n'avait pas envie d'entrer à l'*ENA*. Bref, lui aussi, il nous a proposé de l'argent. Nous, nous commencions à voir une belle carrière devant nous. Les sauveurs de tous les enfants dont les parents voulaient absolument planifier l'avenir à leur place ! Nous ne l'avons pas laissé une minute devant ses feuilles. Ses parents étaient furieux, ils ont même *fini par* déménager, tellement il jouait bien son rôle. Il nous lançait des grimaces, *dès qu*'il nous *croisait* en présence de ses parents.
« Je vous aurai un jour, je vous le promets ! Vous avez tout fichu en l'air ! Je vous le ferai payer ! » Le soir, il venait boire une bière avec nous et on rigolait bien de la tête que faisaient ses parents. Il a été un peu loin, ils ont déménagé. Mais entre lui et la fille du boulanger, c'était déjà fini. Donc, il a suivi. Je serais d'ailleurs *curieux* de savoir ce qu'il est devenu. Quant à la petite Bergros, Sylvie, là, cela a été un accident malheureux que nous avons tous regretté. Nous n'avons rien pu faire. Elle était muselée par ses parents qui lui interdisaient de sortir, allaient la chercher à l'école. Ils ne la laissaient pas une minute toute seule.

Übung 74: Indikativ oder Subjonctif? Setzen Sie die Verben in der richtigen Form ein!

ÜBUNG 74

1. Ses parents ne veulent pas qu'elle (aller) ____________ avec la bande de Montparnasse.
2. Tout le monde regrette que tu (être) ____________ malade.
3. Nous pensons qu'il (être) ____________ coupable.
4. Nathalie ne pense pas que Simon (pouvoir) ____________ mentir.

5. Je crois qu'il (venir) ________________ tous les ans à Paris.

6. Penses-tu qu'il (craindre) ________________ la pluie ?

7. Nathalie a toujours peur que l'inspecteur (faire) __________ une gaffe.

Un soir, on l'a vu arriver vers nous. On était comme toujours près du *bac à fleurs*, derrière la gare Montparnasse, c'est là que l'on pouvait nous trouver quand on nous cherchait. Elle nous a raconté que personne n'était venu la chercher à l'école ce jour-là et que chez elle tout était fermé. Elle était joyeuse, contente d'être libre. Elle nous a dit qu'elle voulait faire le test pour devenir un vrai « titi parnassien », c'est comme cela qu'on appelait les enfants et les jeunes qui avaient réussi à sauter par-dessus un *bac à fleurs* de la ville. Vous avez déjà vu ces *bacs* ? Ils sont assez grands, environ un mètre cinquante de diamètre, *bordés de* béton. Ils ont une forme d'hexagone. Je ne sais pas qui a eu le premier l'idée de ce test, mais en tout cas, cela existait avant la bande de l'*ombre*. Sylvie voulait montrer qu'elle appartenait au quartier, comme les autres jeunes, mais ses parents l'en avaient toujours empêchée. Elle devait avoir dix-sept ou dix-huit ans, mais elle n'était pas grande et il fallait vraiment être sportif pour y arriver avec sa taille. Nous avons essayé de l'en dissuader. Il n'y a rien eu à faire. Avant que l'on ait pu faire quoi que ce soit, elle avait pris son élan et sauta. Son pied s'est pris dans la bordure du *bac*, elle a essayé de *se redresser*, est tombée sur le côté, la tête en plein sur le coin intérieur et saillant du *bac* en béton. Nous nous étions empressés de l'aider, mais elle était déjà sans connaissance. Jean a foncé dans la cabine téléphonique à l'entrée des immeubles au-dessus de la gare et a appelé les secours. Nous avons préféré partir quand nous avons entendu l'ambulance. Avec toutes les histoires que l'on racontait sur nous, il *valait mieux* ne pas en rajouter. J'*avoue* que ce n'est pas très courageux, mais, que voulez-vous, nous étions jeunes et ne pouvions pas encore voir toutes les conséquences de nos *gestes* ! De là à nous *assassiner*, il y a quand même un pas !

– Pour l'instant, nous n'avons que vos dires pour cette version des faits. Mais nous allons *évidemment* vérifier tout ce que vous venez de nous raconter … Il nous *manque* cependant encore une personne. Le peintre Baron ! Cela vous dit quelque chose, n'est-ce pas ?

Übung 75: Schreiben Sie die folgenden Sätze in die negative Form um!

ÜBUNG 75

1. Je le lui ai dis.
   Je ne le lui ai pas dis.
2. Le patron m'en parle toujours.

3. Tu as déjà été le chercher ?

4. Pourquoi le fais-tu ?

5. Prends-le !

6. Prenez-vous en à lui !

– Ah non, cela ne va pas recommencer ! Il y a eu une *enquête*, *à l'époque*. Je l'ai déjà dit à ce moment-là, je vous le répète *volontiers* : je ne sais rien ! Je n'y étais pas.

– Comment cela, vous n'y étiez pas ?

– Le jour de l'accident, René, Bertrand et moi étions au boulot. Pour nous faire un peu d'argent, on servait de temps en temps de videurs dans une boîte de nuit à Saint-Michel. On y allait toujours à trois, cela suffisait. On laissait *rentrer* certaines personnes, d'autres non, et si quelqu'un embêtait une fille ou se tenait mal, on le virait tout simplement. On faisait une bonne équipe et de nous quatre, il y en avait toujours trois qui pouvaient faire le travail. Le patron savait qu'on viendrait. On commençait relativement tôt. À vingt et une heures pile, il fallait y être. Donc, nous étions partis vers dix-huit heures pour nous préparer. Le patron voulait absolument que l'on vienne en chemise blanche et *impeccablement* propres. Il le remarquait tout de suite, le patron, si l'on ne s'était pas douché avant de venir. D'après ce que Jean et Raymond ont dit plus tard, lorsqu'ils ont vu le peintre Baron passer, ils lui ont crié, pour s'amuser - comme on le faisait parfois - : « Et la douane ? ». Il est parti d'un seul coup, à toute vitesse. Ils se sont demandé ce qui se passait. Avant qu'ils n'aient eu le temps de se retourner, il traversait l'avenue du Maine sans *faire attention*. Le feu était rouge pour les piétons. Le bus n'a pas pu l'*éviter*. D'ailleurs, le conducteur du bus n'a pas cessé de répéter qu'il ne l'avait pas vu venir. Demandez à vos collègues. Ils vous le diront certainement. L'*enquête* a *conclu* à un accident.

ÜBUNG 76

Übung 76: Finden Sie im oben stehenden Text die Übersetzung der folgenden Wörter!

1. Zoll ______________

2. Disko ______________

3. Unfall ______________

4. pünktlich um 21 Uhr ______________

5. Rausschmeißer ______________

6. Fußgänger ______________

7. Spaß haben ______________

8. Ampel ______________

Mais, à partir de là, tout s'est dégradé. Raymond et Jean n'arrêtaient pas de se disputer. Raymond n'était plus le même. Il passait trop de choses à Jean. Jusque-là, c'est toujours Raymond qui avait eu les idées et nous, on devait suivre. En fait, on n'avait pas grand chose à dire. Mais là, il est devenu de moins en moins batailleur. Jean avait des tas d'idées idiotes en tête. René et Bertrand le suivaient, mais moi, je trouvais cela de plus en plus bête. Faire peur aux gens, c'est bon quand on a quinze ans, mais à vingt !
Comme je n'avais jamais été très *doué* à l'école, j'ai préféré *m'engager* dans l'armée. Ils avaient besoin de nouvelles recrues pour le régiment des transmissions. Là, je me suis fait d'autres amis et je n'ai plus vraiment pensé aux autres.

Übung 77: Was bedeuten die folgenden Sätze? Kreuzen Sie an!

ÜBUNG 77

1. Raymond passait trop de choses à Jean.
   a) ☐ Raymond faisait trop de reproches à Jean.
   b) ☐ Raymond ne faisait pas assez de reproches à Jean.

2. Tout s'est dégradé.
   a) ☐ Tout est allé de pire en pire.
   b) ☐ Tout s'est amélioré.

3. Ils avaient besoin de nouvelles recrues.
   a) ☐ Ils avaient besoin de nouveaux militaires.
   b) ☐ Ils avaient besoin de nouveaux commandants.

4. Raymond est devenu de moins en moins batailleur.
   a) ☐ Raymond a commencé à se battre avec tout le monde.
   b) ☐ Raymond a commencé à perdre sa combativité.

– Vous n'avez jamais su ce qu'ils étaient devenus ?
– Si. Bien sûr. Vous savez, Montparnasse, c'est comme un village. Tout le monde sait tout. J'ai appris que Raymond avait quitté le quartier et qu'il avait repris l'entreprise de son père. Depuis le début, on savait tous qu'il ne resterait pas avec nous, de toute façon. C'était clair, avec un père comme le sien !
J'ai revu de temps en temps René et Bertrand, surtout depuis que René avait racheté « Le Clair de Nuit ». Ils continuaient à glorifier le temps de l'*ombre*. Ils avaient même gardé la photo ! Pour moi, c'est du passé, il y a longtemps que je n'y pense plus. Et j'ai relégué la photo dans le grenier de mes parents. Jean avait vendu la *boucherie* de son père pour une bouchée de pain. Il a continué à faire n'importe quoi et a rapidement *manqué d'*argent. Je me souviens d'un jour où j'étais en permission, chez mes parents, lorsque Jean a *frappé* à la porte. Il venait me demander si je pouvais lui prêter de l'argent. Il n'avait même plus de quoi payer son loyer ! Il buvait beaucoup et avait perdu l'argent de la vente de la *boucherie* de son père en jeux et en alcool. Je lui ai fait comprendre qu'il ne pouvait pas continuer comme cela, sinon, il *se retrouverait* sous les ponts.
Je l'ai aidé à reprendre *confiance* et à voir ce qu'il pouvait faire. Il lui fallait tout d'abord du travail. Et puis, je lui ai prêté un peu d'argent pour qu'il tienne encore un peu. Mais pas beaucoup. Je n'en ai jamais eu beaucoup.

Übung 78: Korrigieren Sie die sechs Wörter, die nicht zum Text passen!

Quand je l'ai revu, environ deux ou trois mois après, il est venu me rendre l'argent que je lui avais *manqué*. Il m'a raconté qu'il avait trouvé du travail au *rayon* papeterie du marché de Rungis et qu'il cherchait à s'acheter une maison. Son travail était sûr et il ne lui *manquait* plus qu'une femme pour avoir le désespoir absolu. Je sais qu'*à l'époque,* je me suis demandé pourquoi je n'avais pas choisi de devenir boucher.
– Il avait donc l'intention d'acheter une maison alors qu'il avait *à peine* commencé son nouveau travail ? Vous a-t-il dit d'où devait venir l'argent pour la maison ?
– Il répétait que son travail était sûr, une vraie mine d'aluminium, d'après lui. »
Nathalie et l'inspecteur se regardèrent brièvement. Ils avaient eu la même pensée.
« Merci pour votre aide, monsieur Fange ! Nous devons *toutefois* vous *prévenir* que vous êtes certainement en sécurité. Pour une raison ou une autre, le *meurtrier* en veut à votre ancien groupe. Et il ne reste que vous et monsieur Carmin. Désirez-vous une protection de la police ?
– Je ne sais pas. C'est tellement drôle comme situation. Jusqu'à présent, je n'ai risqué ma vie qu'en mission … »

Le *capitaine* se tourna vers l'inspecteur.
« Si vous le permettez, Inspecteur, je pourrais proposer une solution plus simple.
– Je vous écoute.
– Nous pouvons préparer une chambre à l'*état-major*. Il suffira de nous *prévenir dès que* vous aurez trouvé le *coupable* et le lieutenant pourra ressortir sans crainte. Voyez, à l'*état-major,* les règles de sécurité sont telles que personne n'y entre sans y être autorisé.
– Qu'en pensez-vous, Monsieur Fange ?

– C'est ce que je vais faire. Merci, *Capitaine*. J'accepte votre proposition ! »

Übung 79: Ordnen Sie die Wörter in Klammern zu einem Satz!

Nathalie raccompagna les deux hommes à la porte et resta encore sur le *palier* (1. à disparaissent jusqu' ils ce qu') ____________________ ____________________ dans l'escalier. Le *capitaine* lui avait *soufflé* quelque chose à l'oreille en partant et (2. *rougi* elle encore avait) ____. « Nathalie, nous devons vérifier les dires de ce monsieur Fange. Toute cette affaire prend une tournure bien différente ! (3. adresses trouvé vous les avez-) ____ ?

– Quant à madame Baron, elle habite bien au-dessus de la gare Montparnasse. (4. boulanger Afrique ce fille en la est en du) ______________________________ moment, impossible de l'interroger, mais pour ce Xavier Breton, j'ai une idée … » (5. de elle pages l' les jaunes annuaire prit) ______________________________, les ouvrit à la page « *vétérinaires* » et *poussa* un petit cri de *satisfaction*, (6. sur lorsqu' la elle nom trouva liste son) ______________________________.

« Il semble que monsieur Fange n'ait pas menti. Nous avons ici un Xavier Breton dans le XVIe.

– Très bien ! Allons voir *de ce pas*. Par qui commencerons-nous ?

– De préférence par le *vétérinaire*. J'ai l'adresse de son cabinet, tandis que madame Baron est chez elle. Il sera plus facile de l'y trouver.
– Vous avez raison, allons-y ! »

Chapitre 8 : L'accident

Dans la salle d'attente, des chiens côtoyaient des chats et des canaris sans trop de problèmes. Chaque animal fixait son maître ou sa maîtresse. Une jeune fille d'une vingtaine d'années portait dans ses bras une cage en verre qu'elle serrait contre elle : un serpent !
Lorsque le docteur sortit pour appeler le prochain client, il *aperçut* l'inspecteur et Nathalie assis sans animal.
« *De* quel animal *s'agit*-il pour vous ? Un cheval ou un boa peut-être ?
– Non, non, rien de tout ça ! Nous sommes de la police et avons besoin de votre *témoignage*. »

Übung 80: Setzen Sie die passende Präposition ein!
(en, sur, d'après, vers, d', de, à part)

Toutes les têtes s'étaient retournées (1.) ___________ l'inspecteur et son assistante. Le docteur ne perdit pas son sang-froid.
« Vous permettrez sans *doute* que je fasse passer ces personnes de la police (2.) ___________ premier, ils sont dans l'*exercice* de leurs fonctions, n'est-ce pas ? »
Tout le monde fit un signe *approbateur* de la tête et les regarda passer (3.) ___________ un *air* admiratif.
Xavier Breton ne leur proposa pas (4.) ___________ s'asseoir, ses

patients n'avaient pas besoin de chaise en général et (5.) ____________

la table d'oscultation et un bureau, le cabinet ne *contenait* que des étagères.

« Que puis-je pour vous ?

– Nous *enquêtons* actuellement (6.) ______________ trois *meurtres*. Les trois victimes sont des membres de l'ancienne bande qui se dénommait « l'*ombre* sur la tour Montparnasse ».

– Certainement une bande de Montparnasse, (7.) __________ le nom !

– Vous ne les connaissez pas ?

– Cela ne me dit rien, non. *Désolé*. »

Son regard était franc et sa voix claire. Il fixait l'inspecteur, un sourire *poli* aux lèvres.

« Bertrand Sylvain, René Grosjean, Jean Séverin …

– Raymond Carmin et Simon Fange ! Bien sûr ! Je les connais ! Vous dites que trois d'entre eux ont été tués ? »

Son regard s'était assombri.

« Lesquels ?

– Bertrand, René et Jean.

– Mais enfin, pourquoi ?

– C'est justement ce que nous essayons de comprendre. Nous pensions que vous pourriez nous aider. Nous avons appris que vous aviez dû changer d'orientation à cause de cette bande. Ses membres vous auraient empêché de réussir un examen important.

– Pas du tout ! Ce sont mes parents qui voulaient absolument me faire entrer à l'*ENA* ! Moi, je ne rêvais que d'une chose : devenir *vétérinaire* ! Comme avec ma petite amie de l'époque, qui elle avait des problèmes encore plus graves avec son père … Figurez-vous qu'il voulait lui faire *épouser* un riche Hollandais … Enfin, donc, comme elle avait réussi, grâce à eux, à *éviter* ce mariage désastreux, je leur ai demandé le même service. Et ils l'ont fait. Très bien d'ailleurs. Mes parents étaient persuadés que je n'y étais pour rien du tout … Alors que je ne voulais pas faire l'*ENA* !

Übung 81: Finden Sie die entsprechende französische Redewendung!

1. das Geld zum Fenster rauswerfen

---

2. etwas für sein Geld haben

---

3. Geld stinkt nicht.

---

4. Geld allein macht nicht glücklich.

---

5. Zeit ist Geld.

---

6. etwas für bare Münze nehmen

– Votre petite amie, c'était bien la fille du boulanger, n'est-ce pas ?
– Oui. Mais pouvez-vous m'expliquer ce que cela *a à voir avec* les trois *meurtres* ? Quelle horreur !

– Justement, c'est ce que nous essayons de comprendre, nous aussi. Savez-vous peut-être si ces trois hommes avaient un autre secret qui les reliait ? J'*ai du mal à* croire - maintenant que toutes ces affaires se sont *avérées* sans fond réel, et surtout, sans vraie méchanceté - que quelqu'un ait pu les *assassiner* à cause de ce passé.
– Moi aussi, Inspecteur. Ou bien il faut que ce quelqu'un n'*ait* pas grand chose *à voir avec* ces choses-là. Mais peut-on tuer une personne pour une raison qui ne nous *concerne* pas directement ? Je n'aimerais pas être à votre place, Inspecteur. Vraiment, non !
– *Désolé* de vous avoir dérangé dans votre cabinet et merci pour vos réponses.
– Je vous souhaite toute la *perspicacité* nécessaire à cette affaire bien spéciale, Inspecteur.

– Décidément, tout devient de moins en moins clair ! La seule personne *suspecte* qui nous reste est une dame d'une soixantaine d'années, dont le mari s'est suicidé. Et à en croire ce que nous avons appris ces dernières heures, elle n'a aucun motif !
– Allons tout de même la voir, Nathalie. Peut-être en saurons-nous un peu plus après. Qui sait ? »

Übung 82: Lesen Sie weiter und unterstreichen Sie das passende Hilfsverb!

Nathalie se demandait à quel point tout ce qu'ils (1.) avaient/étaient appris jusqu'ici était vraiment réel. Cela lui rappelait un livre qu'elle (2.) était/avait *classé* et lu par la même *occasion*. Le titre l'avait intriguée. « La Sémantique sans les linguistes ». Elle (3.) s'était/s'avait demandé *à l'époque* ce que ce titre pouvait bien cacher. La sémantique était pour elle l'étude du sens des unités linguistiques. Mais, en

lisant ce livre, elle (4.) s'avait/s'était rendu compte que la sémantique pouvait être une science bien plus complexe encore. Elle (5.) était/avait découvert la notion de facettes, la carte qui n'était pas le terrain. Elle (6.) était été/avait été fascinée.
En résumé, tout pouvait (7.) être/avoir plusieurs facettes, tout dépendait de l'observateur ou de la personne qui vivait l'instant. Une même chose pouvait (8.) avoir/être comprise très différemment par plusieurs personnes.

Quelque chose lui disait que c'était cela qui lui ferait comprendre cette affaire, mais elle ne savait pas encore comment. Pendant qu'ils repartaient en direction de Montparnasse, cette fois-ci par le bus, elle essayait de trouver plusieurs facettes aux mêmes événements.

Madame Bergros, dans son *journal*, voit les choses de façon dramatique. Pas étonnant, sa fille ne *s'en est* jamais *remise* et elle ne sait pas vraiment ce qui s'est passé. Il est toujours plus facile de faire porter la responsabilité aux autres.
Il semble que les enfants et les adolescents du quartier n'ont pas vécu l'événement aussi dramatiquement. Ce sont les parents qui paniquent, pas les enfants.
« Avez-vous remarqué ? Ceux qui ont vécu un événement dans cette histoire le décrivent de façon bien moins dramatique que ceux qui en ont entendu parler !
– Bien observé, Nathalie. Mais où voulez-vous en venir avec cette réflexion ?
– Je ne sais pas. Mais j'ai l'*impression* que cela a de l'importance … »
Au moment de *monter* la rampe de l'immeuble au-dessus de la gare Montparnasse, l'inspecteur Cliquot se rappela les mots de madame Carré sur cet immeuble. C'est vrai que l'on voyait tout dans les appartements. Une vraie cage à lapins.

Madame Baron leur ouvrit la porte. Elle était petite et menue. Ses cheveux colorés en roux foncé et *coupés* court, comme un garçon, *entouraient* un visage *pâle* et fatigué. Toute la dureté de la vie était inscrite dans ses traits. Elle était maigre, extrêmement maigre. Ses *poignets* étaient si minces qu'on avait l'*impression* qu'ils se rompraient à la *moindre secousse*.

Übung 83: Setzen Sie die Verben in der angegebenen Zeitform ein!

Elle (1. faire, passé simple) ______________ signe aux deux visiteurs de la suivre et les accompagna dans une petite pièce qui lui (2. servir, imparfait) _____________ à la fois de cuisine et de salon. La table près de la fenêtre, *entourée* de quatre chaises, offrait une vue plutôt *exceptionnelle* pour qui (3. être habitué, imparfait, négation) ______________________________________. En s'asseyant à cette table, on avait l'*impression* de s'asseoir dans la cabine d'une grande roue de foire. On (4. voguer, imparfait) _________________ _______________ au-dessus des toits. Son appartement au huitième étage était vraiment haut perché. Ce n'était pas un lieu pour ceux qui avaient le vertige. En effet, les murs extérieurs remplacés par des vitres donnaient toujours l'*impression* d'être en l'air, de voler.

« (5. pouvoir, présent) ___________-je vous offrir quelque chose à boire ? Un verre d'eau peut-être ?

– Non merci, Madame. Nous ne vous *importunerons* pas longtemps. Nous sommes simplement à la recherche d'un motif pour trois crimes qui (6. avoir lieu, passé composé) ____________ ____________ ces derniers jours à Montparnasse.

– Ah bon ? Et vous pensez que je peux vous aider ?
– Bertrand Sylvain, René Grosjean et Jean Séverin, cela vous dit quelque chose ?
– Oui. Ce sont ceux qui ont tué mon mari. Ou du moins qui l'ont *poussé* au suicide. Qu'*ont*-il *à voir avec* ces *meurtres* ?
– Ils en sont les victimes.
– Eh bien, en voilà une bonne nouvelle ! Êtes-vous sûrs de ne rien vouloir prendre ? »
Elle alla chercher une bouteille de vin derrière la porte.
« Une bonne raison de faire la fête. La justice existe, enfin ! »
L'inspecteur Cliquot et Nathalie étaient *stupéfaits*.
« Voyez-vous, ils ont tué mon mari. Avec Raymond Carmin et Simon Fange. Il l'ont *poussé* au suicide. Il avait tout pour devenir un peintre célèbre. Mais ils l'ont tué. À cause d'eux, il nous a laissées seules, ma fille et moi. Plus jamais il n'est revenu. Plus rien n'était comme avant. À cause d'eux … Ils l'ont bien *mérité* ! »
Elle prit son verre de vin et le but d'un seul coup. En se resservant, le regard fixe et vide, elle répétait sans cesse qu'ils l'avaient tué.
Nathalie chercha à *croiser* son regard.
« Et votre fille, elle est restée, votre fille ?
– Oui, mais elle a beaucoup de travail.
– Pouvez-vous nous donner son adresse ? Nous aurions quelques questions à lui poser …
– Tenez ! »
Elle écrivit l'adresse sur un petit bout de papier et le tendit à Nathalie. Après l'avoir remerciée, Nathalie et l'inspecteur Cliquot s'en allèrent sur la pointe des pieds.

« Vous voyez, c'est exactement cela, la sémantique ! Chacun voit les choses autrement. Cette dame a perdu toute envie de vivre à la mort de son mari. Pour elle, tout a basculé le jour de la rencontre entre son mari et la bande de l'*ombre*. Donc, ils sont *coupables*. Qu'il *s'agisse d'*un accident ou non n'a plus aucune importance. Ce n'est pas ce qui est important, mais ce qui semble l'être. Depuis, elle a perdu toute orientation. Elle vit dans la répétition perpétuelle de cet événement.
– Vous avez raison, Nathalie, mais en quoi cela nous rapproche-t-il de notre *assassin* ?
– Peut-être le saurons-nous en *questionnant* la fille ?
– Oh, vous savez, cela me semble peu probable. Elle venait *à peine* de naître au moment des événements. Qu'*a*-t-elle *à voir avec* tout cela ? »

ÜBUNG 84

Übung 84: Übersetzen Sie und enträtseln Sie das Lösungswort!

1. Lust _ _ □ _ _
2. Selbstmord _ _ _ _ _ _ □
3. Wiederholung _ _ _ _ _ _ _ _ _ □
4. Blick _ _ □ _ _ _
5. umbringen _ _ □ _
6. schuldig _ _ _ _ □ _ _ _
7. Maler _ _ _ □ _ _ _
8. Unfall _ _ □ _ _ _ _ _
9. Gerechtigkeit _ _ _ _ _ _ □

Lösung: _ _ _ _ _ _ _ _ _

Lorsqu'ils arrivèrent à l'adresse inscrite sur le petit papier, ce qu'ils virent les étonna. Une maison somptueuse en plein quartier chic. Ils

se demandaient dans quelle chambre de bonne mademoiselle Baron se trouverait, lorsqu'ils découvrirent une plaque sur la façade :
Amélie Baron
Chirurgienne des hôpitaux de Paris
Consultation uniquement sur rendez-vous
1er étage
Ils en restèrent cois.

Übung 85: Setzen Sie das passende Personalpronomen ein!
(ils, lui, leur, les)

Lorsque l'inspecteur présenta sa carte, la *concierge* (1.) ________ ouvrit la porte. Elle (2.) ________ *indiqua* un ascenseur dont la grille en fer forgé *donnait sur* une petite cage *couverte* de tapis rouge, avec une lampe en forme de lustre au plafond. Mais l'inspecteur et Nathalie préférèrent prendre l'escalier de marbre, *orné* d'un mince tapis rouge fixé sur la pierre par de fines *barrettes dorées*.
Arrivés au premier étage, ils sonnèrent. Personne ne répondit.
La *concierge* qui, d'en bas, (3.) ________ *surveillait* du coin de l'œil (4.) ________ cria de *pousser* la porte et de s'installer dans la salle d'attente.
Ils ne se firent pas *prier* deux fois. L'entrée était très grande. Sur le mur en face de la porte d'entrée, une petite pancarte *indiquait*, d'une flèche vers la droite, la salle d'attente. (5.) ________ s'assirent et commencèrent à attendre. Mais rien ne se passait.

Dans la pièce d'à coté, un ronronnement était *perceptible*. Pas de voix. L'inspecteur se leva.

« Ce n'est pas normal. Tant pis, j'ose. » Suivi de Nathalie, *curieuse*, il ouvrit la porte d'où sortait ce *curieux* ronronnement. Un vieux projecteur super 8 tournait, encore allumé ; le film était déjà terminé. Sur l'écran, seule la lumière blanche était visible.

Cliquot éteignit le projecteur. Sous une porte sur la droite, un filet de lumière *perça*. Ils *s'approchèrent* et ouvrirent la porte. Une jeune femme d'*à peine* trente ans gisait au sol, haletante. Une seringue à la main. Elle ouvrit doucement les yeux à leur arrivée. Cliquot *se précipita vers* elle. Il fit signe à Nathalie d'appeler les secours.

La femme essaya de prononcer quelques mots.

« Trop tard ! Je l'ai crue. Je l'ai tout simplement crue. Pardonnez … ma crédulité … »

Son cœur s'arrêta de battre, aucune respiration n'était plus *audible*. Cliquot ferma ses yeux et resta un moment sans parler. Nathalie s'était assise sur la chaise à côté de lui et restait coite, elle aussi.

ÜBUNG 86

Übung 86: Sind die folgenden Aussagen richtig? Markieren Sie mit richtig ✓ oder falsch – !

1. La chirurgienne a été assassinée. ☐
2. Nathalie et l'inspecteur sont arrivés, alors que la chirurgienne était déja morte. ☐
3. La chirurgienne avait moins de trente ans. ☐
4. Nathalie et l'inspecteur sont entrés dans le cabinet, car ils avaient entendu un bruit bizarre. ☐
5. La chirurgienne a regardé un film avant de mourir. ☐
6. La chirurgienne est morte étranglée. ☐

Ensuite, tout se passa très vite. La jeune femme était bien la fille de madame Baron. Jeune chirurgienne pleine d'espoir, elle était déjà reconnue pour son *adress*e et sa précision. « Pas un millimètre de trop dans tout ce qu'elle découpait ! » avait déclaré fièrement le médecin-chef. On retrouva sans *peine*, dans son cabinet, la longue pointe très bien *aiguisée* qui avait servi d'arme du crime. Elle avait vécu pendant toute son enfance avec sa mère qui ne pensait qu'à une seule chose : à sa *vengeance*. C'est ce qu'elle avait voulu dire à Cliquot. Elle avait cru sa mère. Sans la remettre en question. Sans se demander si sa version des faits était la bonne. Elle avait tué au moins deux innocents, puisqu'ils n'étaient pas là au moment de l'accident.

Cliquot avait *récupéré* les films super 8 trouvés chez la chirurgienne. Il avait installé le projecteur avec la porte pour écran et commença à les regarder avec Nathalie. Quatre jeunes hommes d'une vingtaine d'années environ faisaient des grimaces devant la caméra. Puis, l'un d'entre eux *désigna* sa montre. Il avait le même visage *allongé* que Simon Fange. Il s'en alla avec deux autres garçons en riant. Ils *disparurent* de l'écran.
Le film s'arrêta puis recommença. Il montrait le quatrième jeune homme, bien habillé. Un homme d'une trentaine d'années, avec une petite barbe, *s'approcha*. Le jeune lui cria quelque chose. L'autre lui répondit, l'*air* sévère. Le jeune courut vers le plus vieux qui ne bougeait pas, parlant à toute vitesse, comme pour un sermon, en levant un doigt *menaçant*.

Übung 87: Finden Sie das zum Adjektiv oder Adverb passende Substantiv!

ÜBUNG 87

1. vite ______________________
2. long ______________________

3. innocent ....

4. fièrement ....

5. sévère ....

6. menaçant ....

7. jeune ....

8. vieux ....

9. bon ....

10. petit ....

La caméra suivait la scène. Le jeune *s'approche du* plus vieux, il s'énerve. L'homme à la barbe ne le prend *visiblement* pas au sérieux. Il semble rire. Le jeune s'énerve et *pousse* le plus vieux d'un grand coup et le déséquilibre. Ce dernier tombe dans la rue, juste au moment où un bus arrive. Les deux mains en avant sous les roues du bus.

Le plus jeune fut très rapidement identifié : Raymond Carmin. L'autre homme était le peintre.

Dans la maison de Jean Séverin, on retrouva d'autres films super 8 sur la bande. Cela avait été sa marotte. Amélie Baron les avait trouvés aussi. Elle avait ainsi compris son erreur. Cliquot fit *arrêter* Carmin. Son procès *attira* toute la presse à scandale du pays. L'examen des comptes de Jean Séverin avaient montré qu'il avait reçu une grosse somme en liquide, au début des années quatre-vingt-dix, qui lui avait permis de s'acheter sa maison. Les comptes de Raymond Carmin montraient un montant prélevé du même ordre de grandeur et à la même époque. Il ne fallut pas longtemps pour faire *avouer* à l'industriel la raison de ce prélèvement. Le film que Jean Séverin avait tourné *à l'époque* pour s'amuser lui avait servi de moyen de pression et il ne s'était pas privé de faire chanter son ancien copain.

Übung 88: Ergänzen Sie die folgenden Redewendungen mit dem passenden Wort!
(sous, riche, as, beurre, rond, mois)

1. ne pas avoir un ______________
2. être près de ses ______________
3. arrondir les fins de ______________
4. mettre du ________________ dans les épinards
5. être ____________ comme Crésus
6. être plein aux ______________

L'affaire était bouclée et l'inspecteur Cliquot *s'était rendu* en personne, avec Nathalie, *à* la *préfecture* pour *remettre* le rapport en mains propres *au* préfet, qui n'avait pas vraiment su comment les *accueillir*. Le succès de leur *enquête* était indéniable, mais il aurait préféré voir le fils de son ami épargné. Comme il était *toutefois* profondément honnête, il fit part de sa gratitude à Cliquot et Nathalie pour leur bonne *enquête* et les félicita des résultats. Il les regarda sortir du bâtiment par la fenêtre, accompagné de son fidèle *adjoint*.

Übung 89: Finden Sie das Gegenteil der Begriffe!

1. fidèle ____________________
2. honnête ____________________
3. poli ____________________
4. implicite ____________________
5. coupable ____________________
6. patient ____________________

« Vous avez remarqué ? Les catastrophes se sont faites plutôt rares cette fois-ci. Notre inspecteur *s'améliorerait*-il ?
– C'est peut-être le *meurtre* qui le rend plus sérieux.
– C'est possible. Nous verrons ce que l'avenir nous réserve ! »
Au moment où il disait ces mots, Nathalie et l'inspecteur Cliquot sortaient du bâtiment de la *préfecture*. Devant la porte, des policiers avaient rassemblé les résultats de leur dernière razzia. Ils venaient de mettre fin à un *trafic* de coqs de combats et avaient *arrêté* leurs entraîneurs. Alors que les coqs criaient *à tue-tête* dans leurs cages entassées devant la *préfecture*, des dizaines d'entraîneurs étaient menés, *menottes* aux *poignets*, en direction de la porte. Nathalie se retourna vers l'inspecteur Cliquot, lui dit *furtivement* au revoir et *se précipita vers* le portail.
Curieux, l'inspecteur Cliquot voulut voir la raison de son *empressement* et courut derrière elle. Au moment où il *aperçut* le *capitaine* Delanoë qui attendait devant le portail, un *bouquet* de fleurs à la main, il *trébucha*, *s'étala* de tout son long sur la *pile* de cages à sa gauche. Les cages tombèrent et, comme dans un jeu de dominos, firent tomber toutes les autres, empilées *le long du* mur. Elles s'ouvrirent. Les coqs sortirent de leurs cages et commencèrent à se battre. Les entraîneurs s'arrêtèrent *net* de suivre les policiers et commencèrent à crier pour encourager leurs coqs. Les passants s'arrêtaient, *curieux*, et les encourageaient eux aussi, d'autres commencèrent à prendre les paris. Les policiers demandèrent du *renfort*. De tous les côtés, des voitures arrivaient, toutes sirènes dehors. La rue devant la *préfecture* s'était transformée en une immense arène de combats de coqs et rien ne pouvait les arrêter.
Le préfet se retourna vers son *adjoint* :
« Je me disais aussi … ! »

FIN

Abschlusstest

Übung 1: Welches Wort ist das „schwarze Schaf“? Unterstreichen Sie das nicht in die Reihe passende Wort!

1. maison, bâtiment, cour, immeuble, édifice
2. aller, venir, descendre, regarder, monter
3. pain, pommes, oranges, citrons, kiwis
4. Louvre, pyramide, Arc de Triomphe, Tour Eiffel
5. policier, médecin, boulangerie, boucher
6. bon, joli, bien, beau, jeune
7. de, sous, sur, se, dans

Übung 2: Finden Sie die gesuchten Begriffe und enträtseln Sie das Lösungswort!

1. grand bâtiment d’habitation	_ _ □ _ _ _ _ _
2. témoin qui regarde	□ _ _ _ _ _ _ _ _ _ _
3. spécialiste de la langue	_ _ □ _ _ _ _ _ _
4. « enfant » en argot parisien	□ _ _ _
5. on s’y promène.	□ _ _ _
6. un aspect présenté par quelqu’un	_ □ _ _ _ _ _
7. route ou accès en pente	□ _ _ _ _
8. groupe de jeunes	_ _ □ _ _
9. grade de l’armée française	_ □ _ _ _ _ _ _ _
10. étude du sens des mots	□ _ _ _ _ _ _ _ _ _
11. la Ruche en est pleine.	_ _ _ _ □ _ _ _
12. vivre sans moyens	_ _ _ _ _ □ _

Lösung: _ _ _ _ _ _ _ _ _ _ _ _

Übung 3: Setzen Sie die Verben in der richtigen Zeitform ein!

1. Le marché dans cette rue ne (commencer) ____________ jamais après cinq heures du matin.

2. Si ce tableau a vraiment une grande valeur, notre assassin (essayer) ____________ de le revendre.

3. Il (passer) ____________ à gauche du stand de saucisses, pendant que le petit homme (passer) ____________ à droite.

4. Son père avait juré lui aussi qu'un jour « il (avoir) ____________ la peau de ses gredins ».

5. En (rajouter) ____________ un bon gâteau au chocolat, le tableau aurait été parfait.

6. Sans la Ruche, le monde n'(avoir) ____________ certainement jamais connu les œuvres de grands peintres et sculpteurs de ce siècle.

7. Il n'(avoir) ____________ encore jamais ____________ à élucider un meurtre.

8. Et puis, je lui ai prêté un peu d'argent pour qu'il (tenir) ____________ encore un peu.

9. Devant la porte de la préfecture, des policiers (rassembler) ____________ les résultats de leur razzia.

Übung 4: Wie heißen die folgenden Wörter und Redewendungen auf Französisch? Kreuzen Sie die richtige Übersetzung an!

1. sterben
   a) ☐ passer l'arme à gauche
   b) ☐ passer l'arme à droite

2. schreien bis zum Gehtnichtmehr
   a) ☐ crier à crève-tête
   b) ☐ crier à tue-tête

3. jemandem ganz dicht folgen
   a) ☐ être sur les talons de quelqu'un
   b) ☐ être sur les genoux de quelqu'un

4. gewieft sein
   a) ☐ ne pas être né de la dernière tempête
   b) ☐ ne pas être né de la dernière pluie

5. jemand, der viel weiß, aber nichts daraus macht
   a) ☐ un singe savant
   b) ☐ un chien savant

6. Fertig!
   a) ☐ La promenade est jouée !
   b) ☐ Le tour est joué !

7. Was für ein Albtraum!
   a) ☐ Quel cauchemar !
   b) ☐ Quel couchage !

Übung 5: Übersetzen Sie ins Französische!

1. Opfer ______________________
2. aufklären ______________________
3. Stadtviertel ______________________
4. Tierarzt ______________________
5. blass ______________________
6. Ermittlungen ______________________
7. Schatten ______________________
8. Vernehmung ______________________
9. stolpern ______________________
10. Nachbarschaft ______________________

Übung 6: Finden Sie die richtige Lösung!

1. Qui est Jean Séverin ?
   a) ☐ le beau-fils du boulanger
   b) ☐ le fils du boucher
   c) ☐ le mari de madame Carré

2. Pourquoi l'inspecteur Cliquot ne conduit-il pas ?
   a) ☐ Il n'a pas de voiture.
   b) ☐ Il n'a pas de garage.
   c) ☐ Il n'a plus de permis de conduire.

3. Où Nathalie rencontre-t-elle le capitaine ?
   a) ☐ aux Invalides
   b) ☐ à la caserne
   c) ☐ à l'état-major

4. La meurtrière est-elle
   a) ☐ chirurgienne ?
   b) ☐ infirmière ?
   c) ☐ vétérinaire ?

5. Que fabrique la société de Raymond Carmin ?
   a) ☐ des jouets
   b) ☐ des maquettes
   c) ☐ des bus

6. Quel repas Cliquot prépare-t-il dans son bureau ?
   a) ☐ un croque-monsieur
   b) ☐ une soupe de légumes
   c) ☐ une bavette aux oignons

7. Qui devait épouser la fille du boulanger ?
   a) ☐ un Hollandais
   b) ☐ un Hindou
   c) ☐ un Africain
   d) ☐ un Suédois

8. Quelles preuves sont trouvées dans l'appartement d'Amélie Baron ?
   a) ☐ des photos
   b) ☐ des cassettes vidéo
   c) ☐ des films super 8
   d) ☐ des lettres

Übung 7: Beantworten Sie die Fragen zum Text auf Französisch!

1. Dans quels endroits les crimes ont-ils lieu ?

2. Quand les travaux de construction de la tour Montparnasse débutèrent-ils ?

3. Quel est l'écrivain le plus célèbre enterré au cimetière Montparnasse ?

4. Que veut dire CNIT ?

5. Quel marché a succédé aux Halles ?

6. Qui avait demandé à ce que les Halles de Paris soient transférées en banlieue en 1962 ?

Übung 8: Wie heißt das Wort auf Deutsch? Tragen Sie die richtige Ziffer ein!

1. blessure	☐ Mord
2. trouver	☐ Spur
3. meurtre	☐ Verletzung
4. attendre	☐ leben
5. épaule	☐ Mörder
6. meurtrier	☐ warten
7. vivre	☐ Schulter
8. trace	☐ finden

Übung 9: Füllen Sie die Lücken mit dem passenden Wort!

1. La chirurgienne a ________________ le malade de l'appendicite.
2. Plusieurs animaux accompagnés de leur maître attendaient dans la salle d'attente du ____________________.
3. Les Halles de Rungis abritent le plus grand ________________ de France.
4. La tour Montparnasse compte 59 ________________.
5. Le médecin ________________ a procédé à une autopsie de la victime.
6. Le ________________ d'Anne Frank est un précieux témoignage historique.
7. Il va acheter deux escalopes de dinde à la ________________.

Gemeinsamer Abschlusstest

Übung 1: Ordnen Sie die Buchstaben zu einem sinnvollen Wort!

1. dacarve __________
2. qpiûer __________
3. uemrtreir __________
4. ossdrei __________
5. atutoeag __________
6. êquetne __________
7. mimueelb __________
8. berom __________

Übung 2: Setzen Sie das passende Relativpronomen ein!

1. Cliqout salua le médecin légiste Pierre Delvaux __________ l'attendait pour l'informer.
2. C'est une vieille bouteille __________ j'ai prise dans ma cave, elle est de 1950.
3. Cliqout porta l'ordinateur de Nathalie __________ elle emmenait partout avec elle.
4. Cliqout reconnut l'hymne national français __________ annonçait les appels sur son portable.

5. Dumont avait même hypothéqué la maison dans __________ sa famille habitait.

6. Il y a aucune trace de ce produit __________ avait provoqué la mort de Clément.

7. Avec la vie __________ il menait, il n'aurait pas fait long feu.

Übung 3: Finden Sie das abgeleitete Substantiv!

1. se promener __________
2. descendre __________
3. réussir __________
4. rêver __________
5. proposer __________
6. acheter __________
7. fuir __________

Übung 4: Wie lauten die Wörter in der richtigen Reihenfolge?

1. fallait il un éviter meurtre nouveau

____

2. construite est acier en tour la

____

3. et Cliquot Nathalie la petite remercièrent dame

____

4. hiver le Montparnasse cimetière portes ses tôt plus fermait en

____

5. deux les l'inspecteur un dans dames immeuble emmenèrent

____

6. le s'arrêta taxi porte la exactement devant

____

Übung 5: Setzen Sie die passende Präposition ein!

1. Cliqout avait lu cette information ________ le dossier que Nathalie avait fait.
2. Il referma la porte qui menait ________ la cave.
3. Cliqout se dirigeait ________ la porte.
4. Madame Beauchamp a travaillé ________ Paris.
5. La jeep verte passa ________ eux ________ grande vitesse.
6. Il meurt ________ une de nos dégustations de vins.
7. Le portable de Cliquot sonna un peu ________ l'arrivée ________ Dijon.
8. Il pleuvait ________ plusieurs jours ________ Paris.

Übung 6: Übersetzen Sie die Wörter in Klammern!

C'était un beau (1. Morgen) ______________ estival. Le (2. Sonne) ______________ brillait sur la (3. Hauptstadt) ________________. L'inspecteur Cliquot respira profondément et regarda le (4. Himmel) ________________ bleu. Il ne remarqua pas les (5. Augen) _______________________ des passants se river sur sa (6. Hemd) _______________. L'inspecteur Cliquot décida d'entreprendre une petite (7. Spaziergang) _________________ à travers la (8. Stadt) _______________.

Übung 7: Welche Gegenteile gehören zusammen? Ordnen Sie richtig zu!

1.	☐ acheter	a) ouvrir
2.	☐ prendre	b) trouver
3.	☐ pleurer	c) s'approcher
4.	☐ chercher	d) arriver
5.	☐ fermer	e) vendre
6.	☐ s'éloigner	f) sortir
7.	☐ allumer	g) donner
8.	☐ partir	h) descendre
9.	☐ entrer	i) rire
10.	☐ monter	j) éteindre

Übung 8: Wie heißt es richtig? Ergänzen Sie die fehlenden Endungen!

1. Cette femme était tout simplement jalou____.
2. La femme rou____ portrait une veste comme celle-ci.
3. Les journ____ avaient réussi à faire paraître cette histoire en prem____ page.
4. Elle a les cheveux noir____ coupé____ très court.
5. Voilà, nous y sommes, dit le chauffeur en regard____ le compteur.
6. Beaucoup de personnes arriv____ aujourd'hui.
7. Nous sommes sur les traces d'une dangereu____ cambrioleuse

Übung 9: Wie heißt das Wort auf Deutsch? Setzen Sie die richtige Ziffer ein!

1. ☐ immeuble	a) Praxis
2. ☐ quartier	b) Mofa
3. ☐ regard	c) Erlaubnis
4. ☐ bruit	d) Friedhof
5. ☐ permission	e) Gebäude
6. ☐ cimetière	f) Lärm
7. ☐ mobylette	g) Viertel
8. ☐ cabinet	h) Blick

Lösungen

Le vin du crime

Übung 1: 1. est 2. trempez 3. constituez 4. pleut 5. agaçons 6. faisons
Übung 2: 1. des 2. ces 3. parce que 4. ma 5. chacun 6. événement
Übung 3: 1. ce 2. ce 3. ça 4. son 5. sa 6. ses 7. ses 8. ces 9. ses 10. ses
Übung 4: 1. Il faut qu'il reste prudent. 2. Il faut que tu ne dises rien. 3. Il ne faut pas que vous vous trompiez. (ou : Il faut que vous ne vous trompiez pas.) 4. Il ne faut pas qu'ils l'effarouchent. 5. Il faut que nous les connaissions. 6. Il faut que vous les aidiez.
Übung 5: 1. criant 2. permettant 3. ennuyant 4. faisant 5. essayant 6. donnant 7. prêtant Lösung: amusant
Übung 6: 1. rapidement 2. grands 3. Heureusement 4. seulement 5. seconde 6. profondément 7. agréable 8. parisienne 9. folle 10. audacieux 11. vrai 12. réel
Übung 7: 1. A-t-on besoin de vous ? 2. Y aurait-il du nouveau ? 3. De quoi s'agit-il ? 4. Pourquoi le réveillait-on ? 5. Que leur as-tu demandé ?
Übung 8: 1. Quelqu'un a été empoisonné. 2. La police est concernée par cette affaire. 3. L'inspecteur avait été réveillé par le téléphone. 4. Le préfet de police aura aussi été prévenu (par quelqu'un). 5. Les témoins seront interrogés par l'inspecteur. 6. L'enquête serait menée par les deux policiers.
Übung 9: 1. Tout 2. Tous 3. Tous 4. tout 5. tout
Übung 10: 1. Ne vous inquiétez pas ! 2. Ne me le dites pas ! 3. Ne m'attendez pas ! 4. N'en bois pas ! 5. Ne lui en parle pas ! 6. Ne les dégustons pas !
Übung 11: 1. qu' 2. ce que 3. ce dont 4. ce qui 5. que 6. qu' 7. que 8. que 9. qui
Übung 12: 1. qu'elle est tout excitée 2. que ce n'est que leur seconde enquête 3. qu'il s'agit d'un meurtre 4. qu'il mènera à bien et rapidement cette enquête 5. qu'ils mèneront à bien et rapidement cette enquête 6. qu'elle a apporté son ordinateur portable au cas où ils en auraient besoin 7. qu'elle peut peut-être trouver des informations utiles sur Internet
Übung 13: 1. anciens 2. vieilles 3. souterraines 4. approprié 5. bougés 6. beaux 7. blonds 8. serrée 9. sévère 10. grosses 11. séduisante
Übung 14: 1. Cliquot l'avait appelée. 2. Elle lui avait raccroché le téléphone au nez. 3. Elle en avait trié des centaines. 4. Elle y travaillait. 5. L'agent l'avait prise. 6. Il en était fier.
Übung 15: 1. b 2. c 3. c 4. a 5. c 6. b
Übung 16: 1. s'assura 2. prit 3. porta 4. promit 5. dit 6. prit 7. serra 8. répondit 9. se tourna 10. expliqua
Übung 17: 1. tournerai, préfèreras, confirmera, luira 2. serra, aérai, effondra, ouvrai
Übung 18: 1. n'était pas 2. nulle part 3. n'avons rien 4. ni, ni 5. pas de 6. Personne ne 7. personne 8. personne n'

Übung 19: 1. commença 2. demanda 3. secoua 4. choqués 5. touché 6. ont participé 7. attendent
Übung 20: 1. un 2. au 3. un 4. du 5. au 6. de 7. du 8. du 9. de l' 10. des
Übung 21: 1. s'inclinant 2. s'efforça 3. vous asseoir 4. s'exécuta 5. s'assit 6. se retrouvait 7. s'excusa 8. se leva 9. s'est passé 10. s'appuya 11. se passait
Übung 22: 1. plus gentils 2. plus bon 3. les moins grands 4. plus pire 5. plus choquée 6. la plus complètes
Übung 23: 1. ce qu'il veut insinuer 2. ce qu'il croit 3. qui peut bien l'avoir assassiné 4. ce qui l'a surprise 5. si ça en vaut la peine 6. pourquoi elle est suspecte, elle aussi 7. ce qu'elle a fait
Übung 24: 1. au 2. au 3. aux 4. en 5. au 6. de 7. à 8. au 9. en 10. en
Übung 25: 1. celui 2. ceux 3. celle 4. celui 5. celle 6. celui 7. celles
Übung 26: 1. fait 2. fait 3. laissé 4. laissé 5. faire 6. fait 7. laissé
Übung 27: 1. quelqu'un 2. quelqu'un 3. toutes 4. toutes 5. aucune
Übung 28: 1. quitté 2. montrées 3. commis 4. trouvé 5. fait 6. déroulée 7. remplis
Übung 29: 1. ait, begaya, recevait 2. confirmais, approuvais, souriais, donnais
Übung 30: 1. nouveau 2. vieille 3. vieil 4. nouvelles 5. nouvelle 6. nouvel
Übung 31: 1. sont 2. avons 3. a 4. sont 5. avons 6. êtes
Übung 32: 1. parfaite 2. sincère 3. vraie 4. gentille 5. suffisante 6. finale
Übung 33: 1. c 2. a 3. b 4. b 5. c 6. a
Übung 34: 1. les siens 2. le mien 3. la sienne 4. du vôtre 5. les vôtres 6. la mienne
Übung 35: 1. m' 2. nous 3. on 4. m' 5. se 6. se 7. lui 8. vous 9. vous
Übung 36: 1. y 2. En 3. y 4. y 5. y 6. en 7. en
Übung 37: 1. s'est penché 2. a dit 3. a montré 4. a ouvert 5. se sont regardés 6. s'est assurée 7. a pris 8. a fait 9. se sont levés 10. ont présenté 11. ont quitté
Übung 38: 1. Prenez-en ! 2. Manges-en ! 3. Payons-les ! 4. Donnez-la-lui ! 5. Chassons-la ! 6. Prête-la-moi !
Übung 39: 1. Subjonctif 2. Subjonctif 3. Subjonctif 4. Indikativ 5. Indikativ 6. Subjonctif 7. Indikativ
Übung 40: 1. cette 2. ces 3. ces 4. cet 5. cette 6. cet
Übung 41: 1. Quand 2. Si 3. Si 4. Quand 5. S' 6. Si
Übung 42: 1. Les policiers 2. ont relevé 3. des empreintes digitales 4. qu'ils ont trouvées 5. sur les tables 6. et qui ont été comparées 7. avec celles 8. déjà enregistrées.
Übung 43: 1. le meilleur endroit 2. les vins les plus appréciés 3. ma plus vieille bouteille 4. les critiques les plus agressives 5. aux clients les plus difficiles 6. aux criminels les plus audacieux
Übung 44: 1. d), vivre 2. f), pouvoir 3. e), être 4. c), voir 5. a), vouloir 6. b), avoir
Übung 45: 1. ai 2. est 3. ferai 4. craignez 5. réussirez 6. prenez 7. conclura
Übung 46: 1. falsch 2. richtig 3. richtig 4. falsch 5. richtig 6. falsch
Übung 47: 1. La présumée coupable 2. que j'ai observée 3. me semble être très

sportive 4. car elle s'est enfuie 5. et m'a laissée 6. loin derrière elle, 7. elle s'est échappée 8. telle une criminelle.

Übung 48: 1. qui 2. dont 3. qui 4. où, où 5. qui, ce qu'

Übung 49: 1. Nathalie était restée 2. Elle ne s'était pas trompée 3. Elle et moi (nous) avions utilisé 4. L'inspecteur s'était endormi 5. Ils étaient arrivés 6. Ils s'étaient téléphoné

Übung 50: 1. lequel 2. lesquelles 3. laquelle 4. desquelles 5. lesquelles 6. duquel

Übung 51: 1. les 2. leur 3. les 4. leur 5. leur 6. les

Übung 52: 1. à 2. – 3. – 4. à 5. – 6. –

Übung 53: 1. Il ne vivait que pour ses bouteilles. 2. Il ne vous reste qu'à venir. 3. Elle n'a que toi pour ami. 4. Nous ne voulons qu'un verre de vin. 5. Ils n'aiment que la bonne cuisine. 6. Un homme ne doit pas qu'être beau physiquement.

Übung 54: 1. cru, voir 2. croyez, vu, crois 3. croit

Übung 55: 1. examinait 2. s'adressa 3. veux 4. pourriez 5. répondant 6. aurais … tué 7. craigniez 8. vivons 9. étais 10. doit

Übung 56: 1. réfléchissons 2. ai … réfléchi, réfléchis 3. réfléchissent 4. réfléchit 5. réfléchissais

Übung 57: 1. prochains 2. dernière 3. prochaine 4. premiers 5. derniers 6. dernière

Übung 58: 1. Qu'est-ce que 2. ce qui 3. est-ce que 4. qui 5. qu'est-ce que 6. (Qui est-ce) qui 7. Est-ce que 8. ce qui

Übung 59: 1. le long d' 2. devant 3. dans 4. le long du 5. dans 6. dans 7. vers 8. dans

Übung 60: 1. verrai 2. pourras 3. pleuvra 4. faudra 5. irons 6. devrez

Übung 61: 1. autant 2. aussi 3. autant 4. autant 5. aussi 6. aussi 7. autant 8. aussi 9. autant

Übung 62: 1. plusieurs 2. Tous 3. Certains 4. d'autres 5. n'importe quel 6. Diverses

Übung 63: 1. très 2. aujourd'hui 3. depuis 4. Avant 5. assez 6. sûrement 7. même 8. quelquefois 9. sincèrement 10. plutôt

Übung 64: 1. de se réveiller 2. qu'ils étaient à Paris 3. qu'il ne dormait pas 4. qu'il réfléchissait 5. quels étaient les résultats 6. qu'il avait rêvé d'elle 7. qu'elle avait un vrai talent d'imitatrice

Übung 65: 1. l'enquête progresse 2. l'enquête évolue 3. les témoins ont été interrogés 4. le portable a disparu 5. les empreintes ont été prélevées 6. le vin sera livré 7. son assistante arrivera.

Übung 66: 1. disais 2. écrivais 3. commençait 4. ennuyions 5. vérifiiez 6. avaient 7. interrogeais 8. travaillais Lösung: décevait

Übung 67: 1. peux 2. sais 3. veut 4. voulu 5. pouvez 6. dû

Übung 68: 1. Quoi qu'il dise 2. Quoi que vous fassiez 3. Quoi qu'ils pensent 4. Quoi que tu veuilles faire 5. Quoi que nous prenions 6. Quoi que je fasse

Übung 69: 1. Quel accident ? 2. Quelle plainte ? 3. Quel meurtre ? 4. Quelles amies ? 5. Quelle chambre ? 6. Quels clients ?

Übung 70: 1. que nous cherchions sa cousine 2. qu'il ne savait pas de quelle cousine je parlais 3. si Christine Colombe était bien sa cousine 4. qu'en effet, ils étaient cousins 5. s'il ne pouvait pas nous dire où nous pourrions la joindre 6. que nous avions quelques questions à lui poser 7. qu'il n'avait absolument aucune idée de l'endroit où elle se trouvait 8. que cela l'inquiétait énormément

Übung 71: 1. pour toi 2. grâce à vous 3. à cause d'elle 4. chez elles 5. près de toi 6. sans elle

Übung 72: 1. raisonnablement 2. amicalement 3. d'une manière concentrée 4. prétentieusement 5. finalement 6. d'une manière excitée

Übung 73: 1. C'est nous qui menons l'enquête. 2. C'est lui qui ment. 3. Ce sont eux que l'inspecteur trouve suspects. 4. C'est lui qui ne s'arrête pas au feu. 5. C'est elle qui disparaît. 6. Ce sont elles qui font une déclaration.

Übung 74: 1. a battu, battre 2. a perdu, perdre 3. a fallu, falloir 4. s'est rendu, se rendre 5. s'est passé, se passer 6. a battu, battre 7. a eu, avoir

Übung 75: 1. sérieusement 2. amitié 3. étonnement 4. élégant 5. carrément 6. voir

Übung 76: 1. comme s'il comprenait 2. comme s'il avait mal à la tête 3. comme si elle craignait quelque chose 4. comme si j'étais coupable 5. comme s'il était arrivé quelque chose de grave 6. Comme si elle pouvait tuer quelqu'un !

Übung 77: 1. le quatrième 2. la première 3. le deuxième (le second) 4. un quart 5. un demi 6. un tiers

Übung 78: 1. méfiants 2. se méfiant 3. captivante 4. captivant 5. menaçant 6. menaçante 7. impressionnant 8. impressionnant

Übung 79: 1. Je ne vous ai jamais vu faire de sport. 2. Il n'y a plus de vin. 3. Il n'est pas encore venu. 4. Il n'y avait jamais personne pour surveiller. 5. Il n'y a plus rien à boire. 6. Il n'y a plus personne dans la salle.

Übung 80: 1. soit 2. prenne 3. va 4. sachent 5. ayez 6. soit 7. puisse

Übung 81: 1. De laquelle 2. Auquel 3. Le long duquel 4. Dans laquelle 5. Autour de laquelle 6. Sur lesquels

Übung 82: 1. oublier 2. aller 3. s'arrêter 4. laisser 5. continuer 6. se souvenir 7. toucher

Übung 83: 1. Nous n'aurions pas commis d'infraction. 2. De quoi se serait constituée la mesure ? 3. Il m'aurait tout raconté. 4. Auraient-ils fait ce trajet ? 5. Il aurait ri.

Übung 84: 1. a) La voiture de police est moins confortable que la voiture privée. b) Les voitures de police sont moins confortables que les voitures privées. 2. a) L'enquête policière est certainement plus intéressante que d'attendre un chauffard. b) Les enquêtes policières sont certainement plus intéressantes que d'attendre des chauffards. 3. a) Le vin de ce domaine français paraît être plus apprécié que celui d'un domaine étranger. b) Les vins de ces domaines français paraissent être plus appréciés que ceux des domaines étrangers. 4. a) Ce nouveau portable semble être beaucoup plus sophistiqué que le téléphone fixe. b) Ces nouveaux portables semblent être beaucoup plus sophistiqués que les téléphones fixes. 5. a) Ce nouvel arri-

vage de vin paraît être bien meilleur que celui de l'année dernière. b) Ces nouveaux arrivages de vins paraissent être bien meilleurs que ceux des dernières années.
Übung 85: 1. fasses, comprennes, veuilles, ailles 2. puissions, soyons, ayons
Übung 86: 2, 3, 4, 5, 6, 7
Übung 87: 1. Avant de venir 2. sans être vue 3. après les avoir vus disparaître 4. sans avoir été remarqués 5. pour ne pas être vus
Übung 88: 1. à 2. de 3. de 4. à 5. – 6. – 7. – 8. d' 9. en 10. de 11. à 12. en
Übung 89: 1. Ind. 2. D. 3. Ind. 4. D. 5. D 6. Ind. 7. Ind. 8. Ind.
Übung 90: 1. s', la, s', la, la, la, la, la, les 2. lui, y, en
Übung 91: 1. stoppée 2. satisfait 3. dit 4. Embusqués 5. renversée 6. trouvée 7. mise 8. reconnu
Übung 92: 1. lorsque je pourrai 2. si j'étais libre 3. si tu faisais plus attention 4. lorsqu'il aura hérité 5. lorsque l'affaire sera réglée 6. s'il avait su 7. lorsque je pourrai
Übung 93: 1. b 2. a 3. b 4. a 5. b 6. a
Übung 94: tenu, fait, soignée, bandée, incité, rendu, pu, éclairci, poursuivi, questionné, trouvé, remariée, adopté, (acharné, hier Adjektiv)
Übung 95: 1. influent (influençable) 2. maladroit 3. pauvre 4. seul 5. inutile 6. franc
Übung 96: 1. compliment 2. information 3. ordinateur 4. Internet 5. institution 6. archives
Übung 97: 1. a) N'a-t-elle pas toujours raison ? b) N'aurait-elle pas toujours raison ? 2. a) Le pouvoir de l'argent n'est-il pas à l'origine du meurtre ? b) Le pouvoir de l'argent ne serait-il pas à l'origine du meurtre ? 3. a) Ne dois-je pas acquérir cette qualité auprès de vous ? b) Ne devrais-je pas acquérir cette qualité auprès de vous ?
4. a) N'ont-ils pas réussi à s'entendre ? b) N'auraient-ils pas réussi à s'entendre ? 5. a) Cela ne peut-il pas vous être utile pour l'enquête ? b) Cela ne pourrait-il pas vous être utile pour l'enquête ?

Lösungen Abschlusstest

Übung 1: 1. Cliquot se réjouissait déjà d'un week-end calme qu'il voulait passer à dormir et à se reposer quand son portable sonna (a sonné). 2. Le préfet appelait Cliquot parce que celui-ci devait élucider un meurtre (assassinat) qui avait eu lieu pendant (lors d') une dégustation de vins. 3. Cliquot aurait préféré terminer son enquête en cours sur une série de vols mais finalement, il prit (il a pris) plaisir à cette palpitante enquête sur un meurtre. 4. Son assistante le soutint (l'a soutenu) dans l'enquête et découvrit (a découvert) sur Internet d'importantes informations de fond concernant l'affaire. 5. C'est finalement en Bourgogne qu'ils dépistèrent (ont dépisté) le coupable qui avait agi par vengeance et par cupidité.
Übung 2: 1. concentrons 2. réduit 3. que nous (vendons) 4. (trois) vins 5. où 6. énormément 7. produisent 8. les nôtres 9. apprécier 10. de se faire

Übung 3: 1. toi 2. elles 3. lui 4. eux 5. vous 6. nous 7. elle 8. moi 9. lui
Übung 4: 1. Quand 2. Si 3. Si 4. Quand 5. Si 6. Quand 7. Si
Übung 5: Horizontalement 1. tyranniquement 2. opiniâtrement 3. logiquement 4. très 5. mal 6. toujours 7. tôt 8. paresseusement
Verticalement 1. trop 9. raisonnablement 10. tout 11. astucieusement 12. sûrement 13. bêtement 14. beaucoup 15. presque 16. jamais

Le trésor du Roi Soleil

Übung 1: 1. richtig 2. richtig 3. falsch 4. falsch 5. falsch 6. richtig 7. richtig 8. falsch 9. falsch 10. richtig
Übung 2: 1. œufs brouillés 2. fromage de tête 3. miel 4. pain aux lardons 5. croissant de lune
Übung 3: 1. b 2. c 3. a 4. b 5. b 6. a
Übung 4: 1. voracité 2. sang-froid 3. enjeu 4. tic 5. dizaine 6. tension 7. malpropre 8. coupable 9. voyage 10. regard
Übung 5: 2. aboiement 3. tourbillon 4. souffle 5. murmure 6. réussite 7. hurlement 8. éclaboussure 9. atterrissage 10. intervention 11. fracas 12. don 13. séchoir 14. peine
Übung 6: 1. permanenté 2. il ne tolérerait pas 3. à mes trousses 4. goujat 5. fauve 6. avait convoité
Übung 7: 1. brutal 2. court 3. rapide 4. remarquables 5. pleine 6. Vexée 7. bonne 8. sévère 9. délicieux 10. déconcerté 11. satisfait 12. joyeux
Übung 8: 1. promenade 2. condition 3. ciel 4. poitrine 5. capitale 6. soleil 7. effet 8. printemps Lösung: policier
Übung 9: 1. Soudain 2. jamais 3. parfois 4. aujourd'hui 5. continuellement 6. maintenant
Übung 10: 1. puis 2. espère 3. dérange 4. va 5. a 6. est 7. s'agit 8. essaie 9. recommence 10. traîne
Übung 11: 1. c 2. d 3. g 4. e 5. h 6. f 7. a 8. b
Übung 12: 1. femme 2. dame 3. femme 4. amie 5. fille 6. mère 7. fille 8. sœur 9. tante 10. cousine 11. belle-mère 12. nièce 13. bru
Übung 13: 1. e 2. g 3. c 4. j 5. a 6. b 7. d 8. f 9. h 10. i
Übung 14: malfrat, voleurs, arnaqueur, imposteur, escroc, filou
Übung 15: 1. Ce 2. ces 3. cette 4. c' 5. ce 6. Ce 7. cet 8. cela 9. c' 10. cette
Übung 16: 1. l'intérieur 2. aisées 3. En contrepartie 4. lucratif 5. Radieux 6. haut 7. avec amusement 8. de stupeur 9. suivante 10. arrête
Übung 17: 1. hors 2. avec 3. Devant 4. dans 5. par 6. en direction 7. par-dessus 8. sur 9. en 10. En dessous
Übung 18: 1. policier 2. motard 3. serveur 4. voyageur 5. sportif 6. cambrioleur 7. prisonnier 8. professeur de piano 9. facteur 10. vacancier
Übung 19: 1. son 2. leurs 3. leur 4. son 5. ses 6. sa 7. ses 8. son
Übung 20: 1. Les passants n'ont d'yeux que pour la limousine noire. 2. L'inspec-

teur Cliquot ne bougeait pas d'un pouce. 3. Nous avons affaire au ministre. 4. Le prisonnier fait les cent pas dans sa cellule. 5. Ce chauffeur de taxi roule très vite : c'est un danger publique !

Übung 21: 1. la France 2. les États-Unis 3. l'Allemagne 4. l'Italie 5. l'Espagne 6. la Grande-Bretagne 7. la Pologne 8. les Pays-Bas 9. la Suède 10. le Japon 11. le Brésil 12. le Maroc 13. la Turquie 14. les Caraïbes.

Übung 22: 1. en vue 2. en question 3. en jeu 4. en doute 5. en haleine 6. en tête 7. en avance 8. en route 9. en toute connaissance de cause 10. en conséquence

Übung 23: 1. habituellement 2. tout à coup 3. féminine 4. étonnée 5. bourrue 6. blème 7. ponctuelle 8. rarement

Übung 24: 1. envoie 2. attendent 3. dirigera 4. arrive 5. veut 6. continua 7. venons 8. voudrais 9. vois 10. est

Übung 25: 1. exact 2. seul 3. simple 4. immense 5. bref 6. actuel 7. heureux 8. certain 9. constant 10. prudent

Übung 26: 1. feuilleter 2. légua 3. cachette 4. faculté 5. recherche 6. telle 7. experte 8. devoir 9. vous 10. compter

Übung 27: 1. interrompit 2. trier 3. guettaient 4. détour 5. souci 6. faisait 7. discrètement 8. en matière de 9. chaussée

Übung 28: en hésitant, en tenant, en grommelant, en se plaçant, en courant

Übung 29: 1. vitesse 2. vélo 3. vainqueur 4. course cycliste 5. départ 6. bicyclette 7. freiner 8. accélérer 9. maillot 10. contre-la-montre 11. cycliste 12. étape Lösung: Tour de France

Übung 30: 1. e 2. f 3. a 4. c 5. d 6. b

Übung 31: 1. Madame Delacroix semble être plutôt pauvre. 2. On lui a volé une lettre écrite par Louis XIV. 3. Ce vol a eu lieu deux jours auparavant, pendant la nuit. 4. Le voleur est une femme. 5. C'est une femme aux cheveux roux qui porte une tenue noire et près du corps.

Übung 32: Inhalt: une cuillerée de moutarde, une flûte de champagne, une assiette de soupe, un bol de lait, une coupe de glace. Behälter: une tasse à thé, un pot à eau, une verre à vin, une cuillère à café, un plat à gratins

Übung 33: 1. e 2. c 3. f 4. a 5. d 6. b

Übung 34: pardonnez, dites, attendez, tenez, faites, pensez

Übung 35: 1. f 2. e 3. d 4. b 5. g 6. h 7. c 8. a

Übung 36: 1. réprimande 2. canalisation 3. fermeture éclair 4. larme 5. fromage

Übung 37: 1. La veille/hier 2. curieux 3. récemment 4. apparence 5. emphatique 6. perplexes 7. palefrenier 8. expressément

Übung 38: 1. d 2. g 3. b 4. f 5. e 6. a 7. h 8. c

Übung 39: 1. retournée 2. interrompue 3. arrive 4. problème 5. élevée 6. à 7. discuté 8. succès 9. visiteur 10. étroit 11. violent 12. épreuve

Übung 40: 1. féminine 2. noir 3. longs 4. roux 5. masquée 6. charmeuse 7. petite 8. épaisse 9. caustique 10. belle 11. rousse 12. seule

Übung 41: 1. b 2. c 3. b 4. c 5. c

Übung 42: 1. font 2. laisser 3. fait 4. laissé 5. laissée 6. fait 7. laisser faire 8. laisser 9. laisser 10. fait 11. fait 12. laisser

Übung 43: 1. f 2. e 3. a 4. b 5. d 6. c
Übung 44: 1. automatique 2. hasardeux 3. bruyant 4. scolaire 5. français 6. ombragé 7. légal 8. verrouillé
Übung 45: 1. la cuisine 2. la chambre à coucher 3. la salle de bains 4. le couloir 5. le garage 6. la cave
Übung 46: 1. treize heures dix 2. trois heures et quart 3. une heure et demie 4. sept heures moins vingt 5. minuit 6. midi 7. cinq heures moins le quart 8. dix-sept heures quarante-sept
Übung 47: 1. destination 2. Départ 3. hall de la gare 4. guichets 5. Voie 6. direction 7. quai 8. contrôleur
Übung 48: 1. a 2. b 3. b 4. a 5. b 6. a
Übung 49: 1. nous 2. nous 3. vous 4. vous 5. nous 6. vous 7. vous 8. vous 9. vous 10. nous 11. vous 12. vous
Übung 50: cher, prix, payer, porte-monnaie, somme, coupures, billets, portefeuille, argent, reçu
Übung 51: 1. falsch 2. falsch 3. falsch 4. richtig 5. falsch 6. falsch
Übung 52: affolement, vacarme, pagaille, agitation, panique, désor-dre
Übung 53: 1. euphorique/inquiet 2. départ/arrivée 3. précedent/prochain 4. magasin/train 5. carottes/valises 6. oreilles/jambes
Übung 54: 1. retard 2. couchette 3. siège 4. réduction 5. billet 6. contrôleur 7. compartiment 8. réservation 9. deuxième classe 10. composter 11. wagon-restaurant Lösung: destination
Übung 55: 1. épaules 2. biceps 3. poitrine 4. doigts 5. mains 6. coudes
Übung 56: 1. Est-ce que 2. Comment 3. Où 4. Quel 5. Quand 6. Que 7. Combien 8. Pourquoi
Übung 57: 1. fit une mimique toute triste 2. l'homme ne faisait que rire 3. faisaient la fête 4. Que faites-vous donc ici ? 5. L'inspecteur ne fit pas plus de trois pas 6. un gros monsieur lui fit un grand sourire 7. L'inspecteur fit signe que oui de la tête
Übung 58: 1. mal 2. joli 3. sans 4. pierre 5. d'or 6. apprendre 7. roi 8. la ville 9. gros 10. ouvert
Übung 59: 1. gare 2. voyageurs 3. échec 4. ville 5. quai 6. personne 7. visage 8. perruque
Übung 60: 1. tôt 2. à l'arrière 3. derrière 4. près 5. faux 6. patient 7. facile 8. mal 9. à l'intérieur 10. peu
Übung 61: 1. maçon façade 2. tronçonneuse 3. soupçonné garçon 4. fiançailles aperçue 5. français commençait 6. balançoire 7. ça fa-çons 8. déçus
Übung 62: 1. f 2. h 3. a 4. b 5. i 6. g 7. c 8. d 9. e
Übung 63: 1. individuellement 2. respectives 3. coordonnées 4. à l'improviste 5. soirée d'été 6. paisible 7. continuel
Übung 64: 1. faire plaisir 2. inviter à 3. les finances 4. domaine 5. briller 6. approuver 7. ancienne
Übung 65: 1. à 2. de 3. à 4. de 5. de 6. à 7. de 8. à
Übung 66: 1. immangeable 2. saint-émilion 3. en-cas 4. réceptionniste 5. épicé

Übung 67: Männlich: œil, visage, cheveu, couple, hasard, groupe, art, cas, réceptionniste, collègue, ton; Weiblich: histoire, écurie, affaire, personne, liste, rue, nuit, occasion, heure, pierre, observation, chose, force, réceptionniste, collègue
Übung 68: 1. h 2. c 3. g 4. e 5. b 6. f 7. a 8. d
Übung 69: 1. f 2. c 3. e 4. b 5. a 6. d
Übung 70: 1. cachette 2. stupéfaction 3. innocente 4. obligeance 5. recherches 6. excuses
Übung 71: 1. statuette 2. clochette 3. garçonnet 4. maisonnette 5. tablette 6. jardinet 7. fillette 8. livret
Übung 72: 1. bar de l'hôtel 2. échec 3. perdre 4. gorgée 5. triste 6. fiancée 7. sceptique 8. Pourquoi pas
Übung 73: 1. L'homme commande une bière. 2. Non, Nathalie ne boit pas de second cocktail. 3. Parce qu'il a beaucoup de charme. 4. Il a rencontré la femme blonde dans le train. 5. La femme blonde a quitté la table dès que Nathalie et l'inspecteur Cliquot sont sortis du restaurant. 6. Cette femme blonde est Madame Ombre.
Übung 74: 1. Madame Ombre les avait menés, Nathalie et lui, par le bout du nez 2. c'est que ça brûle ! 3. il se dirigea vers la porte à tâtons 4. un vrai fiasco 5. lui faisait du bien 6. la moindre idée
Übung 75: 1. douze 2. vingt et un 3. trente-quatre 4. soixante-dix 5. cent quatre-vingt-neuf 6. deux cents 7. deux cent treize 8. trois cent soixante-treize 9. mille quinze 10. deux mille trois cent quatre-vingt-dix-sept 11. trois mille six cent trente-six 12. cinq mille 13. onze mille dix-sept 14. trente-deux mille quatre cent quarante-huit
Übung 76: 1. d 2. f 3. e 4. b 5. c 6. a 7. g
Übung 77: 1. prit 2. observa 3. se laissa 4. avaient été 5. avaient retrouvé 6. était 7. recouvrait 8. lira 9. verra 10. lut 11. ressortaient 12. avez résolu 13. regardez 14. peut 15. voulez
Übung 78: 1. clair de lune 2. nuit 3. lumière 4. éclair 5. étincelle 6. jour 7. obscurité 8. briller 9. étoile 10. lumière du jour Lösung: luminosité
Übung 79: 1. quoi 2. où 3. dont 4. que 5. qui
Übung 80: 1. f 2. e 3. d 4. h 5. g 6. a 7. c 8. b
Übung 81: 1. b 2. b 3. a 4. b 5. b

Lösungen Abschlusstest

Übung 1: 1. j'ai laissé mon travail en plan 2. sont arrivés à la maison à l'improviste 3. as l'air 4. as besoin de quelque chose 5. avons affaire 6. fera du bien 7. J'ai rendez-vous 8. tenir compagnie
Übung 2: 1. traverser 2. hausse 3. faire 4. Puis 5. suis 6. Faites 7. remercie 8. arrêté

Übung 3: 1. d 2. f 3. l 4. m 5. b 6. h 7. a 8. g 9. k 10. n 11. e 12. j 13. i 14. c
Übung 4: 1. sur de de 2. recouverte blanche 3. frère 4. à devant derrière 5. ponctuelle en 6. savon
Übung 5: 1. cafés 2. archiviste 3. journal 4. fortune 5. bigoudis 6. engloutir Lösung: écurie

L'ombre sur Montparnasse

Übung 1: 1. b 2. c 3. b 4. a
Übung 2: 1. richtig 2. falsch 3. falsch 4. falsch 5. richtig 6. falsch
Übung 3: 1. permis de conduire 2. quartier 3. perroquet 4. escalier 5. direction 6. équipe 7. blessé
Übung 4: 1. imperméable 2. meurtrier 3. crachin 4. chauffeur 5. bagatelle 6. devoir
Übung 5: 1. gants 2. table 3. sac 4. gentillesse 5. aphone
Übung 6: tête, pieds, yeux, doigt, épaules, main
Übung 7: 1. tache 2. raison 3. professionnel 4. travail 5. moustique 6. instrument 7. chemise 8. bouton Lösung: assassin
Übung 8: 1. chapeau 2. cauchemar 3. réveil 4. découverte 5. résoudre 6. escalier 7. imperméable 8. couloir
Übung 9: 1. C'est l'inspecteur Cliquot qui se sent mal. 2. L'inspecteur Cliquot demande à un agent d'interroger les voisins. 3. Il manque un tableau ou un calendrier. 4. La scène se passe à 14 heures. 5. Il veut aller au café d'en bas. 6. Ils vont au café pour faire le point et pour prendre le petit-déjeuner.
Übung 10: 1. dans 2. à 3. dans 4. à 5. en 6. en 7. dans 8. au
Übung 11: 1. porte 2. sirop 3. gris 4. tante 5. roux 6. clavier 7. parce que 8. Montparnasse
Übung 12: 1. immédiat 2. malheureux 3. vrai 4. étonnant 5. furieux 6. complet
Übung 13: 1. bureau 2. feuilles 3. voisins 4. lecture 5. matin
Übung 14: 1. Il ne semble pas être au courant. 2. Il faillit tomber par terre. 3. Il ressemble beaucoup à son frère. 4. Il ferma en sortant de la maison. 5. Il m'a révélé son secret. 6. Avez-vous trouvé quelque chose d'original ?
Übung 15: 1. hauteur 2. lampe 3. banc 4. courbé 5. couleur
Übung 16: 1. falsch 2. falsch 3. richtig 4. richtig 5. falsch 6. richtig
Übung 17: 1. petites 2. allemande 3. petite 4. pratique 5. entrouverte 6. normal 7. ouverts
Übung 18: 1. b 2. a 3. b 4. a
Übung 19: 1. la 2. un 3. le 4. une 5. la 6. un
Übung 20: 1. fenêtre 2. enfance 3. témoin 4. ombre 5. chapeau 6. bavarder 7. visage 8. interroger Lösung: tatouage
Übung 21: 1. questions 2. soif 3. doigt 4. bols 5. théière
Übung 22: 1. L'ingrédient de base du berlingot est le sucre. 2. Vous pouvez en acheter au jardin d'acclimatation. 3. On peut en acheter dans les bureaux de

tabac. 4. C'est la guimauve. 5. Elle a trois bras.
Übung 23: 1. air 2. tête 3. plat 4. mains 5. lune 6. pompes 7. nuages 8. éléphant 9. oiseau
Übung 24: 1. regardait 2. connaissiez 3. reprenait 4. rendait 5. lire 6. pendus 7. aurait
Übung 25: 1. Maler 2. berühmt 3. Miete 4. Friedhof 5. blass 6. Künstler 7. Papierkram
Übung 26: 1. Paul Fort était un poète. 2. Henri Sauvage était un architecte. 3. Blaise Cendrars était d'origine russe. 4. Le nom de la Ruche vient de la Rotonde des Vins. 5. Le style « Art déco » apporte de la lumière. 6. Ils se rencontraient au « Dôme ».
Übung 27: 1. immeuble 2. visage 3. soudain 4. regard 5. meurtrier 6. observer 7. médecin 8. transformer
Übung 28: 1. célébrité 2. vieillesse 3. beauté 4. hauteur 5. tranquillité 6. fidélité
Übung 29: 1. gare/quai 2. immeuble/appartement 3. rue/trottoir 4. cheminée/toit 5. garage/voiture
Übung 30: 1. artistique 2. contemporain 3. cimetière 4. artiste
Übung 31: 1. voulez 2. naît 3. pourriez 4. avaient
Übung 32: 1. rare 2. stressante 3. paix 4. portes 5. cinéma 6. permission
Übung 33: 1. b 2. b 3. c 4. a 5.c
Übung 34: 1. tremblement 2. hésitation 3. effroi 4. décision 5. frisson 6. crainte 7. doute 8. reprise 9. mouvement
Übung 35: 1. L'inspecteur Cliquot avait crié si fort que le chauffeur de taxi sursauta. 2. Dites, il va venir quand cet inspecteur ? 3. Le problème des berlingots est toujours qu'ils collent. 4. Vous n'êtes donc jamais partie de ce quartier ? 5. Des jeunes artistes du monde entier venaient s'installer à Montparnasse. 6. Nathalie et l'inspecteur Cliquot étaient fascinés par la culture de cette vieille dame. 7. Sur l'étagère se trouvait une rangée de livres de toutes les tailles.
Übung 36: 1. falsch 2. richtig 3. falsch 4. richtig 5. falsch 6. falsch 7. richtig
Übung 37: pluie, neige, brouillard, glace, crachin, soleil, nuages
Übung 38: 1. manger 2. ascenseur 3. valise 4. main 5. ordre 6. touriste 7. pistolet 8. saucisse 9. tomber <u>Lösung:</u> maladroit
Übung 39: 1. pistolet 2. valise 3. saucisses 4. multitude 5. blouson 6. cordon
Übung 40: Männlich: l'examen, l'interrogatoire, le manège, le blouson Weiblich: la gaffe, la maladresse, la blague, la guimauve
Übung 41: 1. oreiller 2. tisane 3. berceuse 4. pyjama 5. lampe de chevet
Übung 42: 1. Elle travaillait comme bonne d'enfants et femme de ménage. 2. Ils dansaient aux bals musette. 3. Elle l'a quittée après la seconde guerre mondiale. 4. Ils lui ont fourni des références. 5. Ils faisaient ses portraits dans des ateliers.
Übung 43: 1. jolie 2. rose 3. fiers 4. autres 5. nouvelle 6. grandes 7. élevés
Übung 44: 1. c 2. a 3. b
Übung 45: 1. de 2. de 3. à 4. de 5. à 6. de 7. à
Übung 46: 1. tot (tôt) 2. ouvrat (ouvrit) 3. drois (droit) 4. documants (documents) 5. plongé (plongée)

Übung 47: 1. tôt/tard 2. jour/nuit 3. descendre/monter 4. mort/vivant 5. dernier/premier
Übung 48: 1. falsch 2. falsch 3. richtig 4. falsch 5. richtig
Übung 49: 1. tâche 2. haut 3. viande 4. mur 5. boucher 6. comptoir 7. doigt 8. rapidité 9. question 10. client 11. blanc 12. persil Lösung: chirurgienne
Übung 50: 1. b 2. c 3. b 4. c
Übung 51: 1. ait quelque chose à voir 2. Si ce n'est que cela 3. gardé son nom en mémoire 4. le plus vite possible 5. n'en ai jamais manqué de clientèle 6. n'aurais jamais pu acheter
Übung 52: 1. d'un certain âge 2. Plus rien n'est sûr 3. Ce n'est pas une grosse perte 4. Si vous saviez 5. que vous allez m'aider à comprendre 6. dans leur jeunesse
Übung 53: 1. a 2. b 3. b 4. c 5. b
Übung 54: 1. Qu'est-ce que Nathalie aurait pu dire ou ajouter ? 2. Il pleuvait des cordes. 3. Nathalie secouait la tête. 4. Les enfants aiment le chocolat. 5. Cliquot se lavait les mains.
Übung 55: 1. habitait 2. s'appelait 3. avait entrainé 4. voulait 5. tenait 6. laissait
Übung 56: 1. habiter 2. infirmière 3. poireau 4. essayer 5. mairie 6. se souvenir 7. cuisinier 8. épaule
Übung 57: 1. heureuse 2. retraite 3. fiancé 4. responsable 5. ordres 6. boulangerie 7. haïr
Übung 58: 1. tout 2. accéder 3. couru 4. arrachent 5. prix 6. tomber 7. remettre
Übung 59: 1. installé 2. parti 3. laissé 4. fondée 5. spécialisé 6. réquisitionnés
Übung 60: 1. falsch 2. richtig 3. falsch 4. richtig 5. richtig 6. richtig 7. falsch
Übung 61: 1. facilement 2. fortement 3. justement 4. franchement 5. doucement 6. nouvellement
Übung 62: 1. Italien/Italienne 2. Hollandais/Hollandaise 3. Chinois/Chinoise 4. Allemand/Allemande 5. Français/Française 6. Brésilien/Brésilienne 7. Autrichien/Autrichienne
Übung 63: grillé, à, râpé, étaient, placés, doré, à, préférait, mangèrent, occupés, à, déguster, côté, rapporté, bêtises, où, à, trouvé
Übung 64: 1. s'éleva 2. ne vit jamais 3. succéda 4. plaça
Übung 65: 1. pavillon 2. crochets 3. connaisseur 4. tablier 5. employé 6. assistante 7. aujourd'hui 8. poste 9. message 10. adresse
Übung 66: 1. falsch 2. richtig 3. falsch 4. falsch 5. falsch 6. falsch 7. richtig
Übung 67: 1. moderne 2. victoire 3. adopter 4. gloire 5. sous-sol
Übung 68: Männlich: le groom, l'uniforme, le danger, l'air, le talon, l'étage, l'ascenseur, le cheveu, l'embonpoint Weiblich: la fiche, l'hôtesse, la visite, l'entreprise, la mort, la conversation, la clé, la sonnerie, la porte
Übung 69: 1. bureaux 2. privée 3. directement 4. sortie 5. rattraper 6. annuaire
Übung 70: 1. certainement 2. unanimement 3. mal 4. beau 5. bien 6. justement 7. mal 8. fragile 9. mieux
Übung 71: 1. rougissait 2. pouvait 3. prenait 4. reposait 5. essayait 6. sursautait 7. frappait 8. bondissait 9. se ruait 10. soufflait 11. baissait 12. laissait
Übung 72: 1. Il n'y habite plus depuis au moins 20 ans. 2. C'est Nathalie qui est

en colère contre lui. 3. Il est surpris. 4. Nathalie veut que le capitaine reste. 5. Elle se trouve en face du capitaine et à côté de l'inspecteur.
Übung 73: 1. pneus 2. fous 3. clins 4. géniaux 5. circonstances
Übung 74: 1. aille 2. sois 3. est 4. puisse 5. vient 6. craigne 7. fasse
Übung 75: 1. Je ne le lui ai pas dis. 2. Le patron ne m'en parle jamais. 3. Tu n'as pas encore été le chercher ? 4. Pourquoi ne le fais-tu pas ? 5. Ne le prends pas ! 6. Ne vous en prenez pas à lui !
Übung 76: 1. douane 2. boîte de nuit 3. accident 4. à vingt et une heures pile 5. videur 6. piéton 7. s'amuser 8. feu
Übung 77: 1. b 2. a 3. a 4. b
Übung 78: manqué (prêté), papeterie (boucherie), désespoir (bonheur), aluminium (or), sécurité (danger), drôle (bizarre)
Übung 79: 1. jusqu'à ce qu'ils disparaissent 2. elle avait encore rougi 3. Avez-vous trouvé les adresses ? 4. La fille du boulanger est en Afrique en ce 5. Elle prit les pages jaunes de l'annuaire. 6. lorsqu'elle trouva son nom sur la liste
Übung 80: 1. vers 2. en 3. d' 4. de 5. à part 6. sur 7. d'après
Übung 81: 1. jeter l'argent par les fenêtres 2. en avoir pour son argent 3. L'argent n'a pas d'odeur. 4. L'argent ne fait pas le bonheur. 5. Le temps, c'est de l'argent. 6. prendre quelque chose pour argent comptant
Übung 82: 1. avaient 2. avait 3. s'était 4. s'était 5. avait 6. avait été 7. avoir 8. être
Übung 83: 1. fit 2. servait 3. n'était pas habitué 4. voguait 5. Puis 6. ont eu lieu
Übung 84: 1. envie 2. suicide 3. répétition 4. regard 5. tuer 6. coupable 7. peintre 8. accident 9. justice Lösung: vengeance
Übung 85: 1. lui 2. leur 3. les 4. leur 5. Ils
Übung 86: 1. falsch 2. falsch 3. richtig 4. richtig 5. richtig 6. falsch
Übung 87: 1. vitesse 2. longueur 3. innocence 4. fierté 5. sévérité 6. menace 7. jeunesse 8. vieillesse 9. bonté 10. petitesse
Übung 88: 1. rond 2. sous 3. mois 4. beurre 5. riche 6. as
Übung 89: 1. infidèle 2. malhonnête 3. malpoli 4. explicite 5. innocent 6. impatient

Lösungen Abschlusstest

Übung 1: 1. cour 2. regarder 3. pain 4. pyramide 5. boulangerie 6. bien 7. se
Übung 2: 1. immeuble 2. observateur 3. linguiste 4. titi 5. parc 6. facette 7. rampe 8. bande 9. capitaine 10. sémantique 11. artistes 12. vivoter Lösung: Montparnasse
Übung 3: 1. commençait 2. essaiera 3. passa, passait 4. aurait 5. rajoutant 6. aurait 7. avait, eu 8. tienne 9. avaient rassemblé
Übung 4: 1. a 2. b 3. a 4. b 5. a 6. b 7. a
Übung 5: 1. victime 2. élucider 3. quartier 4. vétérinaire 5. blême 6. enquête 7. ombre 8. interrogatoire 9. trébucher 10. voisinage
Übung 6: 1. b 2. c 3. c 4. a 5. b 6. c 7. a 8. c
Übung 7: 1. Ils ont lieu à Montparnasse (rue Daguerre et rue Deparcieux) et en banlieue. 2. Ils débutèrent en 1969, d'après des plans que Raoul Dautry avait

élaborés en 1934. 3. C'est Charles Baudelaire. 4. Centre des Nouvelles Industries et Technologies 5. C'était le marché de Rungis 6. C'était le Général de Gaulle
Übung 8: 1. Verletzung 2. finden 3. Mord 4. warten 5. Schulter 6. Mörder 7. leben 8. Spur
Übung 9: 1. opéré 2. vétérinaire 3. marché 4. étages 5. légiste 6. journal 7. boucherie

Lösungen gemeinsamer Abschlusstest

Übung 1: 1. cadavre 2. piqûre 3. meurtrier 4. dossier 5. tatouage 6. enquête 7. immeuble 8. ombre
Übung 2: 1. qui 2. que 3. qu' 4. qui 5. laquelle 6. qui 7. qu'
Übung 3: 1. promenade 2. descente 3. réussite 4. rêve 5. proposition 6. achat 7. fuite
Übung 4: 1. Il fallait éviter un nouveau meurtre. 2. La tour est construite en acier. 3. Cliquot et Nathalie remercièrent la petite dame. 4. En hiver, le cimetière Montparnasse fermait ses portes plus tôt. 5. Les deux dames emmenèrent l'inspecteur dans un immeuble. 6. Le taxi s'arrêta exactement devant la porte.
Übung 5: 1. dans 2. à 3. vers 4. à 5. devant, à 6. pendant 7. avant, à 8. depuis, sur
Übung 6: 1. matin 2. soleil 3. capitale 4. ciel 5. yeux 6. chemise 7. promenade 8. ville
Übung 7: 1. e 2. g 3. i 4. b 5. a 6. c 7. j 8. d 9. f 10. h
Übung 8: 1. jalouse 2. rousse 3. journaux, première 4. noirs, coupés 5. regardant 6. arrivent 7. dangereuse
Übung 9: 1. e 2. g 3. h 4. f 5. c 6. d 7. b 8. a
Übung 10: 1. suis, est 2. sommes 3. ai 4. êtes 5. ont 6. avons 7. sont 8. avez

Glossar

Glossar

f	feminin
fam	umgangssprachlich
irr	unregelmäßig
m	maskulin
pl	Plural
v	Verb

abattoir *m*	Schlachthof
abattu	geschwächt
aborder *v*	ansprechren
aboutir *v* **(à)**	führen zu
aboyer *v irr*	bellen
abréger *v*	abkürzen
abriter *v*	hier: beherbergen
accéder *v irr* **à**	gelangen zu
accélérer *v irr*	beschleunigen
accessible	erreichbar
accompagnement *m*	Beilage
accomplir *v*	erledigen
accorder *v* **d'importance à qc**	etw. wichtig nehmen
accoster *v*	ansprechen
accumuler *v*	(an)sammeln, anhäufen
accueillant	liebenswürdig, freundlich
accueillir *v irr*	aufnehmen, empfangen
accusateur	anklagend
acharné	fanatisch
à cœur joie	nach Herzenslust
acolyte *m*	Komplize
à contrecœur	widerwillig
acquérir *v irr*	erwerben, sich aneignen

acquiescer *v irr*	zustimmen
adjacent	nebenan gelegen
adjoint, e *m, f*	Assistent(in)
adjoint	stellvertretend
admettre *v irr*	zugeben
adoration *f*	Liebe, Anbetung
(s')adosser *v* **à**	(sich) lehnen an
adouci	sanft
adresse *f*	hier: Geschicklichkeit
(s')adresser *v* **à**	(sich) wenden an, richten an
adroit(ement)	geschickt
advenir *v*	geschehen
aérer *v*	lüften
affamé	hungrig, ausgehungert
afficher *v*	aufhängen
affirmatif *fam*	jawohl
affluence *f*	Andrang, Anstrum
affluer *v*	strömen
affolé	von panischer Angst ergriffen
affolement *m*	Panik, Aufregung
à force	mit der Zeit
agacé	gereizt
agacement *m*	Gereiztheit
agencé	eingerichtet
agence *f* **matrimoniale**	Heiratsvermittlung
agité	unruhig
(s')agiter *v*	(sich) bewegen
à gorge déployée	aus vollem Hals
agrandissement *m*	Vergrößerung
à grand-peine	mit großer Mühe
aiguiser *v*	schärfen
aiguille *f*	Nadel

ail *m*	Knoblauch
air *m*	hier: Aussehen, Gesichtsausdruck
aisance *f*	Wohlstand
aisément	mühelos
à l'abri	geschützt, in Sicherheit
à la dérobée	heimlich
à la hâte	hastig
à l'échelle mondiale	weltweit
alentours *m, pl*	Umgebung
à l'époque	damals
à leur guise	wie es ihnen gefällt
aligné	in einer Reihe
à l'improviste	überraschend
aller *v irr* **à la rencontre**	entgegengehen
aller *v irr* **de soi**	sich von selbst verstehen
aller *v irr* **droit au but**	sofort zur Sache kommen
allongé	liegend; länglich
allure *f*	Verhalten; Aussehen; Geschwindigkeit
altercation *f*	Auseinandersetzung
âme *f* **en peine**	verlorene Seele
amélioration *f*	Verbesserung
(s')améliorer *v irr*	(sich) verbessern
aménagé	eingerichtet
amende *f*	Geldstrafe, Bußgeld
amplificateur *m*	Verstärker
ancêtre *m, f*	Ahn(in), Vorfahre, Vorfahrin
anéantir *v*	niederdrücken
angle *m*	Winkel
(s')annoncer *v*	(sich) ankündigen
anse *f*	Henkel

antichambre *f*	Vorzimmer
à part	außer, neben
à pas de loup	ganz leise
à peine	kaum, gerade erst
(s')apercevoir *v irr*	erblicken, bemerken
apeuré	verängstigt
à plusieurs reprises	mehrmals
à portée de main	griffbereit
apparaître *v irr*	erscheinen, auftauchen
apparemment	anscheinend
apparence *f*	Anschein
apparent	sichtbar
apparition *f*	Erscheinung
apprécier *v irr*	schätzen
approbateur	zustimmend
approbation *f*	Zustimmung
(s')approcher *v* **(de)**	sich nähern, zusteuern auf
approprié	passend
approuver *v*	nicken, zustimmen
arbuste *m*	Strauch
arche *f*	Bogen
ardoise *f*	Schiefer
armer *v*	bewaffnen
armoire *f* **réfrigérante**	Gefrierschrank
arnaqueur, euse *m, f*	Betrüger(in)
arrêter *v*	hier: festnehmen
arrière-plan *m*	Hintergrund
arrivage *m*	Lieferung
arroser *v*	ablöschen, (über)gießen mit
à sa juste valeur	angemessen
à son tour	seinerseits, ihrerseits
assaisonner *v*	würzen

assassin *m*	Mörder(in)
assassiné, e *m, f*	Ermordete(r)
assassiner *v*	ermorden, umbringen
assener *v*	versetzen
assourdissant	ohrenbetäubend
assumer *v*	auf sich nehmen
assurance *f*	hier: Selbstvertrauen
assuré	hier: sicher
assurément	allerdings
astuce *f*	Trick
à tâtons	tastend
à tout bout de champ	alle naselang
à toute allure	mit voller Geschwindigkeit
attaché-case *m*	Aktenkoffer
attentif	aufmerksam
attention *f*	Aufmerksamkeit
atterrir *v*	landen
atterrissage *m*	Landung
attirer *v*	anziehen, lenken
attitude *f*	Haltung
attribution *f*	Zuweisung
à tue-tête	aus vollem Halse
au cours de	während
audacieux	kühn, wagemutig
audible	hörbar
au fil de	im Laufe
au fond *fam*	im Grunde genommen, eigentlich
au fond (de qc)	hinten in etw., im hinteren Teil
au fond de soi-même	tief in seinem Herzen
auparavant	vorher, zuvor
au préalable	zuvor

au profit de	zu Gunsten von
auteur *m*	Täter(in)
aux alentours de	in der Nähe von; um … herum
aux dépens de qn	auf jds. Kosten
avidité *f*	Gier
avoir *v irr* **affaire à**	zu tun haben mit
avoir *v irr* **à voir avec**	zu tun haben mit
avoir *v irr* **de l'allure**	Stil haben
avoir *v irr* **du mal à**	Schwierigkeiten haben zu
avoir *v irr* **hâte**	es kaum erwarten können
avoir *v irr* **l'air**	aussehen
avoir *v irr* **le dessus**	überlegen sein
avoir *v irr* **le souffle coupé**	sprachlos sein
avoir *v irr* **le toupet**	die Frechheit besitzen
avoir *v irr* **mal au cœur**	schlecht sein
à volonté	nach Belieben
avouer *v*	zugeben, gestehen
bac *m* **à fleurs**	Blumenkübel
badaud, e *m, f*	Schaulustige(r)
bagarre *f*	Schlägerei
bâiller *v*	gähnen
balbutier *v irr*	stammeln
bandé	bandagiert; verbunden
banquette *f* **arrière**	Rückbank
barrage *m*	hier: Straßensperre, Absperrung
barre *f*	Barren
barreau *m*	Sprosse
barrette *f*	Nadel
battant *m*	Flügel
bavarder *v*	plaudern
bavette *f*	Steak
bel et bien	sehr wohl, tatsächlich

béret *m* **(basque)**	(Basken-)Mütze
berlingot *m*	Frucht-, Gewürzbonbon
bien *m*	Besitz(tum)
bien-être *m*	Wellness
blanchisserie *f*	Wäscherei, Waschsalon
blême	blass
blêmir *v*	erblassen
bleu *m*	blauer Fleck
bond *m*	Satz
bondir *v*	aufspringen
bonne *f* **(d'enfants)**	Kindermädchen, Dienstmädchen
Bon sang !	Um Himmels Willen!
bordé de	gesäumt von
bouc *m* **émissaire**	Sündenbock
boucherie *f*	Fleischerei
bouffée *f*	(Luft-)Zug, Schwall
bouquet *m*	Bouquet (Wein); Bund, Strauß
bourguignon	burgundisch
bouton *m*	hier: Knopf; Pickel
brancher *v*	anschließen
brandir *v*	(empor)schwingen
briller *v* **de tous ses feux**	in festlicher Beleuchtung erstrahlen
brouhaha *m*	Lärm
bruit *m* **de ferraille**	Scheppern
brusque(ment)	plötzlich, unerwartet
buisson *m*	Busch, Gebüsch
cachet *m*	hier: Tablette; Stempel
cachette *f*	Versteck
caisse *f*	Kiste

calmant *m*	Beruhigungsmittel, Schmerzmittel
cambriolage *m*	Einbruch
cambrioler *v*	ausrauben, einbrechen in
cambrioleur, euse *m, f*	Einbrecher(in)
camouflage *m*	Tarnung
caniche *m*	Pudel
capitaine *m*	hier: Hauptmann
captivant	spannend
carrefour *m*	Kreuzung; Knotenpunkt
casserole *f*	(Koch-)Topf
cauchemar *m*	Alptraum
ceinture *f*	Gürtel, Gurt
certes	gewiss, sicher(lich)
cerveau *m*	Gehirn
charcuterie *f*	Metzgerei; Wurst(waren)
(se) charger *v irr* **de**	beauftragen mit; beladen mit; (sich) kümmern um
chasser *v*	(ver)jagen
chatouiller *v*	kitzeln
chevelure *f*	Haar
chiffre *m* **d'affaires**	Umsatz
chignon *m*	Dutt
chuchoter *v*	flüstern
circonstance *f*	Umstand; Gelegenheit
citer *v*	nennen
classer *v*	(ab)schließen; ordnen; einstufen
classeur *m*	(Akten-)Ordner
clavier *m*	Tastatur
clin *m* **d'œil**	Augenzwinkern
clore *v*	abschließen
clos	abgeschlossen

clôture *f*	Schluss, Ende
cohue *f*	Getümmel
coiffe *f*	Kopfbedeckung
coincer *v irr*	einklemmen
coïncidence *f*	Zufall
col *m*	hier: Kragen
collection *f*	Sammlung
collectionner *v*	sammeln
collectionneur *m*	Sammler
colonne *f*	Säule
combiné *m*	(Telefon-)Hörer
commerce *m*	Handel; Geschäft
commettre *v irr*	begehen
compartiment *m*	Abteil
compléter *v irr*	ergänzen, vervollständigen
composer *v*	hier: wählen
compteur *m*	Zähler
comptoir *m*	Theke, Tresen
concerner *v*	angehen, betreffen
concierge *m, f*	Hausmeister(in)
concluant	beweiskräftig, überzeugend
conclure *v irr* **(à)**	schließen (auf); abschließen
condoléances *f, pl*	Beileid
confiance *f*	Vertrauen
confier *v irr*	anvertrauen
confondre *v irr*	verwechseln; entlarven
conquérir *v irr*	erobern
conscience *f*	Gewissen
considérations *f, pl*	Ausführungen, Überlegungen
considérer *v irr*	hier: betrachten; bedenken
conspirateur	verschwörerisch
constamment	ständig

consternation *f*	Bestürzung
consterné	bestürzt, betroffen
contenance *f*	Haltung
contenir *v irr*	enthalten; unterdrücken; aufnehmen können
contenu *m*	Inhalt
contrariant	ärgerlich
contrarié	verärgert
contrarier *v irr*	verärgern
convaincant	überzeugend
convaincre *v irr*	überzeugen
conviction *f*	Überzeugung
coupable *m, f*	Schuldige(r)
coupable	schuldig
coup *m* **de poing**	Faustschlag
coup *m* **d'œil**	Blick
coupe *f*	Sektglas; Schale
couper *v*	(ab)schneiden; trennen; ausschalten; beenden
courant *m* **d'air**	Luftzug
couvrir *v irr*	bedecken, überdecken
crapule *f*	Schuft, Lump
crise *f* **cardiaque**	Herzanfall
crisser *v*	knirschen, quietschen
croisement *m*	Kreuzung
croiser *v*	treffen, über den Weg laufen; (über)kreuzen
CRS *m* (**C**ompagnie **r**épublicaine de **s**écurité)	Bereitschaftspolizist
cuir *m*	Leder
curieux	seltsam; neugierig; außergewöhnlich

dalle *f*	(Boden-)Platte
dans le sens des aiguilles d'une montre	im Uhrzeigersinn
dater *v* **(de)**	stammen aus; aus der Mode sein
d'autant plus que	zumal
déboucher *v*	entkorken; plötzlich auftauchen
de ce pas	sofort, unverzüglich
de cet acabit	dieses Schlags
décoration *f*	Auszeichnung, Medaille; Dekoration
décrocher *v*	loslösen; (den Telefonhörer) abheben
déçu	enttäuscht
défi *m*	Herausforderung
dégager *v irr, fam*	aus dem Weg gehen; ausströmen
déglutir *v*	schlucken
dégringoler *v*	hinunterfallen, herunterpurzeln
dégustateur, trice *m, f*	Verkoster(in)
dégustation *f*	Probe, Verkostung
de justesse	ganz knapp
délicat(ement)	vorsichtig; heikel
délice *m*	(Hoch-)Genuss
délicieux	köstlich
de notre vivant	zu unseren Lebzeiten
denrée *f* **rare**	Mangelware
denrées *f, pl*	Ware
dépasser *v*	hervorragen; überholen
dépenser *v*	verbrauchen; verbrennen; ausgeben
de plein fouet	mit voller Wucht

de plus belle	noch stärker
déposer *v*	(ab)legen; absetzen
déposition *f*	Zeugenaussage
dérober *v*	entwenden
déroulement *m*	Ablauf, Verlauf
dès (que)	sobald
désigner *v*	zeigen, deuten auf; auswählen
(être) désolé	leidtun
désordonné	chaotisch, unordentlich
désormais	von nun an
(se) détacher *v*	(sich) ablösen; (sich) abheben, abtrennen
détour *m*	Umweg; Umschweife
deviner *v*	erahnen, sich vorstellen; (er)raten
dévisager *v irr*	mustern, anstarren
dévoiler *v*	verraten, offenbaren
devoir *m*	Pflicht
discerner *v*	erkennen, unterscheiden
disparaître *v irr*	verschwinden
(se) dissimuler *v*	verstecken
distingué	vornehm
distinguer *v*	erkennen
divan *m*	Couch
domaine *m*	Gut; Ressort
donner *v* **sur**	(hinaus)führen zu, zeigen auf
doré	vergoldet; gebräunt; golden
dossier *m*	Fall, Akte; Lehne
doué	begabt
doute *m*	Zweifel
douter *v* **(de)**	(be)zweifeln (an)
ébahi	verblüfft, verdutzt

échapper *v*	entkommen, fliehen
éclairer *v*	beleuchten
éclat *m*	Splitter, Scherbe
écraser *v*	überfahren; zerquetschen
écurie *f*	Stall
effectivement	tatsächlich
élucider *v*	lösen, aufklären
emballage *m*	Verpackung
emballer *v*	ein-, verpacken
emplacement *m*	Stelle, Aufenthaltsort, Standort
empoisonnement *m*	Vergiftung, Giftmord
empoisonner *v*	vergiften
empreinte *f* **(digitale)**	(Finger-)Abdruck
ENA *f* (**É**cole **n**ationale d'**a**dministration)	Elitehochschule zur Ausbildung höherer Beamter
empressement *m*	Übereifer; Eile
en ce qui concerne	was … betrifft
enfiler *v*	anziehen
en fin de compte	schließlich, letztlich
enfoncer *v irr*	(ein)drücken
engloutir *v*	verschlingen
en guise d'accueil	zum Empfang
enjambée *f*	Schritt
enquête *f*	Fall, Ermittlung
enquêter *v*	ermitteln
enquêteur, euse *m, f*	Ermittler(in)
enrouler *v* **(autour)**	wickeln (um)
entourer *v*	umschließen, umgeben
en tout et pour tout	alles in allem
entraîner *v*	mit sich ziehen; zur Folge haben
entrebâillement *m*	Spalt

entretien *m*	Gespräch
entrouvert	halboffen
en vain	umsonst, vergeblich
en vouloir *v irr* **à qn**	jdm. böse sein
épi *m*	hier: Wirbel
épineux	hier: heikel
épingler *v, fam*	hier: schnappen
épouser *v*	heiraten
époux *m,* **épouse** *f*	Ehemann, Ehefrau
équilibre *m*	Gleichgewicht
escalader *v*	besteigen, erklimmen
escargot *m*	Schnecke
escroc *m*	Betrüger(in)
établir *v*	einführen; herstellen
état-major *m*	engster Mitarbeiter; Zentrale
éternuer *v*	niesen
étonnement *m*	Verwunderung
être *v irr* **au courant**	auf dem Laufenden sein
être *v irr* **censé faire qc**	etw. tun sollen
être *v irr* **coincé**	feststecken
être *v irr* **pris au piège**	in der Falle sitzen
évidemment	natürlich
éviter *v*	umfahren; aus dem Weg gehen; (ver)meiden, verhindern
exagérer *v irr*	übertreiben
exceptionnel	außergewöhnlich
exclure *v irr*	ausschließen
exercice *m*	Bewegung; Ausübung; Übung, Aufgabe
exprès	absichtlich
faiblesse *f*	Schwäche(anfall)
faillir *v irr*	fast tun

faire *v irr* **attention (à)**	achten auf; achtgeben (auf); vorsichtig sein
ferme(ment)	streng, fest, standhaft
fiançailles *f, pl*	Verlobung
fiancé, e *m, f*	Verlobte(r)
fil *m*	Faden, Schnur; Leitung
file *f*	Reihe, Schlange
finir *v* **par faire qc**	schließlich etw. tun
flatté	geschmeichelt
frais *m, pl*	Kosten
frapper *v*	(zu)schlagen; klopfen
frayeur *f*	Angst
freiner *v*	bremsen
fripouille *f, fam*	Gauner
froncer *v irr* **les sourcils**	die Stirn runzeln
furtif	flüchtig
furtivement	flüchtig
gâcher *v*	verderben, vermasseln; verbauen
gêné	verlegen; betreten
genre *m*	Art, Typ
geste *m*	Tat; Bewegung, Geste
glisser *v*	aus der Hand rutschen; (aus)rutschen, gleiten; (zu)stecken
gonfler *v* **le torse**	die Brust vor Stolz heben
gorgée *f*	Schluck
goujat *m*	Rüpel, Flegel
gourmand, e *m, f*	Naschkatze
gradin *m*	Sitzreihe, Rang
grogner *v*	brummen
grommeler *v irr*	murren

guetter *v*	beobachten; warten
guimauve *f*	eine Art Schaumzucker; Eibisch
gyrophare *m*	Blaulicht
hausser *v* **les épaules**	mit den Schultern zucken
héritage *m*	Erbe
hériter *v*	erben
héritier *m*	Erbe
hocher *v* **la tête**	mit dem Kopf nicken
homme *m* **d'affaires**	Geschäftsmann
hôte *m, f*	Gast; Gastgeber(in)
hôtesse *f*	Empfangsdame; Hausherrin; Gastgeberin
humeur *f*	Laune
hurlement *m*	(Auf-)Heulen
hurler *v*	(auf)heulen; brüllen, schreien
îlot *m*	Häuserblock; kleine Insel
impartial	unparteiisch
impeccable(ment)	vorbildlich, tadellos
importuner *v*	belästigen
imposteur *m*	Betrüger(in), Hochstapler(in)
impression *f*	Eindruck
indication *f*	Angabe
indice *m*	Hinweis
indigné	empört
indiquer *v*	zeigen (auf), erklären; deuten auf; angeben
infini	unendlich
inspirer *v*	erwecken; einatmen
interphone *m*	Sprechanlage
interrogatoire *m*	Verhör
interrompre *v irr*	unterbrechen
intervenir *v*	eingreifen, einschreiten

intervention *f*	Einsatz
intimidé	verängstigt
issue *f*	Ausgang; Ausweg
jalousie *f*	Neid
jaloux	neidisch
jauni	vergilbt
journal *m*	hier: Tagebuch
jovial	fröhlich
jurer *v*	schwören; fluchen
laisser *v* **passer**	zurücktreten; durchlassen
larme *f*	Träne
le long de	während; entlang
lieux *m, pl* **(du crime)**	Tatort
lingot *m* **d'or**	Goldbarren
littéralement	buchstäblich, wörtlich
longer *v irr*	entlanglaufen an
loquet *m*	Riegel
lumineux	leuchtend
lunettes *f, pl* **en écaille**	Hornbrille
maître *m* **de chai**	Kellermeister
majeur	hier: Haupt…, wichtigste
maladresse *f*	Ungeschicklichkeit
maladroit	ungeschickt, unbeholfen
malentendu *m*	Missverständnis
malfaiteur, trice *m, f*	Übeltäter(in)
malin	schlau, verschmitzt
manquer *v*	(ver)fehlen, verpassen, nicht bestehen
manquer *v* **de qc**	an etw. mangeln
marmonner *v*	vor sich hin murmeln
médecin *m, f* **légiste**	Gerichtsmediziner(in)
méfiance *f*	Misstrauen

méfiant	misstrauisch
mémoire *f*	Gedächtnis
menaçant	drohend, bedrohlich
mendier *v*	betteln
mener *v irr* **à bien**	erfolgreich durchführen
menottes *f, pl*	Handschellen
mériter *v*	verdienen
merveilleux	wunderbar, wundervoll
mettre *v irr* **sens dessus dessous**	durcheinanderbringen, ein Chaos verursachen
meurtre *m*	Mord
meurtrier, ière *m, f*	Mörder(in)
mobile *m*	Motiv
modeste(ment)	bescheiden
moindre	geringste(r), kleinste(r)
monnaie *f*	Wechselgeld, Kleingeld
monter *v*	inszenieren; (ein)steigen; hinaufsteigen; reichen
moquette *f*	Teppichboden
motard *m*	hier: Motorradpolizist; Motorradfahrer
murmurer *v*	murmeln, flüstern
nappe *f*	Tischdecke
narine *f*	Nasenloch
natte *f*	Zopf
ne pas en revenir *v irr*	es nicht fassen können
net(tement)	klar und deutlich; auf einen Schlag, abrupt, plötzlich
obscurité *f*	Dunkelheit
obstacle *m*	Hindernis
occasion *f*	Gelegenheit
occasionnel	gelegentlich

ombre *f*	Schatten
orner *v*	verzieren, schmücken
paisible(ment)	ruhig, friedlich
pâle	blass, bleich
palier *m*	Treppenabsatz, Gang
par à-coups	etappenweise
par chance	glücklicherweise
par hasard	zufällig
paralysé	(wie) gelähmt
parvenir *v irr* **à**	es schaffen zu
passage *m*	Durchgang, Durchgehen Weg; Gang
passager, ère *m, f*	Beifahrer(in); Passagier(in)
PDG *m* (**P**résident-**d**irecteur **g**énéral)	Geschäftsführer, Vorstandsvorsitzender
peine *f*	Mühe; Mitleid
penaud	kleinlaut, verlegen
pendre *v irr*	hängen
pénétrer *v irr* **dans**	eindringen in, eintreten in, hineingehen in
perceptible	vernehmbar, hörbar
percer *v irr*	bohren; durchkommen, durchbrechen
percevoir *v irr*	wahrnehmen
perspicace	scharfsinnig
perspicacité *f*	Scharfsinnigkeit
pile *f*	Haufen, Stapel
piste *f*	Spur, Fährte; Hinweis, Indiz
plateau *m*	Tablett
plâtre *m*	Gips
plisser *v* **le front**	Stirn runzeln

(se) plonger *v*	(ein)tauchen; sich vertiefen
plongeon *m*	(Hecht-)Sprung
poignée *f*	(Hände-)Druck; Griff
poignet *m*	Handgelenk
poison *m*	Gift
poli	höflich
police *f* **judiciaire**	Kriminalpolizei
police *f* **scientifique**	Spurensicherung
poteau *m* **électrique**	Leitungsmast
poudre *f*	Pulver
poursuite *f*	Verfolgungsjagd
poursuivre *v irr*	fortsetzen, fortfahren mit; verfolgen
pourvu que	sofern, vorausgesetzt; hoffentlich
pousser *v*	ausstoßen, loslassen; schieben, drücken; stoßen; treiben; wachsen
préfecture *f* **(de police)**	(Polizei-)Präsidium
prendre *v irr* **la fuite**	flüchten, die Flucht ergreifen
prendre *v irr* **ses jambes à son cou**	eiligst davonlaufen, die Beine in die Hand nehmen
préoccupé	beunruhigt
pressé	eilig; dringend
pressing *m*	Wäscherei, Waschsalon
prévenir *v irr*	verständigen; (vor)warnen
prévoir *v irr*	vorhersehen, vorhersagen; vorsorgen
prier *v irr*	bitten, beten
(se) projeter *v irr*	werfen; leuchten; schleudern; (sich) abzeichnen
promotion *f*	Beförderung

promouvoir *v irr*	(be)fördern
provenir *v irr* **de**	kommen aus, stammen von
provoquer *v*	verursachen, herbeiführen, führen zu
prudemment	vorsichtig
prudent	vorsichtig
qualifier *v irr* **(de)**	bezeichnen (als)
questionner *v*	(be)fragen
raccrocher *v*	auflegen
rangée *f*	Reihe
rapporter *v*	mitbringen; berichten, zusammenfassen
rattraper *v*	einholen; auffangen
rayon *m*	Strahl; Abteilung
rayonnage *m*	Regal
rayonner *v*	strahlen
reconnaissance *f*	Dankbarkeit
reconnaissant	dankbar
reconnaître *v irr*	(wieder)erkennen; zugeben
recouvrir *v*	zudecken, bedecken
récupérer *v irr*	einsammeln, an sich nehmen
rejoindre *v irr*	sich gesellen zu; erreichen; nachkommen
relancer *v irr*	wiederbeleben; erneut starten
relever *v irr*	aufnehmen; erhöhen; hochschlagen
remarquable	bemerkenswert
(se) remettre *v irr* **(à)**	verleihen; aushändigen zurückbringen; zurücklegen; wieder (auf)setzen

remonter *v*	hochschlagen; wieder einsteigen; zurückreichen
renfort *m*	Verstärkung
renifler *v*	schnüffeln
rentrer *v* **(dedans)**	betreten; reinkommen auffahren; reinfahren; sich aufnehmen lassen, zusammenstoßen
(se) renverser *v*	umstoßen; umrennen; umkippen; sich zurücklehnen; verschütten
renvoyer *v irr*	entlassen; nach Hause schicken
repérer *v irr*	ausfindig machen, finden
répliquer *v*	entgegnen
réputation *f*	Ruf
réputé	berühmt
réseau *m*	Netz(-werk)
résonner *v*	dröhnen, hallen, erschallen
résoudre *v irr*	lösen
respectif	jeweilig
ressentir *v irr*	fühlen, empfinden, (ver)spüren
retentir *v*	erklingen, ertönen, erschallen, widerhallen
(se) retirer *v*	abziehen; wegräumen; herausnehmen aus; sich zurückziehen
rétorquer *v*	erwidern
retraite *f*	Rente; Rückzug
rétroviseur *m*	Rückspiegel
(se) révéler *v irr*	enthüllen, offenbaren, verraten; sich erweisen
ricaner *v*	hämisch lachen, kichern
rideau *m*	Vorhang

ronfler *v*	schnarchen; surren
rougir *v*	rot werden, erröten
ruche *f*	Bienenstock
rumeur *f*	Gerücht
rusé	schlau, clever
s'accumuler *v*	sich (an)sammeln, anhäufen
s'agir *v* **de**	gehen um
s'apprêter *v* **à**	im Begriff sein
s'assurer *v*	sicher gehen, sich vergewissern
s'avérer *v irr*	sich herausstellen, erweisen als
s'écraser *v*	(ab)stürzen
s'écrier *v irr*	rufen
s'écrouler *v*	zusammenbrechen
s'élancer *v irr*	Schwung nehmen, sich schwingen
s'emparer *v* **de**	greifen nach, an sich reißen
s'en donner à cœur joie	es nach Herzenslust genießen
s'engager *v irr*	sich verpflichten; einbiegen
s'envoler *v*	wegfliegen; sich in Luft auflösen
s'étaler *v*	fallen
s'évanouir *v*	ohnmächtig werden
s'exclamer *v*	ausrufen
s'exécuter *v*	gehorchen
s'habituer *v* **à**	sich gewöhnen an
s'imposer *v*	sich durchsetzen; erforderlich sein
s'incliner *v*	sich verbeugen, verneigen
s'inquiéter *v irr*	sich Sorgen machen
sacoche *f*	Tasche
saisir *v*	greifen nach; begreifen

SAMU *m* (**S**ervice d'**a**ide **m**édicale d'**u**rgence)	Rettungsdienst, Notarzt
sanglot *m*	Schluchzen
sangloter *v*	schluchzen
satisfaction *f*	Zufriedenheit, Genugtuung
satisfait	zufrieden
sec	hier: kurz, rasch
se cogner *v*	sich anstoßen
secouer *v*	schütteln, aufrütteln
secousse *f*	Ruck, Stoß
se débarrasser *v* **de**	loswerden, sich trennen von
se défaire *v irr*	sich lösen, aufgehen; loskommen
séduisant	verführerisch, attraktiv
se faufiler *v*	durchschlüpfen, sich schlängeln
se figer *v irr*	erstarren
se frayer *v irr* **un chemin**	sich einen Weg bahnen
sélectionner *v*	auswählen
se pencher *v*	sich beugen
se plaindre *v irr*	sich beschweren
se précipiter *v* **vers/sur/à**	(zu)stürzen zu/auf
se racler *v* **la gorge**	sich räuspern
se redresser *v*	sich aufrichten
se réjouir *v*	sich freuen
se relever *v irr*	sich aufrichten
se remettre *v irr* **de**	sich erholen von
se rendre *v irr* **à**	sich begeben zu, gehen zu
se retrouver *v*	hier: sich treffen; sich wiederfinden
se tenir *v irr*	(da)stehen
sévir *v*	wüten
signaler *v*	melden, mitteilen

sincère	ehrlich, aufrichtig
sincèrement	ehrlich gesagt; aufrichtig, ehrlich
site *m* **(Internet)**	Website; Stätte
sombre	dunkel
sonnerie *f*	Klingeln, Läuten, Klingelton; Wecksignal
souffler *v*	schnaufen; (zu)flüstern; tief ausatmen; wehen, pusten
soulagé	erleichtert
soupçon *m*	Verdacht
soupçonner *v*	vedächtigen
soupir *m*	Seufzer
soupirer *v*	seufzen
stupéfait	verdutzt, verblüfft, höchst erstaunt
stupeur *f*	Verblüffung, Fassungslosigkeit
suffisamment	ausreichend, genügend
supérieur *m*	Vorgesetzte(r)
supérieur	darüberliegend
supériorité *f*	Überlegenheit
sur le point de	drauf und dran, dabei
sursauter *v*	aufschrecken
surveillance *f*	Überwachung, Beobachtung
surveiller *v*	überwachen, beaufsichtigen
suspect, e *m, f*	Verdächtige(r)
suspect	verdächtig
suspecter *v*	verdächtigen
taper *v*	eingeben, tippen; schlagen
tâter *v*	abtasten
tâtonner *v*	tasten
témoignage *f*	Zeugenaussage

témoin *m, f*	Zeuge, Zeugin
tempe *f*	Schläfe
tendre *v irr* **un piège**	eine Falle stellen
tenir *v irr* **à**	hängen an, Wert legen auf
tentative *f*	Versuch
tenter *v*	versuchen; in Versuchung bringen
tenue *f*	Aufzug, (Be-)Kleidung; Haltung
tirer *v*	hier: schießen
tissu *m*	Stoff
toile *f*	Tuch, Plane; Gemälde
tomber *v* **sur**	treffen, es zu tun haben mit; kommen auf
tort *m*	Unrecht
tourbillon *m*	Wirbelwind
tourbillonner *v*	umherwirbeln
tourment *m*	Qual
tourmenter *v*	plagen, quälen
tout bonnement	ganz einfach, schlechthin
toutefois	dennoch
tout juste	gerade einmal
trace *f*	Spur
tracé *m*	Verlauf
tracer *v irr*	skizzieren, nachziehen
trafic *m*	hier: illegaler Handel
trafiquant, e *m, f*	Händler(in), Dealer(in)
traîner *v*	sich herumtreiben; hinter sich herschleifen
traiter *v* **(de)**	handeln (von), behandeln, verarbeiten
traiteur *m*	Feinkostgeschäft

trajet *m*	Strecke
trébucher *v*	stolpern
trempé	pitschnass
tremper *v*	tunken
trésor *m*	Schatz
trier *v irr*	sortieren
trou *m*	Loch
truand *m*	Gauner(in)
truc *m, fam*	Sache, Ding
utilisable	brauchbar
valise *f* **de secours** *m*	Erste-Hilfe-Koffer
valoir *v irr*	lohnen; wert sein; kosten
valoir *v irr* **la peine**	es wert sein
valoir *v irr* **mieux**	besser sein
veille *f*	Vortag
veiller *v* **à**	sorgen für
veilleur *m*	Wächter
velours *m*	Samt
vendanger *v irr*	Wein ernten
vendanges *f, pl*	Weinlese
vendangeur *m*	Weinleser
vengeance *f*	Rache
venir *v irr* **à bout de**	fertig werden mit
vétérinaire *m, f*	Tierarzt
veuf *m,* **veuve** *f*	Witwe(r)
vide-ordure *m*	Müllschlucker
vif	leuchtend
vigne *f*	Weinberg, Weinbau
vigneron, ne *m, f*	Winzer(in)
virage *m*	Kurve
visiblement	offenbar, offensichtlich; sichtlich

viticole	Weinbau-, Wein-
viticulteur, trice *m, f*	Winzer(in)
voir *v irr* **le jour**	auf die Welt kommen; entstehen
volontiers	gern
voûté	Gewölbe-, mit einem Gewölbe
voyou *m*	Gauner
vraisemblablement	offensichtlich, anscheinend
vraisemblance *f*	Anschein
vu	angesichts
vu que	da, nachdem

Compact Lernkrimi
Classic

Compact Lernkrimi
Kurzkrimis

	Compact Lernkrimi Classic	Compact Lernkrimi Kurzkrimis
A1		
A2		**Mord im Moulin Rouge** ISBN 978-3-8174-7818-7 **Tödliches Rendezvous** ISBN 978-3-8174-7735-7
B1	**Der Schatz des Sonnenkönigs** ISBN 978-3-8174-7416-5 **Der Wein des Verderbens** ISBN 978-3-8174-7558-2 **Tod unterm Eiffelturm** ISBN 978-3-8174-7786-9 **Sammelband 3 in 1 (B1/B2)** **Inspecteur Cliquot ermittelt** ISBN 978-3-8174-7944-3	**Mort d'œuvre** ISBN 978-3-8174-7946-7 **ET: Frühjahr 2010**
B2	**Alibi à la carte** ISBN 978-3-8174-7686-2 **Schatten über Montparnasse** ISBN 978-3-8174-7616-9 **Schüsse in Versailles** ISBN 978-3-8174-7617-6	
C1 / C2		

Compact Lernkrimi Hörbuch

Compact Lernkrimi Audio-Learning

		A1
		A2
Stirb mon amour! ISBN 978-3-8174-7745-6	**Tod in Toulouse** ISBN 978-3-8174-7875-0	B1
		B2
		C1 / C2

Compact Lernkrimis auch in Englisch, Spanisch, Italienisch und Deutsch erhältlich.